Susann Sitzler
Grüezi und Willkommen

Susann Sitzler

Grüezi und Willkommen

Die Schweiz – Ein Länderporträt

Ch. Links Verlag, Berlin

Für Lydia, Hans und Lilly – die Schweizer
Für Knud – den Deutschen

Die **Deutsche Nationalbibliothek** verzeichnet
diese Publikation in der Deutschen Nationalbibliografie;
detaillierte bibliografische Daten sind im Internet
unter www.dnb.de abrufbar.

6., aktualisierte Auflage, April 2012
© Christoph Links Verlag GmbH, 2004
Schönhauser Allee 36, 10435 Berlin, Tel.: (030) 44 02 32-0
www.christoph-links-verlag.de; mail@christoph-links-verlag.de
Umschlaggestaltung unter Verwendung eines Fotos
von A. Vossberg, VISUM
Lektorat: Antje Taffelt/Günther Wessel, Berlin
Karte: Peter Palm, Berlin
Satz: Marina Siegemund, Berlin
Druck- und Bindearbeiten: Friedrich Pustet, Regensburg

ISBN 978-3-86153-661-1

Inhalt

Vorwort · 10

Schweizer für einen Tag

Grüezi und Willkommen in der Schweiz,
du Sauschwoob! – Von einem Abgrund,
den man nicht sehen kann · 14

Vom Nutzen der maßvollen Selbstverleugnung –
Do's und Dont's für Deutsche im Kontakt
mit den Einheimischen · 24

Schweizer für ein Jahr

Jeder für sich und alle gegen Zürich –
Leben und Wohnen in der Schweiz · 36

Warum sind die eigentlich so reich? –
Geld und Arbeit in der Schweiz · 54

Hoi Stöff, wo isch's Käthi? –
Vom Umgang miteinander · 71

E Stange Panache nach Feierabend –
Freizeit in der Schweiz · 82

Kleiner Exkurs über die erschütterte Seelenlage
der Schweizer · 101

Mani, Büne und das Theater im Schiff –
Kultur und Unterhaltung à la Suisse · 121

Vom richtigen Dessert und den falschen Flaschen –
Zu Hause in der Schweiz · 138

I ha di gärn und andere Ekstasen –
Männer und Frauen in der Schweiz   154

Schweizer für immer

Die vereinigten Kantone von Helvetien –
Schweizer als politische Wesen und
was Deutsche damit zu tun haben können   170

Nicht jeder kann ein Schweizer sein –
Anpassung, Integration und Papiirlischwyzer   187

Die Schweiz für Fortgeschrittene – Letzte Dinge
und die rätselhaften Rituale der Sehnsucht   201

Anhang

Quellenangaben   218
Verwendete Literatur und Quellen   220
Abbildungsnachweis   221
Kontaktadressen in der Schweiz   222

»Menschen, die es fertig bringen, sich mit der Bewirtschaftung von senkrecht abfallenden Berghängen eine Existenzgrundlage zu schaffen, müssen schon ein besonderer Schlag sein.«

Paul Bilton

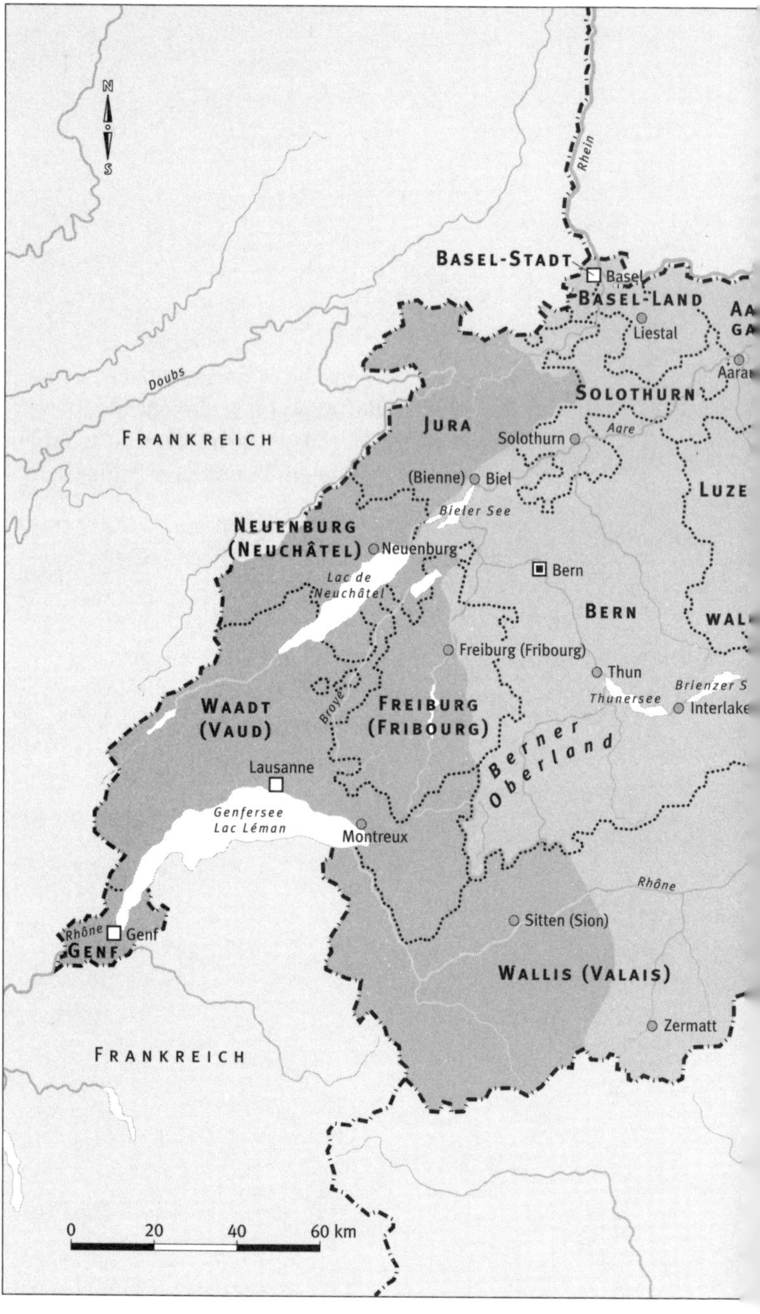
N
S
Rhein
Doubs
FRANKREICH
BASEL-STADT
Basel
BASEL-LAND
Liestal
SOLOTHURN
Aare
Solothurn
JURA
(Bienne)
Biel
Bieler See
NEUENBURG
(NEUCHÂTEL)
Neuenburg
Lac de
Neuchâtel
Bern
BERN
Freiburg (Fribourg)
Thun
Thunersee
Broye
WAADT
(VAUD)
FREIBURG
(FRIBOURG)
Berner
Oberland
Lausanne
Genfersee
Lac Léman
Montreux
Rhône
Sitten (Sion)
Rhône
Genf
GENF
WALLIS (VALAIS)
Zermatt
FRANKREICH
0
20
40
60 km

DEUTSCHLAND

HAFFHAUSEN
chaffhausen
Konstanz
THURGAU
Frauenfeld
Bodensee
Winterthur
Thur
ZÜRICH
St. Gallen
□ Zürich
Herisau **APPENZELL**
Küsnacht (**INNERRHODEN**) (**AUSSERRHODEN**)
Appenzell
Zürichsee
ÖSTERREICH
ZUG
SANKT GALLEN
Zug
Walensee
uger See **SCHWYZ** **LICHTENSTEIN**
Küssnacht
Glarus Bad Ragaz
aldstättersee
ergiswil **GLARUS**
rnen
NID- Altdorf Chur
WALDEN Davos
URI
Vorderrhein
GRAUBÜNDEN *Engadin*
St. Gotthardpass St. Bernardino
Tunnel St. Moritz

TESSIN
(**TICINO**)

Locarno Bellinzona

Adda

Lugano
Lago di Como
Lago di Lugano

Lago
Maggiore
  Sprachräume
  ▓ deutsch
  ▓ französisch
  ▓ italienisch
  ▓ romanisch

ITALIEN

Vorwort

Es gibt viel, was die Deutschen von den Schweizern nicht wissen. Schweizer sind nicht gutmütig. Schweizer sind Experten des Meeres. Schweizer rempeln einander ständig an. Schweizer fragen im Wirtshaus die Kellnerin um Erlaubnis, ob sie noch ein Bier trinken dürfen. Schweizer sind gleichzeitig brave Bünzli (Spießer) und smarte Geschäftsleute. Sie können sich dem Ausland in einem Moment gleichzeitig überlegen und unterlegen fühlen. Schweizer haben einen viel tieferen Widerwillen gegen die Deutschen, als diese ahnen. Aber sie bewundern sie auch viel mehr. Die Schweizer haben in den letzten Jahren viele Sympathien verloren. Weil sie sich standhaft gegen einen EU-Beitritt wehren. Weil sie als einziges Land in Europa Minarette verboten. Weil sie um das Bankgeheimnis kämpften, das die Nachbarn stürzen wollten. Gleichzeitig haben viele Deutsche das Nachbarland im Süden neu entdeckt: als Ort, an dem man zu höheren Löhnen geruhsamer arbeiten kann als zu Hause. Manche, die der EU schon überdrüssig sind, sehen in der eigenwilligen Schweiz neuerdings auch eine widerständische Ruhezone. Und verstehen nicht, dass auch die konservativsten Schweizer auf solchen Zuspruch gerne verzichten. Was geht in den Schweizern vor?

Dies ist ein subjektives Buch. Es ist der Versuch, als Schweizerin einem Außenstehenden – also Deutschen – das Land und die Gefühlslage der Bewohner verständlich zu machen. Es ist darin viel von »den Schweizern« die Rede und davon, wie man bestimmte Dinge als Schweizer empfindet. Ein Annäherungsversuch an etwas Diffuses: an eine diffuse Sympathie, die ich für die Schweiz habe; an eine diffuse Mentalität, mit der ich mich identifiziere; an ein diffuses Unwohlsein, das ich empfinde, wenn ich dort unterwegs bin; an eine diffuse Wehmut, die mich überkommt, wenn ich an die Schweiz denke. Leitgedanken für diese Annäherung waren auch die Fragen, die immer aufkommen, wenn Schweizer mit Deutschen über ihre Heimat reden. Warum fühlten wir uns so lange als etwas Besonderes? Warum hassen wir es, wenn uns jemand als etwas Besonderes behandelt? Warum waren wir so lange beleidigt, wenn wir wie alle anderen behandelt wurden?

Um dieses Buch zu schreiben, habe ich mein persönliches Bild von der Schweiz und den Schweizern – auch von mir selbst in dieser Eigenschaft – auseinandergebaut, um die Einzelteile möglichst genau zu untersuchen. Danach habe ich probiert, die Einzelteile wieder zusammenzusetzen. Es ist sehr wahrscheinlich, dass die Schweiz in diesem Buch anders aussieht und anders funktioniert, als wenn die Einzelteile von jemand anderem zusammengesetzt worden wären.

Die Schweizer Gesellschaft hat sich in den letzten Jahren grundlegend verändert. Das könnten auch die Deutschen von sich sagen. Aber in der Schweiz rechnete sehr lange niemand mit einer solchen Veränderung. Nicht mit so vielen neuen Richtungen, in die es gleichzeitig geht. Die Schweizer haben auch die unangenehme Entdeckung gemacht, dass ihre alte Mentalität nicht mehr in ihr modernes Land passt. Darum legen sie nun das ab, was sich im Ausland in den Klischees vom widerspenstigen Alm-Öhi, vom biederen Banker oder vom »enervierend Guten«, wie es die Frankfurter Literaturwissenschaftlerin Silvia Bovenschen nannte, festgesetzt hat.

Die Fakten in diesem Buch wurden sorgfältig recherchiert und für diese Neuauflage überprüft und angepasst. Wenn trotzdem Irrtümer und Fehleinschätzungen, falsche Prognosen oder nachträglich absurd erscheinende Theorien hineingeraten oder stehengeblieben sind, liegt das daran, dass aus diffusen Gefühlen nur subjektive Wahrheiten werden können. Ich habe versucht, sie möglichst konkret in Worte zu fassen und mit Fakten und Beispielen zu untermauern. Die kursiv gesetzten Geschichten sind alle wahr. Wenn sie mir von Freunden, Bekannten und Fremden erzählt worden sind, habe ich Namen und persönliche Daten verändert.

In der Form folgt das Buch einer Annäherungsbewegung. Ein Deutscher versucht, die Schweiz kennen zu lernen und zu verstehen. Er macht schon bei der ersten, kurzen Begegnung mit den Einheimischen die Erfahrung, dass ihn sein deutscher Blick dabei nur stören kann. Ein ähnlicher Effekt, wie wenn man Italienisch beherrscht und Spanisch lernt: Die Wörter klingen ähnlich und haben doch verschobene Bedeutungen. Wenn man nicht die eine Sprache völlig ausblendet, entsteht ein Kauderwelsch. In der Logik dieses Buches bedeutet das, dass die Annäherung am besten gelingt, wenn man als Deutscher versucht, die Schweizer Umgebung mit Schweizer Augen zu sehen – »Schweizer für einen Tag« zu werden. So ist der erste Teil überschrieben. Der längste, mittlere Teil des Buches widmet sich dem Schweizer Alltag, dem Umgang miteinander, den banalen Umständen, in denen die wirklichen Unterschiede stecken. Mit dem nun bekannten Schweizer Blick sollte es möglich sein, ein Gefühl für die Nuancen zu bekommen. Damit wäre die Basis für einen längeren Aufenthalt geschaffen: »Schweizer für ein Jahr«. Und wenn man sich schon die Mühe gemacht hat, den Schweizer in sich zu finden und probehalber so zu fühlen wie er, findet der deutsche Gast vielleicht Gefallen daran und will für immer bleiben. Dieser Möglichkeit widmet sich der dritte Teil: »Schweizer für immer«.

Wenn in diesem Buch von »den Schweizern« die Rede ist, sind immer die Deutschschweizer – und die Deutschschweizerinnen – gemeint. Das ist chauvinistisch und ignorant, weil die Schweiz aus vier Sprachregionen besteht, aber die französisch, italienisch und rätoromanisch sprechenden Eidgenossen fast immer unterschlagen werden. In diesem Buch ist es so gehalten, weil Deutsche sich den Eidgenossen am leichtesten über die sprachverwandten Deutschschweizer nähern können. Und weil ich – Baslerin – von den Welschen, den Tessinern und den Rätoromanen überhaupt keine Ahnung habe.

Berlin, im März 2012   Susann Sitzler

Schweizer für einen Tag

Grüezi und Willkommen in der Schweiz, du Sauschwoob! – Von einem Abgrund, den man nicht sehen kann

> »Sie mögen uns. Aber wir mögen sie nicht.«
> *Unbekannte Schweizerin*

Sie sehen gleich aus, aber sie verhalten sich anders. Das ist in etwa der Grundkonflikt des Alltags zwischen den Schweizern und den Deutschen. Die einen nehmen sich das Recht, etwas lauter, etwas selbstbewusster, etwas weniger unauffällig zu sein. Es sind nicht die Schweizer. Da beginnt das Problem. Für die Deutschen ist die Schweiz meistens wunderschön. Kaum über der Grenze, setzen Wiedererkennungseffekte ein, die sonst nur New York bietet: Alles sieht genau so aus, wie man es schon hundertmal auf Bildern oder im Film gesehen hat. An besonders guten Tagen scheinen die Farben hinter der Grenze sogar plötzlich stärker, leuchtet der Himmel blauer und die Wiesen satter. Selbst die Menschen wirken auf einen Schlag besser angezogen. Und die Einheimischen sagen tatsächlich »Grüezi« in dieser niedlichen Sprache: putzige Kehllaute und ein netter, bedächtiger Tonfall. Alles suggeriert diese Grundharmlosigkeit, für die man die Eidgenossen so mag. Willkommen in der Schweiz! Lassen Sie sich nicht täuschen. Ein Schweizer ist nicht harmlos. Und eigentlich ist er auch nicht freundlich gesonnen. Vor allem nicht, wenn ein Deutscher auf ihn zukommt.

In der Schweiz ein Deutscher zu sein bedeutet ein Manko. Mit großer Wahrscheinlichkeit wird ein Einheimischer ihn zunächst in die Schublade »Sauschwoob« einsortieren, was soviel wie »Sauschwabe« heißt. Es spielt dabei keine Rolle, ob der Besucher aus dem Bayerischen Wald oder aus Ostfriesland kommt. Das kann ein Schweizer ohnehin nicht unterscheiden. Bemerken wird der Deutsche davon zunächst nichts. Denn in seiner Gegenwart wird der Schweizer sich noch zuvorkommender als sonst verhalten. Und er wird sofort in die Hochsprache wechseln. Nicht weil er dem Gast das Verständnis erleichtern möchte. Sondern weil er davon ausgeht, dass der Sauschwoob a) sowieso keine Fremdsprachen kann oder wenn, dann nur mit katastrophalem Akzent. Und b) will er sich auf keinen Fall anschließend ärgern müssen, dass der Deutsche ihn automatisch in Schriftdeutsch anspricht, weil er voraussetzt, dass man bereit ist, auf ihn einzugehen. Jüngere, städtische Schweizer werden das von sich weisen. Und gleich darauf relativieren, »dass es in letzter Zeit schon ziemlich viele geworden sind«. Seit 2005 machen die Deutschen die größte Zuwanderungsgruppe der Schweiz aus. Ungefähr eintausend Deutsche ziehen jeden Monat allein nach Zürich. Im Februar 2007 lancierte die Schweizer Boulevardzeitung »Blick« eine Kampagne mit dem Titel »Wie viele Deutsche erträgt die Schweiz?« Es lässt sich nicht leugnen, dass die Schweizer schon immer ziemlich schwere Vorurteile gegen die Deutschen hatten. Und dass neue dazugekommen sind.

Mit dem Zug fahre ich von Basel nach Zürich. An jedem Fenster klebt ein großes Schild. Mit Worten und Bild macht es deutlich, dass hier drin I-pod und Natel (Handy) unerwünscht sind. Ich habe ein »Ruheabteil« erwischt, das es in vielen Schweizer Zügen gibt. Man hört nur das Blättern der anderen Reisenden in ihren Zeitschriften. Nach zehn Minuten kommt ein gut angezogener Mann mit einem ledernen Aktenköfferchen herein. Er hängt seinen Mantel auf, kramt im Köfferchen und beginnt laut zu telefonieren. Ein Deutscher. Ich lebe schon lange in Deutschland und die Deutschen sind mir vertraut. Das fällt in diesem Moment von mir ab. »Du verdammter Sauschwoob«, denke ich, »meinst wieder einmal, für dich gelten andere Regeln?« Ich starre ihn böse an. Er ignoriert mich. Die anderen Reisenden drehen auch schon die Köpfe und schauen demonstrativ zu ihm hin. Er wendet sich dem Fenster zu, wo das Schild klebt, und redet weiter. In Deutschland habe ich gelernt, jetzt aufzustehen und ihm zu sagen, er möchte bitte draußen telefonieren, weil er stört. Er redet weiter in sein Handy, während er aus dem Abteil geht. Hinterher setzt er sich wieder auf seinen Platz als sei nichts gewesen. Ich bin mir sicher, dass mir das Ganze viel peinlicher war als ihm.

Die Vorurteile der Schweizer über die Deutschen werden von konkreten Beobachtungen genährt. Am Kiosk verlangen Deutsche ohne Hemmungen die Bild-Zeitung, obwohl man hier den »Blick«

liest. Wenn ihnen etwas gefällt, sagen sie es so, dass alle es hören können. Wenn ihnen etwas nicht gefällt, meckern sie sofort. Alles in allem scheinen sie sich überhaupt keine Gedanken darüber zu machen, was andere – insbesondere die Schweizer – von ihnen denken. Damit unterscheiden sie sich deutlich von den Einheimischen. Natürlich wissen die Eidgenossen, dass man den Deutschen daraus keinen Strick drehen kann. Aber es gibt eben doch sehr starke Gründe für ihren Widerwillen. Wie alle Tourismusnationen haben die Schweizer prinzipiell ein schwieriges Verhältnis zu fremden Gästen. Sie sind es leid, nur als Dienstleister in einer schönen Umgebung wahrgenommen zu werden. Und neuerdings auch noch als bevorzugte Arbeitgeber. Aber es wäre auch schlecht, wenn die Fremden wegblieben. Deshalb behelfen sie sich mit abfälligen Gedanken: Es muss halt auch Japaner, Amerikaner und sonstige Touristen geben. Bei den Deutschen gelingt den Schweizern diese Distanzierung nicht so gut. Erst recht nicht, seit diese häufig Arbeitskollegen sind. Weil ihnen die Deutschen zu ähnlich sind. Sie sind ihnen derart ähnlich, dass sie sich mit ihnen vergleichen müssen. Natürlich würden sie das weit von sich weisen. Denn es kämen unangenehme Dinge dabei heraus. Zum Beispiel, dass sich ein Schweizer vielleicht deshalb so vom selbstverständlichen Auftreten der Deutschen im Ausland provozieren lässt, weil er selber sich in den Ferien lange Zeit am liebsten in Zeichensprache mit seinen Reisegefährten verständigt hat, um nirgendwo aufzufallen. Und dass ein Schweizer genauso viel zu nörgeln hat, sich das aber nur im Hotelzimmer traut. Jüngere Schweizer passen manchmal nicht mehr in dieses Bild. Davon wird später die Rede sein.

Anders als in Deutschland, wo Dialekte mehr oder weniger dem privaten Sprachgebrauch vorbehalten sind, und auch der überzeugteste Niederbayer noch über eine hochdeutsche Gebrauchssprache verfügt, ist »Schriftdeutsch« für die Schweizer eine wirkliche Fremdsprache. Eine Fremdsprache, die sie zwar von Kindheit an verstehen lernen, die sie aber unter ihresgleichen niemals üben.

Deutsch spricht man in der Schweiz ausschließlich im Schulunterricht und – mit Deutschen. Einige Schulen haben zwar 2006 Hochdeutsch als Pausenhof-Sprache eingeführt. Aber das sind Ausnahmen. Der durchschnittliche Schweizer wird in seinem Leben kaum genügend Gelegenheit finden, die mundfüllenden

»Ch«-Laute und den behäbigen Tonfall so in Richtung Hochdeutsch abzuschleifen, dass er damit selbstbewusst umgehen kann. Er wird diese Gelegenheiten in der Regel auch nicht suchen. Die Sprache seiner Seele ist Dialekt. Die hochdeutschen Wörter lagern irgendwo im Keller, und wenn sie gebraucht werden, muss er sie mühsam heraufschaffen. Daran hat er einfach kein Vergnügen. Und die Deutschen anerkennen diese Mühe nicht einmal, für sie ist es selbstverständlich, dass ein Schweizer Deutsch spricht. Und dann belächeln sie noch seinen putzigen Akzent. Im direkten Kontakt fühlt sich ein Schweizer einem Deutschen allein schon deshalb unterlegen, weil er nicht so gut Hochdeutsch spricht, dass er ihm einmal die Meinung über dessen Großkotzigkeit sagen kann.

Es ist nicht so, dass die Schweizer ein geringes Selbstbewusstsein haben. Im Gegenteil. Sie wissen, dass sie praktisch allen anderen überlegen sind: Oder wo sonst auf der Welt sind die Leute noch so reich und gleichzeitig so gut gebildet, wo ist es noch so schön und gleichzeitig so sicher? Wo ist die Lebensqualität so hoch und gleichzeitig auch das Bruttosozialprodukt? Und wer hat das Ricola erfunden? Eben. Und weil die Schweizer von Kindsbeinen an wissen, dass das so ist, müssen sie damit nicht angeben. Wie reiche Kinder wurden sie lange Zeit zur Bescheidenheit erzogen. Damit die anderen sich nicht unwohl fühlen oder neidisch werden. Deshalb sind die Schweizer gar nicht in der Lage, mit ihren Qualitäten souverän anzugeben. In einer Gesellschaft wie der schweizerischen, die deshalb so gut funktioniert, weil keiner versucht, den anderen zu übertrumpfen, ist ein gut sichtbares Selbstbewusstsein keine Tugend. Das Angeben oder die Lust am Konkurrieren wird gar nicht gelehrt. Während die Deutschen, die es ja – das müssen die Schweizer anerkennen – auch relativ weit gebracht haben, ein recht unverkrampftes Verhältnis zum Angeben haben. Sie tun es halt einfach, wenn sich eine Gelegenheit ergibt. Anstand und Geschichte haben ihnen zwar beigebracht, sich im Zweifelsfall zurückzunehmen. Aber doch nicht bei den Schweizern. Dort nutzen sie die Ähnlichkeiten ungezwungen zu einem konkurrierenden Vergleich. So kommt es den Schweizern vor. Und wenn dann das entspannt polternde Auftreten eines Klischeedeutschen auf die soziale Grundverlegenheit eines Klischeeschweizers trifft – wobei die ja eigentlich die anerzogene Verschleierung seines Überlegenheitsgefühls ist – muss es zu Missverständnissen kommen.

Im Grunde weckt der Deutsche im Schweizer vor allem einen Wunsch. Er will ihm ein für alle Mal beweisen: »Mit dir Sauschwoob werde ich noch einhändig und vor dem Frühstück fertig.« Aber die Evolution hat ihm diesen Trieb seit Jahrhunderten abgewetzt. Wenn ein Deutscher auftaucht, kommt ein Eidgenosse deshalb in die paradoxe Situation, sich gleichzeitig überlegen und unterlegen zu fühlen. Ein grässlicher Zustand. Reagieren kann er nur mit der schweizerischen Allzweckstrategie: Deeskalation. Und Deeskalation auf Schweizerdeutsch heißt zum Beispiel »Grüezi! Händ Si en Autobahnvignette?« (Guten Tag! Haben Sie eine Autobahnvignette?) Vielleicht kann man als Schweizer nicht Hochdeutsch. Aber das Mautsystem funktioniert seit über 25 Jahren, sogar für PKWs.

Dem Besucher aus dem Ausland wird auffallen, dass in der Schweiz alle Ansagen in den Zügen und alle Aufschriften auf den Verpackungen dreisprachig sind. Auf der Milchtüte steht zum Beispiel »Milch Lait Latte«. Lustige Gemüter freuen sich, dass das mittlere Wort, deutsch ausgesprochen, Dialektausdruck für »legt« ist. Die Reihenfolge Deutsch-Französisch-Italienisch widerspiegelt die inoffiziellen Hierarchieverhältnisse im Land. Offiziell hat die Schweiz vier gleichberechtigte Landesteile mit je einer Amtssprache: 64 Prozent der knapp acht Millionen Schweizer sprechen Schweizerdeutsch, den Schriftverkehr führen sie auf Hochdeutsch. Die »Welschen« oder »Romands«, jene gut 20 Prozent, die Französisch sprechen, leben im Westen des Landes in den Kantonen Waadt, Neuenburg, Genf und Jura. Im Süden, jenseits der Alpen, liegt das Tessin, wo von gut sechs Prozent der Schweizer Italienisch gesprochen wird. Im Graubünden, ebenfalls jenseits vom Gotthard, spricht man offiziell Rätoromanisch. Das ist eine eigenständige Sprache, die wie eine Mischung aus zerhacktem Italienisch, Russisch und Esperanto klingt. Und ungefähr so viele Unterdialekte hat wie der Kanton Einwohner – immerhin 0,5 Prozent aller Eidgenossen. Abgesehen von der mehrsprachigen Beschriftung hat die Vielsprachigkeit der Schweiz keine Auswirkungen auf den Alltag. Es ist auch ein Irrglaube, dass jeder Schweizer alle Landessprachen automatisch beherrscht. Genau wie jeder andere muss er diese in der Schule lernen – es sei denn, er ist ein »Bilingue« (sprich: Bilänk) und wächst mit zwei Muttersprachen auf. Allerdings war Französisch in der Deutschschweiz bis vor kurzem erste Fremdsprache und wurde bereits in

Wintersport in Andermatt und Engelberg: »*Sali Susi! Bi uns isch's schönschte Wätter, wo me sich cha wünsche. Nur het's unheimlich vil Lüt unte am Lift. Das wär jo nit so schlimm, wenn mini besser Hälfti und de Daniel nit immer luthals Sprüch über Zürcher und Schwobe würde mache. Das isch ame rächt pinlich! – Aber luschtig hämmer's; richtig zum gniesse!*« *– (Aus einer Postkarte an die Autorin).*

der Primarschule (Grundschule) unterrichtet. Wenn sie es mit einem Franzosen oder Engländer zu tun haben, wechseln Schweizer der gebildeteren Schichten immer noch bereitwillig in die passende Fremdsprache: um es dem Fremden leicht zu machen und um ein bisschen zu üben. Falls es sich bei den Fremden nicht um Deutsche handelt. Rätoromanisch hingegen können auch in der Schweiz nur die Muttersprachler, und die Italienischkenntnisse beschränken sich meist auf die paar Brocken, die man aus den Ferien kennt. Und dort trifft man eher auf Deutsche oder Engländer. Weshalb vor allem die jüngeren Schweizer von allen Fremdsprachen Englisch am besten beherrschen. In einigen Kantonen ist Englisch in den Schulen mittlerweile erste Fremdsprache. Ohnehin ist die Schweizerdeutsche Alltagssprache sehr stark von englischen Wörtern gespickt: family, walking distance, challenge. Wer etwas auf sich hält, spricht sie mit möglichst englischem Akzent aus.

Wenn von der Schweiz die Rede ist, denkt man in der Regel an die Deutschschweiz. Diese Arroganz erbost alle anderen Schweizer in hohem Maße. Sie rächen sich, indem sie sich taub stellen, wenn man sie fragt, ob sie Deutsch sprechen. In der Regel können sie es leidlich, da sie es in der Schule lernen – als erste Fremdsprache. Aber sie wollen nicht. Zu den Deutschen ist das Verhältnis prinzipiell in allen Landesteilen ähnlich, allerdings mit leicht verschobenen Schwerpunkten: Die Westschweizer, Tessiner und Rätoromanen mögen die Deutschen nicht, weil sie die Deutschschweizer nicht mögen. Sie können zwischen beiden keine großen Unterschiede erkennen. Beide benehmen sich in ihren Augen wie Eroberer. Denn interessanterweise führen sich die Deutschschweizer im Tessin so auf, wie sie es den Deutschen in ihrer Region vorwerfen: Sie setzen überall voraus, dass ihre Sprache gesprochen wird, sie nehmen keine Rücksicht auf die Empfindlichkeiten, und sie wollen überall Röschti und Geschnetzeltes essen. Das Tessin, kaum drei Autostunden von Basel entfernt, wird von vielen Deutschschweizern – und auch von Deutschen – als eine Art Freizeitpark genutzt. Viele Dörfer sind an den Wochenenden und in den Ferien fest in Deutschschweizer Hand und unter der Woche ausgestorben.

Wenn ein Schweizer an die Deutschen denkt, hat er fast automatisch die Bürger der ehemaligen BRD vor Augen. Ostdeutschen ist man vor 1989 ja kaum je begegnet und wenn doch, haben sie sich wahrscheinlich am Skilift nicht vorgedrängelt. Heute haben ehemalige Bürger der DDR in der Schweiz in manchen Punkten Geburtsvorteile. Davon wird noch die Rede sein.

1987 wurde in unserem Jugendzentrum eine Gruppe aus der DDR angekündigt. Wir konnten uns nicht viel darunter vorstellen. Wir wussten, dass es Deutsche sind, und dass sie nicht reisen dürfen. Sie haben den Sozialismus, aber das war nichts Konkretes für uns. Er hat irgendwas mit der Sowjetunion zu tun, wo es Kolchosen gibt. Am Abend des ersten Zusammentreffens stellten wir Bier, Wein und Cola auf. Sie sahen dann relativ normal aus, ihre Kleider waren nicht besonders toll, aber das spielte bei uns keine große Rolle, weil wir uns sowieso alle die Haare färbten und unsere Sachen meist auf dem Flohmarkt kauften.

Wir freuten uns, dass wir eine Gelegenheit hatten, Hochdeutsch zu reden, das war cool, und wir gaben uns Mühe, dass man den Schweizer Akzent nicht so hörte. Wahrscheinlich sprachen wir über Musik und Bands. Ein Mädchen erzählte von der DDR, dass sie dort überhaupt nichts machen können, nirgendwohin reisen, nichts kaufen, und dass es sowieso total blöd dort sei. Damit konnten wir nichts anfangen. Wir hatten vor allem versucht, sie unseren Wohlstand nicht so spüren zu lassen. Es war abgesprochen, dass wir das Thema »Reisen« möglichst umgehen, obwohl im Sommer die meisten ihre erste Interrailreise machen wollten. Bevor die Besucher aus der DDR kamen, hatte es sogar eine Diskussion darüber gegeben, ob wir Coca Cola auftischen sollten. Weil es das bei ihnen doch nicht gab, und es ihnen deshalb vielleicht peinlich hätte sein können. Wir versuchten dann irgendwie, das Gespräch mit dem Mädchen auf ein anderes Thema zu lenken, es war uns unangenehm, dass es uns offenbar so viel besser ging als ihr und sie es so offen zugab. Vor allem wussten wir nicht, was wir dagegen hätten tun sollen.

Von der DDR wusste man in der Schweiz nicht viel. Politische Schulungsmaßnahmen des Kalten Krieges wie der »kritische Systemvergleich« in den bundesdeutschen Schulen fanden in der Schweiz nicht statt, meist wurde das Thema höchstens in Geographie und Geschichte kurz gestreift. Die DDR blieb ein weißer Fleck. Als die Mauer dann fiel und man die ersten Ostdeutschen im Fernsehen sah, fiel vor allem ihre Unbeholfenheit auf und dass sie nicht besonders gut angezogen waren. Aber Vorurteile hegte man nicht gegen sie. Man machte sich im Privaten kaum Gedanken über die »Ossis«. Allerdings hielt man es schon für etwas ungewöhnlich, dass sie sich, soweit man das in den Medien mitbekam, so oft beklagten und so aufgebracht waren. Jetzt war es doch schließlich vorbei, was wollten sie denn noch? Als sich einige von ihnen nach ein paar Jahren dann eine Reise in die Schweiz leisten konnten, wurden sie auch zu den »Schwoobe« gerechnet. Aber da sie ganz offensichtlich unsicherer waren als ihre westdeutschen Landsleute und sich eher zögerlich umsahen, genossen sie mildernde Umstände. Seither verlieben sich Ostdeutsche und Schweizer erstaunlich häufig ineinander. Davon wird später noch die Rede sein.

Daniela und Peter Hänggi aus Zürich haben ihre deutschen Freunde in Siegburg im Rheinland besucht. Bis Köln/Bonn sind sie geflogen, dort wurden sie von Gerd und Jutta mit dem Auto abgeholt. Als sie im Flieger zurück nach Zürich sitzen, unterhalten sich Daniela und Peter über die Autofahrt. »Ein bisschen verkrampft hat er ja schon ausgesehen«, sagt Peter. »Und sie hat sich total ans Steuerrad geklammert«, ergänzt Daniela. »Einmal hatte ich das Gefühl, sie verliere ein bisschen die Kontrolle«, meint Peter nach einer Weile. Die beiden sinnieren, während das Flugzeug startet. Als sie in der Luft sind, sagt Daniela: »Eigentlich war es mir ja schon fast ein bisschen zu schnell.« Peter nickt etwas abwesend. Nach einer Weile meint Daniela: »Also ich würde mich gar nicht trauen, so schnell zu fahren wie Jutta.« Peter erwidert nichts, er schaut versonnen hinaus. Doch, ihn würde es schon kitzeln, mal mit 195 über die Autobahn zu blochen wie Gerd und Jutta, nur mal so, um zu sehen, ob der »Chlapf« (Auto) das bringt. Aber andererseits; wer weiß, wie viele Unfälle es gäbe, wenn die Schweiz die 120-km/h-Geschwindigkeitsbegrenzung aufheben würde. Abends, als Daniela schon fast eingeschlafen ist, sagt Peter ins dunkle Zimmer: »Vielleicht frage ich Gerd das nächste Mal, ob ich es mal probieren darf.«

Der allerniederste Grund von allen, warum die Schweizer die Deutschen nicht mögen, insbesondere wenn sie in einem Auto mit D-Aufkleber sitzen, ist der folgende: Sie sind verdammt neidisch auf sie. Denn, das weiß in der Schweiz jedes Kind, die

Deutschen haben auf ihren Autobahnen keine Geschwindigkeitsbegrenzung. Sie setzen sich ans Steuer, drücken durch und können zeigen, was ihr »Chlapf« draufhat. Nicht wie in der Schweiz, wo man maximal 120 fahren darf, wenn man sein »Billett« (Führerschein) behalten will. Diese Unmöglichkeit des offenen Kräftemessens ist es, die den Schweizern die eidgenössische Mischung aus freiwilligem Triebverzicht, Minderwertigkeitskomplexen und kompensatorischer Verachtung am quälendsten bewusst macht. Mit besonderer Genugtuung hören sie darum, wenn im Radio berichtet wird, dass ein Fahrer mit deutschem Kennzeichen auf einer Schweizer Autobahn mit »massiv erhöhter Geschwindigkeit« angehalten wurde und man ihm nicht nur »an Ort und Stelle eine hohe Geldbuße« aufgebrummt, sondern auch noch die Fahrerlaubnis weggenommen hat. In den 80er Jahren gründete sich in der Schweiz am rechten äußeren politischen Spektrum die »Autopartei«. Ihr einziger Inhalt und zugleich ihr Motto hieß »Freie Fahrt für freie Bürger«. In den 90er Jahren verwandelte sie sich in die ebenso dubiose »Freiheitspartei«, hat sich aber inzwischen wieder zurückbenannt.

Besucher aus Deutschland, die sich bei den Eidgenossen umsehen wollen, haben von all diesen Dingen zum Glück keine Ahnung. Voller Vorfreude kommen sie über die Schweizer Grenze und freuen sich auf ein paar teure, aber schöne Tage in einem der reichsten Länder Europas. Woher sollen sie auch ahnen, welche Abgründe sich auftun, wenn ein Schweizer freundlich lächelt und sagt: »Grüezi. Händ Si öppis zum verzolle?« (»Guten Tag, haben Sie etwas zu verzollen?«)

Vom Nutzen der maßvollen Selbstverleugnung – Do's und Dont's für Deutsche im Kontakt mit den Einheimischen

> »Ich bin sympathisch, verdammte Scheiße, also behandelt mich gefälligst normal. Ich hab den Zweiten Weltkrieg nicht verbrochen, verdammt nochmal.«
>
> *Thomas Pigor*

Jens Schmidt aus Dortmund ist seit drei Tagen in der Schweiz. Heute führt er seine Frau Ulli zum Essen aus. »Grüziwohl«, sagt er, als sie die Terrasse des Restaurants betreten. Denn Jens ist nicht das, was manche Leute als »hässlichen Deutschen« bezeichnen. Jens ist einer, der weiß, dass man sich den Sitten der Einheimischen anpasst. Als die Kellnerin fragt, ob sie einen Aperitif bringen darf, zwinkert Jens seiner Frau verschmitzt zu. »Siehst du«, sagt sein Blick, »der Harry hat recht gehabt, ohne Getränk vor dem Essen läuft bei den Schweizern gar nichts.« Das weiß Jens von seinem Kegelbruder, der vor kurzem auch hier war. »Einen Sekt«, bestellt Ulli, ist schließlich Urlaub. »Ein Pils«, sagt Jens und lehnt sich froh zurück. Die Aussicht auf den See ist wunderbar. Er hat nicht bemerkt, dass die Augenbrauen der Kellnerin bei der Bestellung um einen halben Millimeter nach oben gerutscht sind, während sie lächelte: »Gärn« (gerne). Als sie kurz darauf mit den Getränken kommt, ist ihr Gesicht wieder unbestimmt freundlich. Ein kurzes Abläster beim Kollegen am »Buffet« (Ausschank) hat sie entspannt. Unterdessen haben Jens und Ulli ausgewählt, was sie essen wollen. »Ich bekomme das Cordon bleu«, sagt Jens. »Ich nehme das Rindsvoressen. Mit Pommes statt Reis bitte.« Auch jetzt entgeht beiden das eisige Blitzen ganz hinten in den Augen der Kellnerin. Sie lächelt: »Gärn.« Darf es noch etwas zu trinken sein? Ja, einen Rotwein hätte Ulli gern. »Es Dreierli?«, fragt die Kellnerin. Ulli versteht nichts, mutig sagt sie »Null zwei bitte.« Jens bleibt beim Pils. Das Essen ist dann hervorragend, nach Brot müssen sie zwar fragen, aber dafür sind auf dem kleinen Metallgestell, das die Kellnerin auf den Tisch stellt, nicht nur Salz und Pfeffer, sondern auch Maggi-Flüssigwürze und das gelbe »Fondor«-Pulver. Sehr gut, denkt Jens, und probiert alles einmal durch. Als er später »Zahlen!« ruft, kommt die Kellnerin sehr schnell mit der Rechnung. Natürlich muss Jens schlucken, als er den Betrag sieht, davon hätte er zu Hause noch Harry und Tina mit einladen können. Aber er lässt sich nichts anmerken, schließlich ist Urlaub. Und damit Ulli sieht, dass ihn die paar Fränkli nicht schocken können, rundet er die Rechnung sogar auf den übernächsten Franken auf. Dann sagen beide »Tschüss« und gehen hinaus in die laue Sommernacht. Das überdeutliche »Uff Widerluege« (Auf Wiedersehen) der Kellnerin nehmen sie nicht mehr wahr. Ein schöner Abend in der Schweiz. Jens und Ulli haben alles falsch gemacht, was Deutsche in der Schweiz falsch machen können. Aber sie haben es nicht bemerkt.

Zunächst einmal sollte niemand, der kein Schweizerdeutsch spricht, den einheimischen Gruß benutzen. Er klingt in Schweizer Ohren immer wie ein Nachäffen. Abgesehen davon wird er »Grü-ezi« ausgesprochen, nicht »Grüzzi«. Aber wenn einer schon Deutscher ist, dann soll er wenigstens dazu stehen. Und halt in Gottes Namen Schriftdeutsch reden. Denken die Schweizer. Man merkt es ja sowieso. Deutsche sagen am besten »Guten Tag«, wenn sie irgendwo hinkommen, wo man eine Begrüßung erwartet. Das ist in der Schweiz – zumindest in den ländlicheren Regionen – in sämtlichen öffentlichen Räumen der Fall: Auf der Post, in Restaurants, in Geschäften. Auf dem Land auch wenn man in einen Autobus steigt. In der Regel wird der Gruß mit einem ungerührten »Grüezi wohl« oder »Grüess ech« (»Grüße Euch«) erwidert werden.

Zurück zu Jens und Ulli. Wer in der Schweiz ein Pils trinken möchte, bestellt »eine Stange«. Dass Jens das nicht wusste, ist nicht der Grund, warum die Serviertochter ihn sofort als »Sauschwoob« einordnete. Problematisch war, dass Jens selbstverständlich voraussetzte, die Kellnerin wisse, was ein Pils ist. Er ist davon ausgegangen, diese Bezeichnung, obwohl nur in Deutschland gebräuchlich, werde automatisch vom Rest der Welt verstanden. In Schweizer Ohren hat das den Klang von »... und morgen die ganze Welt«. Schweizer sind nachtragend.

Eine Stange bezeichnet in der Schweiz 0,3 Liter eines offen gezapften, hellen Biers in einem hohen Glas. Je nachdem, wie urig es in einem Etablissement zugeht, schlägt der Kellner vielleicht »e Rugeli« vor, das bezeichnet dieselbe Menge in einem dicken Glas mit Henkel. Offenes Bier wird in der Schweiz sofort nach dem Zapfen serviert. Die Kunst am Tresen besteht darin, das Glas im richtigen Winkel an den Zapfhahn zu halten, so dass der Schaum genau bei der Eichmarke beginnt, wenn das Glas wieder gerade steht. Entsprechend weich und schnell verflüssigt ist der Bierschaum. Dass ein gutes Pils sieben Minuten braucht, würde jeder Schweizer stark bezweifeln. Eine langsam abgesetzte, knisternd-stabile Schaumkrone deutschen Stils nimmt er angeekelt zur Kenntnis. Besucher aus Deutschland sollten sich daran gewöhnen oder Wein trinken. Biertrinken ist in der Schweiz vor allem in ländlicheren Gegenden noch immer eher eine Sache der Männer. Vor einigen Jahren machte die Schweizer Bierindustrie den Versuch, die Schweizerinnen mit einer speziellen »Lady-Stange« zu locken. Diese fasste nur 0,2 Liter. Der Gedanke dahinter war offenbar, dass eine Frau, die sich zutraut, 0,3 Liter Bier zu trinken, auch sonst nicht über alle Zweifel erhaben ist. Durchgesetzt hat sich die »Lady-Stange« aber nicht.

Die Bezeichnung »Null« plus Anzahl der Deziliter bei einer Getränkebestellung ist in der Schweiz vollständig unbekannt. Offenen Wein gibt es als »Einerli« (0,1), »Zweierli« (0,2), »Dreierli« (0,3) oder »Halbeli« (0,5). Hier tritt der Dialektgrundsatz für Deutsche übrigens außer Kraft. Sie müssen halt irgendwie versuchen es auszusprechen. Weinschorlen gelten als barbarisch, und wo sie auf der Karte angeboten werden, rechnet man fest mit deutschen Gästen, die man mit verwässertem Kochwein über den Tisch ziehen kann. Sekt ist in der Schweiz den Animierspelunken vorbehalten. Entweder man trinkt »e Cüpli« – ein Glas Champagner – oder, in den Städten, eventuell Prosecco oder Crémant. Bei den alkoholfreien Getränken ist neben den üblichen amerikanischen Softdrinks das einheimische »Rivella« sehr beliebt – eine bräunlich-durchsichtige Limonade auf Molkebasis, die sehr erfrischend schmeckt. In vielen traditionellen Cafés und Restaurants kommt ständig die Serviertochter vorbei und gießt einem aus dem Fläschchen nach. Sobald es nur noch etwa zu einem Drittel voll ist, fragt sie, ob es noch etwas sein darf. Wer nicht arm oder geizig erscheinen will, bestellt verdattert nach, womit sie ihr Ziel erreicht hat.

Wer in einem Restaurant Essen ordert, sollte die Formulierung »Ich bekomme ...« unbedingt vermeiden. Sonst denkt sich der Kellner: »Bisch sicher, du Sauschwoob?« (»Bist du dir da so sicher, du Sauschwabe?«) Eine solche Bestellung klingt für die Eidgenossen sehr unflätig. Etwa so, als ob man zu einem Kellner in Dortmund oder Chemnitz sagen würde: »Bring mir Pommes, aber ein bisschen zackzack!« Mit »Ich hätte gerne« fährt man besser. Was übrigens Pommes betrifft: In der Schweiz heißen sie »Pommfritt«. Alles andere bedient nur die Vorurteile: Kann nicht einmal zwei simple französische Wörter richtig aussprechen, aber spielt sich hier auf! Dass die Schweizer selbst jedes ihrer zahlreichen französischen Lehnwörter falsch betonen, spielt dabei keine Rolle. Wenn das Getränk dann kommt, lautet das richtige Wort »Merci« – auf der ersten Silbe betont. Damit kann man vielleicht ein paar Punkte gutmachen.

Früher war es keine Frage wie man im Restaurant nach der »Serviertochter« rief: »Hallo Frölein!«. Aber wie ruft man heute? Die Meinungen gehen auseinander. »Möglichst persönlich«, rät Restaurantbesitzer Ruedi Frei von der »Waldmannsburg« in Dübendorf. »Fragen Sie nach dem Namen.« Will man das nicht, tut es ein nettes »Entschuldigung«.
(Tages-Anzeiger Zürich, 23. Juni 2003)

Ohne »Bitte«, »Danke« und »Entschuldigung« geht in der Schweiz sehr wenig. Wenn man zahlen möchte, versucht man den Blick der Bedienung aufzufangen. Diese wird dann umgehend zum Tisch kommen und nach weiteren Wünschen fragen. Beim Abtragen der Teller wird oft die Frage »Isch es rächt gsi?« gestellt (»Hat es geschmeckt?«). Wenn man es halbwegs mit seinem Gewissen vereinbaren kann, sollte man sagen »Sehr gut, dankeschön«. Der Dank gilt nur der Nachfrage, genießbares Essen darf man für den Preis schon erwarten. Auch kleinste Reklamationen sollte man sich gut überlegen. Zwar wird im Ernstfall der Kellner oder eventuell sein Vorgesetzter den Fehler sofort mit unterwürfigster Geste beheben. Doch vermutlich wird er dem Gast auch ohne Worte zu verstehen geben, dass Reklamieren extrem ungezogen ist. Denn der allgemeinverbindliche Verhaltenscode in der Schweiz heißt: Maßvolle Selbstverleugnung. Man nennt es »Rücksicht«.

Dieser Verhaltenscode gilt überall in der Öffentlichkeit. Für Deutsche bedeutet das: Üben Sie sich in der affektiertesten Untertänigkeit, zu der Sie sich imstande fühlen. Der Schweizer wird sich freuen, dass er es zur Abwechslung mal mit einem untypischen

Deutschen zu tun hat. Zerstören Sie diesen Eindruck auf keinen Fall, indem Sie sich irgendwo mit »Tschüss« oder gar »Tschö« verabschieden. »Tschüss« wird in der Schweiz ausschließlich für Personen benutzt, die man seit längerem duzt. Dann kann »Tschüss« sowohl Begrüßung als auch Verabschiedung sein. Zu fremden Leuten »Tschüss« zu sagen ist eine Respektlosigkeit, nach der die grauhaarige Dame im Souvenirgeschäft nach Luft ringen muss. Sagen Sie »Auf Wiedersehen«. Und vorsichtshalber noch »Danke«. Wofür, das ist gar nicht so wichtig.

Floskeln spielen bereits im unpersönlichen Umgang eine enorme Rolle. Egal ob im kleinsten Lädchen auf dem Dorf oder im »MMM Migros« am Zürcher Hauptbahnhof: Wer vor der Kassiererin steht, entbietet einen Gruß. Wenn sie den Betrag nennt, wird sie ein »Bitte« anhängen und danken, wenn sie das Geld entgegennimmt. Der Kunde macht sich verdächtig, wenn er an der Kasse anfängt, nach den passenden Münzen zu kramen. Niemals wird eine Schweizer Kassiererin »Haben Sie es nicht passend?« fragen, und auch für größte Geldscheine wird sie ohne Murren Wechselgeld herausgeben. Zumindest in größeren Geschäften ist es meist auch kein Problem, in Euro zu bezahlen. Kreditkarten sind weiter verbreitet als in Deutschland. So oder so quittiert aber der Kunde den Empfang des Retourgeldes mit einem »Danke« oder »Merci«. Dann sagt man noch »Auf Wiedersehen« oder »Adieu« (»Addiöö«). Einen »schönen Feierabend« oder Sonntag zu wünschen ist hingegen unüblich. Ein solcher Zusatz wird vom Personal als leicht schmierig und irgendwie verdächtig ignoriert.

Abseits von Supermarktkassen und Bank- sowie Fahrkartenschaltern halten die Schweizer nichts vom Schlangestehen. Sowohl an der Wursttheke als auch an der Busstation wird gedrängelt, was das Zeug hält. Dabei geben sich die Einheimischen unbedingt Mühe, den Eindruck des Zufälligen aufrechtzuerhalten. Falls sie jemanden allzu offensichtlich anrempeln, geben sie sich erschrocken und entschuldigen sich bereitwillig. Ein Deutscher kann hier gerne mitmachen, er sollte dabei aber seine Nationalität verschleiern. Sonst wird sich die Menge sofort gegen ihn wenden und denken: »Typisch deutsch, die müssen sich immer vordrängen.« Sollte man als Fremder allzu dreist gschupft (gestoßen) werden, kann man sich beim Drängler entschuldigen. Üblich ist dafür das Wort »Pardon«, natürlich auf der ersten

Silbe betont. So machen es die Schweizer selbst. Der allzu offensichtliche Drängler wird sich ebenfalls entschuldigen und sich ärgern, weil er erwischt wurde. Dies alles gilt jedoch nur an Orten, in denen sich in anderen Ländern Schlangen bilden würden. In Menschenmengen, etwa auf Märkten, ist es in der Schweiz ratsam, durch schlängelnde Bewegungen möglichst viel Körperkontakt zu vermeiden. Denn wenn die Eidgenossen rempeln, dann richtig. Und sie tun es auf ganz andere Weise als die Deutschen. Die Deutschen rempeln auf der Straße aus einer Art Ignoranz. Wenn dort, wo sie durchwollen, zufällig einer steht, rammen sie ihn eben. Es könnte genauso gut ein Hydrant oder eine Mülltonne sein. Bei den Schweizern hat das Rempeln etwas Persönliches. Sie nehmen den Nächsten wahr und richten mit dem Ellbogen eine Botschaft an ihn: »Du störst mich. Hau ab.«

Sicherlich gibt es Deutsche, die meinen, eidgenössische Benimmregeln seien an den Haaren herbeigezogen und übertrieben. Sie finden Demutsgesten unangebracht und vielleicht sogar unwürdig. Sie sind auch der Meinung, dass die Zeiten vorbei sind, in denen von Deutschen im Ausland mit Recht eine gewisse Zurückhaltung erwartet wurde. Sie haben etwas Grundsätzliches noch nicht verstanden. In der Schweiz ist höfliche Unterwürfigkeit die Regel und deutsche Direktheit eine Ausnahme. Untereinander benehmen sich die Schweizer nämlich genauso. Im direkten Vergleich wirken nicht nur die durchschnittlichen Umgangsformen der Deutschen ungehobelt, sondern die Alltagssitten praktisch aller anderer Nationen der Welt. Aber den Deutschen kann man das als Schweizer leider besonders schlecht nachsehen.

Die Schweiz ist seit jeher ein kleines Land ohne König. Ein Land, das seine Stabilität halten konnte, weil es sich vor Jahrhunderten für Deeskalation entschieden hat. Ein Land, dessen Bewohner selbst dafür sorgen müssen, dass man das bequeme Leben nicht gefährdet, indem man einander an die Gurgel geht. Das lässt sich auf Dauer nur praktizieren, wenn man sich gegenseitig ununterbrochen von seiner Friedfertigkeit überzeugt. Die Höflichkeit der Schweizer ist keine Unterwürfigkeit. Sondern Ausdruck davon, dass man den Konsens der Friedfertigkeit akzeptiert. Mit ihren höflichen Umgangsformen versichern die Eidgenossen, dass sie gegenwärtig davon absehen, dem anderen den Schädel einzuschlagen. Damit hat die schweizerische Höflichkeit etwas durchaus Aggressives. »Entschuldigung« bedeutet »Geh mir gefälligst nicht an die Gurgel, ich geh' dir auch nicht an die Gurgel, verstanden!?«. Jeder, der diese Regel nicht im selben Maß befolgt, muss als Aggressor erscheinen. Das mag ein Grund sein, warum vielen Schweizern der innere Rolladen heruntergeht, sobald ihnen ein Deutscher über den Weg läuft: Der Deutsche ist ihnen zu ähnlich, als dass für ihn die Regel außer Kraft gesetzt werden könnte. Aber er befolgt sie nicht und signalisiert dadurch Ärger. Ein Deutscher hat also schon viel gewonnen, wenn er das richtige Grüßen beherrscht.

Im persönlichen Umgang fängt sowieso alles mit dem Grüßen an. Deutsche aus den neuen Bundesländern haben dabei einen Geburtsvorteil, zumindest diejenigen, die in der DDR sozialisiert worden sind: Vermutlich werden sie reflexartig richtig reagieren, wenn ihnen ein Schweizer zur Begrüßung die Hand hinhält. Bundesbürger zögern manchmal eine Hundertstelsekunde, was ein Fehler ist. Der Schweizer wird das Zögern registrieren, und es wird ihm peinlich sein oder ihn beleidigen. Die Schweizer geben einander ständig die Hand, zur Begrüßung ebenso wie zum Abschied, im Geschäftsleben ebenso wie im privaten Umgang. Häufig sogar zwischen engsten Familienmitgliedern. In städtischen Kreisen existiert im Privaten auch eine Küsschenkultur, aber sie hat etwas Distanziertes, Halbherziges. Das Händeschütteln als Mittel, den andern auf die richtige Distanz einzustellen, entspräche allen Beteiligten mehr. Aber man möchte ja nicht spröde sein, sondern modern und locker. Deshalb wird auch geküsst. Vielleicht ein Einfluss der italienischen Gastarbeiter in den 70er Jahren. In Anzahl und Richtung gibt es bei den Begrüßungsküssen starke soziale und regionale Unterschiede. Als Neuling in einer Gruppe küsst man höchstwahrscheinlich zu wenig, zu oft, an die falschen Stellen oder die falschen Leute. Mit dieser Peinlichkeit muss man leben. In der Deutschschweiz liegen die Mittelwerte zwischen zwei (links-rechts) und vier (links-rechts-links-rechts) Küssen, meist ohne Lippen-Wangen-Berührung. Man sollte beachten, dass das Küssen überwiegend eine Sache zwischen Frauen beziehungsweise gemischten Paaren ist. Männer geben sich eher kernig die Hand. Verlassen kann man sich darauf aber nicht. Denn es wurden auch schon Herren gesehen, die sich drei (rechts-links-rechts) »Schmützli« (Küsschen) verpassten. Die kusslose Umarmung, wie sie in Deutschland unter alten Freunden verbreitet ist, wird in der Schweiz verhältnismäßig selten praktiziert, und wenn, dann eher zwischen dem gleichen Geschlecht. Egal, ob man es richtig oder falsch gemacht hat, man sollte auf keinen Fall ein Wort darüber verlieren. Denn auch das wäre den Schweizern sehr peinlich.

Zusammen mit ihrem Mann betreibt Vreni Gerster den größten Souvenirladen in einem Schweizer Ferienort. Als junges Mädchen hat sie in die dritte Generation des Familienbetriebes eingeheiratet. Das Verkaufen liegt Vreni im Blut. Wenn ausländische Gäste kommen, redet sie immer ein paar Worte mit den Leuten: Wo sie herkommen, ob es ihnen in der Schweiz gefällt, in welchem Hotel sie wohnen. Damit kann sie auch die ungeduldigen Kunden gut ablenken, die an der Kasse zu murren anfangen, weil ihr Bus in fünf Minuten weiterfährt und sie noch nicht an der Reihe sind. Viele Kunden kommen seit Jahrzehnten zu den Gersters, um Souvenirs zu kaufen, sogar dann, wenn sie in anderen Regionen Ferien machen. Stammgäste bekommen irgendwann das Gästebuch vorgelegt, um sich darin zu verewigen. Was niemand weiß: Unter dem Verkaufstresen hat Vreni Gerster ein kleines Kästchen mit Karteikarten. Wann immer es ihr gelingt, den Namen eines treuen Kunden herauszubekommen, zum Beispiel mit einem Blick auf seine Kreditkarte, macht sie sich eine kleine Notiz. Damit sie die vielen Gesichter unterscheiden kann, mit denen sie zu tun hat, notiert sie sich ein paar Eigenheiten; eine auffällige Frisur oder eine ungewöhnliche Zahnstellung. Zum Glück kenne keiner der Kunden diese Kärtchen, kichert Vreni. Es sei nicht immer schmeichelhaft, womit sie sich die einzelnen Namen merken könne. Aber es ist ganz klar, dass sie damit Erfolg hat. Bei den Schweizer Kunden sowieso, aber auch die Ausländer fühlen sich geschmeichelt. Man erinnert sich an sie, und deshalb kaufen sie besonders gern bei den Gersters ein.

Namen sind in der Schweiz enorm wichtig. Sie geben seit jeher Auskunft darüber, woher einer kommt und was von ihm zu erwarten ist. So sieht man das heute natürlich nicht mehr, schließlich sind die meisten Schweizer keine knorrigen Bergbauern mehr. Aber der Umgang mit den Namen ist geblieben. Wer den Namen eines Schweizers erfahren hat, sollte ihn unbedingt ununterbrochen verwenden. Umgekehrt wird es der Schweizer auch so machen. Wenn einer seinen Arbeitskollegen Heinrich am Morgen zum ersten Mal sieht, sagt er »Grüess di, Heiri«, beim Abschied am Abend wird er vielleicht »Adie, Heiri« (»Adieu«, gesprochen »A-diä«) sagen. Die Tochter der Freundin wird mit »Sali Claudi« (»Hallo Claudia«) oder »Tschüss Claudi« begrüßt und verabschiedet, die Nachbarin mit »Grüezi wohl, Frau Brunner« und »Uff Widerluege, Frau Brunner«. Die Schweizer haben ein sensationelles, hochtrainiertes Namensgedächtnis. Einen Namen, den sie einmal gehört haben, vergessen sie nie mehr. Denn das wäre enorm unhöflich. Falls man als Deutscher den Namen einer Person vergessen hat, mit der man noch zu tun haben möchte, sollte man sein Versagen auf keinen Fall zugeben. Besser, man verlässt den Raum vor der Begrüßung unter Vortäuschung eines schweren Darmleidens und versucht dann unauffällig mit Hilfe anderer Anwesender den Namen herauszubekommen. Nach zehn Minuten kann man dann bescheiden lächelnd wieder auftauchen und seine Hand mit den Worten »Guten Tag, Herr Roggenmoser, das freut mich jetzt aber sehr, dass ich Sie wieder einmal treffe«, schütteln. Einen Namen aus Unsicherheit zu vernuscheln ist indiskutabel.

Falls man mit einem Schweizer in näheren Kontakt kommt, sollte man ihm nicht widersprechen; er wird es ebenfalls nie tun. Auch sollte man auf das Vorbringen außergewöhnlicher Ansichten verzichten. Diese sind auch von ihm nicht zu erwarten. Falls doch, verbindet einen bereits eine enge, langjährige Freundschaft. Wenn einem Schweizer ein Thema zu unangenehm wird, versucht er wahrscheinlich, sich mit der Bemerkung, das sei eine schwierige Sache, aus der Affäre ziehen. Oder er wird sich bald verabschieden. Jede Art von Auseinandersetzung ist ihm zuwider, und er hat sehr schnell das Gefühl, dass ein Gespräch darauf hinauslaufen könnte. Er möchte sich nicht in derartige Gespräche hineinziehen lassen, vor allem nicht mit Leuten, die er nicht gut kennt. Aus seiner demokratischen Tradition weiß er natürlich, dass man über bestimmte Dinge diskutieren muss, damit man zu einem Kompromiss kommt. Dabei geht es aber immer um eine konkrete Sache. Spielerische Wortgefechte, rhetorische Balgereien oder auch schlichte Rechthaberei sind ihm fremd und stoßen ihn ab. Seine langsame, gründliche Denkweise ist nicht gemacht, um wild zu argumentieren. Aus purer Lust eine neue Meinung anzunehmen, sie in sein Denken einzugliedern, um sie irgendwann vielleicht für eine noch neuere Überzeugung wieder aufzugeben, das bereitet ihm Unbehagen. Wenn er sich verändert, dann tut er das langsam und gründlich. Und bestimmt nicht zum Spaß. Man sollte darauf Rücksicht nehmen. Man wird in einem privaten Gespräch auch kaum Nachdruck oder gar Vehemenz begegnen. Es gilt als sehr rücksichtslos, den anderen von seiner Meinung überzeugen zu wollen. Auch Begeisterung wird nicht herausposaunt. »Das ist schon noch gut« bedeutet »superklasse«. Und wenn jemand sagt, »das ist ein relativ schlechtes Gefühl«, kann man davon ausgehen, er meint: »Das ist kaum erträglich.« Positiv an dieser Zurückhaltung ist, dass man von einem Schweizer nie unterbrochen werden wird. Er ist gar nicht in der Lage, dem anderen ins Wort zu fallen.

Bedächtigkeit hat die ganze Sprache der Schweizer geprägt. Egal, ob es sich um einen mundfaulen Bündner oder um einen aufgeregten Ostschweizer handelt, Schweizerdeutsch ist immer ein langsames, umständliches – dabei aber sehr nuancenreiches – Idiom. Sehr, sehr ungünstig auf das weitere Verhältnis werden sich übrigens Bemerkungen auswirken wie »Sagen Sie das doch bitte noch einmal, das klingt so niedlich«. Wäre der Schweizer kein Schweizer, er würde dem Deutschen dafür gern eine Faust auf die Nase hauen. Ein Schweizer hasst es, wenn man ihn oder das, was ihm wichtig ist, nicht absolut ernst nimmt. Wer seinen Gesprächspartner nicht gut kennt, sollte deshalb auch Sprachwitze und Ironie sehr sparsam einsetzen.

Als Deutscher fährt man in der Schweiz in jedem Fall am besten mit maßvoller Selbstverleugnung – so machen es die Einheimischen untereinander auch. Nicht zu laut, nicht zu schnell und jede Vehemenz vermeiden. Und auf keinen Fall das Grüßen vergessen. Dann kann daraus noch eine echte Freundschaft werden.

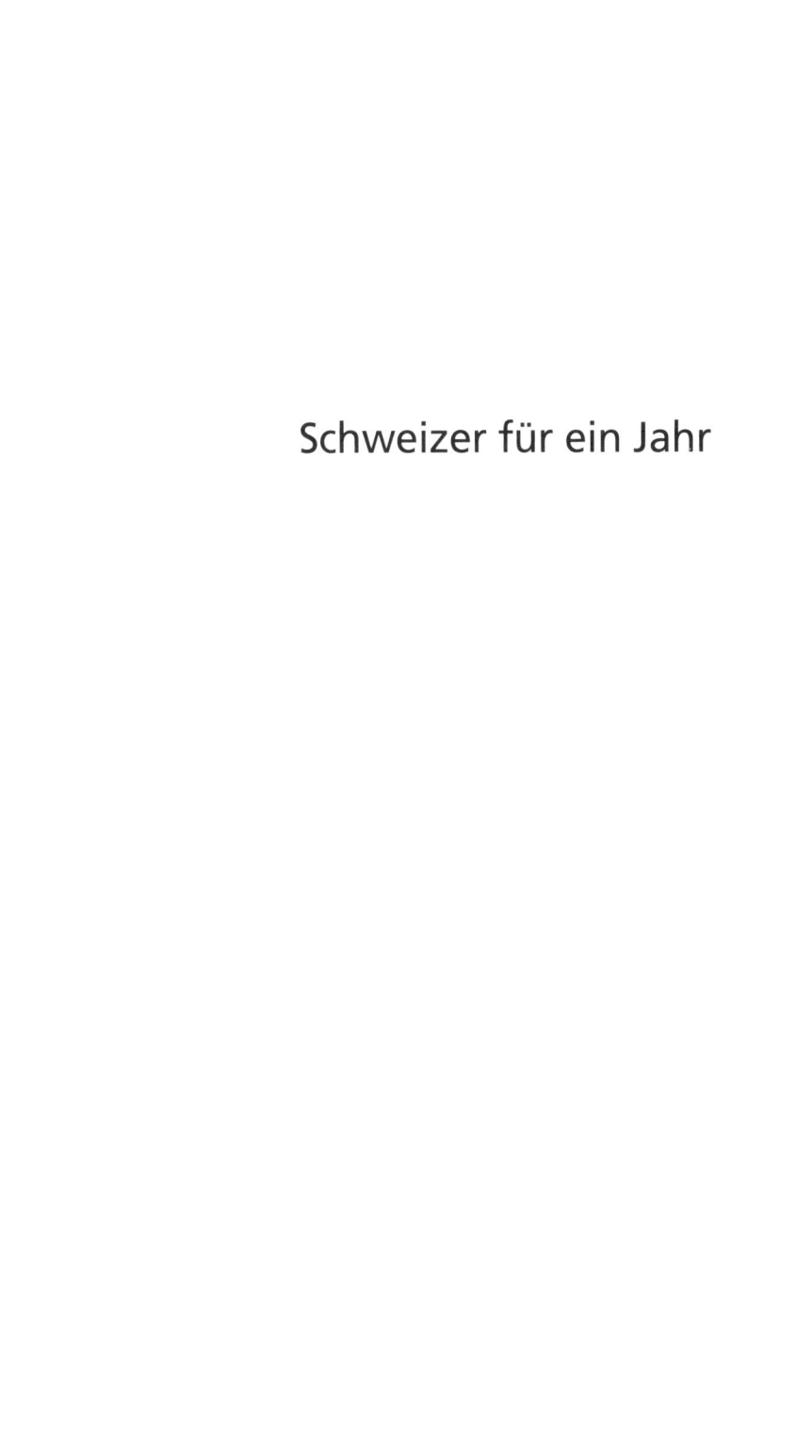

Schweizer für ein Jahr

Jeder für sich und alle gegen Zürich – Leben und Wohnen in der Schweiz

»Was ist das Beste an Zürich? – Der Wegweiser nach Basel.«
Basler Witz
»Was ist das Beste an Basel? – Der Wegweiser nach Zürich.«
Zürcher Witz

Von oben sieht die Schweiz aus wie ein plumpes, dreibeiniges Tier, das nach rechts läuft. Von oben nach unten kann man es in drei unterschiedlich breite Streifen teilen: oben der schmale Jura und seine Ausläufer, in der Mitte das breitere Mittelland mit den vielen Seen, unten der breiteste Streifen der Alpen. Die Schweiz ist ungefähr so groß wie das Bundesland Baden-Württemberg und hat knapp acht Millionen Einwohner. Und unzählige Parallelwelten. Jede Parallelwelt hat ihre eigenen Regeln, und in jeder legen die Bewohner Wert darauf, völlig anders zu sein als alle anderen Schweizer. Davon wird die Rede sein.

Im Jura bilden langgezogene Hügelketten den Horizont. Die fast zugrunde gegangene Uhrenindustrie im entfernten Nordwesten hat melancholische Landschaften und dünn bewohnte Orte hinterlassen. Der ganze Norden ist von Industrie geprägt und unterschiedlich stark verbaut. Im Dreiländereck am Rhein, an der Grenze zu Frankreich und Deutschland liegt Basel, die drittgrößte Stadt des Landes. Sie hat etwa 170 000 Einwohner, ein überdurchschnittliches Kulturangebot, und weil die Basler »Kuchi« statt »Chuchi« (Küche) sagen, werden sie von den anderen Schweizern für etepetete gehalten. Die Basler selbst bilden sich viel auf ihren Sinn für Ironie ein. Je weiter man ins Mittelland fährt, desto beschaulicher könnte die Landschaft sein, wäre sie nicht so zersiedelt. Rund ein Viertel der Schweiz wird landwirtschaftlich genutzt, ein großer Teil der Bauernhöfe liegt in dieser Region. Allerdings haben sie sich im Mittelland häufig in industrielle Agrarbetriebe mittlerer Größe verwandelt und sind nicht mehr besonders heimelig. Im hinteren, dünnen Bein des Schweizer Tieres liegt das liebliche, französischsprachige Waadtland. An den Ufern des Lac Léman wächst ein Großteil des einheimischen Weines. Die mentale Grenze zwischen der deutsch- und französischsprachigen Schweiz ist als »Röschtigraben« bekannt. In den Eingeweiden des Tieres wird wieder Schweizerdeutsch gesprochen: Hier erstreckt sich der Kanton Bern mit dem saftigen Emmental und dem Oberland. Mit 125 000 Einwohnern liegt die Bundeshauptstadt Bern größenmäßig nur an vierter Stelle. Zürich ist nicht die Hauptstadt der Schweiz. Von Zürich wird noch die Rede sein. Die beflaggte und blumengeschmückte Innenstadt von Bern sieht sogar an normalen Wochentagen aus wie ein Freilichtmuseum. Der Charme wird noch vergrößert durch die »Lauben« (Arkadengänge) an jedem Haus. Die Altstadt von Bern gehört seit 1983 zum Weltkulturerbe der UNESCO. Wenn die Berner mit Auswärtigen zu tun haben, dehnen sie ihre behäbige Mundart besonders breit und besonders bedächtig. Das ist provozierend und subversiv, es sagt: »Wir sind Hauptstadtbewohner und müssen nicht pressieren (eilen).« Auf diese Unerschütterlichkeit sind die andern ein bisschen neidisch. Sie belächeln die eigenwilligen Berner gern und unterstellen ihnen fälschlicherweise eine gewisse Langsamkeit auch im Denken.

Im mittleren, dicken Bein liegt das Wallis. Hier machen die Schweizer bevorzugt Ferien. Leider versteht aber niemand das Walliserdeutsch. Das Wallis gilt als überdurchschnittlich katholisch. Je weiter östlich man reist, desto schroffer werden die Felsen der Alpenausläufer. In der Herzgegend des Schweizer Tieres liegt die Innerschweiz.

Das Land Uri liegt in einem schönen, aber rauen Land, wo die ungezähmte Natur den Lebensrhythmus der Menschen bestimmt. Kaum ein Fremder wagt sich hierher, denn Uri ist ein abgelegenes Tal, vom Norden her nur über den Vierwaldstättersee oder schmale Gebirgspfade erreichbar. Südwärts endet die Welt der Urner an den schroffen Felswänden der Schöllenenschlucht. Zu Beginn des 13. Jahrhunderts gelingt es, Wege durch die Schöllenen zu bauen. Damit wird die Gotthardroute zur kürzesten Nord-Süd-Verbindung. Sie ist für den Handel von großer Bedeutung. 1273 wird Rudolf von Habsburg zum König gewählt. Wo immer möglich erwerben die Habsburger Rechte und Landbesitz in der Region um Uri. Überall stellen sie ihre »Vögte« ein, als Richter, Steuereintreiber, Beamte. So unterwandern die Habsburger die ursprünglichen Machtstrukturen der Täler. Sie erstre-

ben die Kontrolle über den Gotthardpass. 1291 schwören Landsleute aus Uri und den benachbarten Regionen Schwyz und Unterwalden auf der Rütliwiese einen Eid, der ihren Bund gegen die Habsburger besiegelt. Sie sind jetzt Eidgenossen. Eines Tages will der Habsburger Landvogt Hermann Gessler die Gesinnung der Landsleute von Uri prüfen. Auf dem Dorfplatz von Altdorf lässt er eine Stange aufstellen, auf der ein Habsburger Hut thront. Er befiehlt, dass jeder, der daran vorbeigeht, den Hut als Zeichen der Ehrerbietung grüßen solle. Kurz darauf geht Wilhelm Tell aus Bürglen zusammen mit seinem kleinen Sohn Walter über den Dorfplatz. Tell ist, wie die meisten Männer der Gegend, Jäger und Bauer. Er grüßt den Hut nicht. Man nimmt Tell deshalb fest und bringt ihn zu Gessler. Warum er den Hut nicht gegrüßt habe, will der Vogt wissen. Tell gibt eine ausweichende Antwort. Gessler weiß, dass Tell als guter Schütze gilt und befiehlt, dass dieser zur Strafe mit der Armbrust einen Apfel vom Kopf seines Sohnes schießen solle. Tell ist erschüttert und bietet sein eigenes Leben an, um seinen Sohn zu schützen. Gessler geht darauf nicht ein. So wird ein Apfel auf Walters Kopf gestellt, Tell legt an – und schießt mitten durch den Apfel. Die Bevölkerung, die gekommen ist, um alles mit anzusehen, jubelt. Gessler bemerkt, dass noch ein zweiter Pfeil in Tells Köcher ist, und fragt nach dessen Zweck. Tell weicht wieder aus, und sagt, das sei bei Jägern so üblich. Gessler glaubt ihm nicht und versichert, ihn nicht zu bestrafen, wenn er ihm die Wahrheit sage. Tell erklärt, er hätte, falls der Apfelschuss missglückt wäre, mit dem zweiten Pfeil auf Gessler gezielt und ihn bestimmt nicht verfehlt. Daraufhin lässt Gessler Tell erneut verhaften, um ihn in Küssnacht einzukerkern. Mit dem gefesselten Tell und seinem eigenen Gefolge setzt Gessler in einem Boot über den Vierwaldstättersee zu seiner Burg. Da setzt ein gewaltiger Föhnsturm ein, und das Boot droht zu kentern. Die Schiffsleute wissen, dass Tell auch den Ruf eines guten Steuermannes hat. Sie können Gessler überzeugen, dass er Tell losbinden lässt. Tell übernimmt das Steuer und lenkt das Schiff zum Axen, einer Felsenfläche am Ufer, die er gut kennt. Als das Schiff nah genug an die Felsplatte herangekommen ist, greift Tell seine Armbrust und springt ans Ufer. Das Boot stößt er mit aller Kraft auf den tobenden See zurück. Er begibt sich so schnell er kann nach Küssnacht. In der »Hohlen Gasse«, einem Weg, der von Baumkronen überdacht ist, wartet

er auf Gessler. Nachdem dieser mit seinem Gefolge dem Föhnsturm entkommen ist, reitet er tatsächlich durch die Hohle Gasse auf seine Burg zu. Tell spannt den zweiten Pfeil in seine Armbrust und tötet damit den Tyrannen.
(Erzählt nach Dokumenten des Tell-Museums in Altdorf)

Der Schweizer Nationalheld Wilhelm Tell wurde 1470 erstmals in einer Urkunde erwähnt – als Sagengestalt. Die meisten Historiker bezweifeln, dass er jemals gelebt hat. Ein Text des Tell-Museums Altdorf mit dem Titel »Hat Tell wirklich gelebt?« endet mit den Worten »Er lebt im Volk von Uri«. In der Innerschweiz verstellen kahle, fast senkrechte Steinwände die Sicht. Manche sagen, dass sich das bis heute auf die Mentalität der Bewohner auswirke.

Erst im Süden, jenseits des Gotthards öffnen sich die Felsentäler wieder. Im italienischsprachigen Tessin, dem vorderen Bein des Schweizer Tieres, ist die Landschaft am erstaunlichsten: Wenn man die weite Talebene der Leventina und die gesichtslosen Industrieorte hinter sich gelassen hat, sitzt man bald unter Palmen am Lago Maggiore und glaubt, die Schweiz liege am Mittelmeer. Ganz im Osten, im Kopf, liegt schließlich das steinerne Graubünden, wo auch »das Heidi« – bekannt aus Kinderbüchern und Filmen – herkommt. Der Kanton lebt vor allem vom Tourismus. Insgeheim halten die Bündner die Unterländer, also alle, die nicht aus dem Graubünden kommen, für dekadent.

Wenn man vom Graubünden nordwestwärts in Richtung Zürich fährt, kommt man durch den Kanton Glarus und durch Schwyz. Man sieht wunderschöne Landschaften, Dörfer mit kleinen Kirchlein, Bauernhäuser, bestellte Felder und Wiesen, am Horizont die Berge. Nach gut einer Stunde zeigt sich auf der rechten Seite der erste Zipfel des Zürichsees. Auf der linken Seite stehen hoch oben am Hügel noch immer abgelegene Bauernhöfe. Zwei Zigaretten später ist man in der Großstadt Zürich. Aber es ist gut möglich, dass der Bauer von dort oben kaum je in seinem Leben unten war. Oft liegen die Parallelwelten der Schweiz weniger als eine Autostunde voneinander entfernt. Ein Fremder erkennt manchmal gar nicht, dass er von einer in die andere gewechselt ist – das ist es, was ihn zum Fremden macht. Es gibt Kleinstädte mit Fußgängerzonen und McDonalds, es gibt Dörfer, in denen eine Frau mit kniekurzem Rock keine Antwort bekommt, wenn

In der Schweiz gibt es unzählige Parallelwelten, oft liegen sie nur eine Autostunde voneinander entfernt: weite Talebenen, enge Felsschluchten, gesichtslose Industrieorte und Kleinstädte, herrliche Seen wie der Lago di Lugano, wo man unter Palmen sitzt wie am Mittelmeer (o.), oder Dörfer wie Lauterbrunnen im Berner Oberland (u.) mit kleinen Kirchen in schönen Alptälern.

Auf dem Rathausplatz in Altdorf am Urner See mit dem »Türmli«, einem mittelalterlichen Wach- und Wehrturm, hat der Sage nach Rudolf von Habsburg im 13. Jahrhundert Gericht gehalten. Hier hat Wilhelm Tell auch seinen berühmten Apfelschuss abgegeben, falls er überhaupt gelebt hat. Das Denkmal vor dem Türmli zeigt den Nationalhelden mit seinem Sohn Walterli.

sie auf der Straße einen Vorbeilaufenden grüßt. Es gibt Villengegenden mit geheizten Bürgersteigen, großstädtische Multikulti-Oasen und Landgasthöfe mit Blumenfenstern und thailändischen Prostituierten dahinter; es gibt abgelegene Bauernhöfe, in deren Stuben die Bewohner anderer abgelegener Bauernhöfe zusammen beten.

Die sichtbarsten Parallelwelten sind die Kantone. In der Schweiz spielt es eine große Rolle, aus welchem Kanton man kommt. Die Schweizer können einander sofort am Dialekt erkennen, auch, ob man vom Land oder aus der Stadt kommt. Das Recht einer Ortschaft, Stadt zu werden, stammt aus dem Mittelalter; es ist eine juristische Form, die eine Unterscheidung zum dazugehörigen »Land« ermöglichte. Ein Gegensatz, aus dem sich Vorurteile auf beiden Seiten sehr gut haben nähren lassen. Weil die Schweiz eine klassenlose Gesellschaft ist, behalf man sich schon immer mit der lokalen Herkunft als Unterscheidungsmerkmal. In kleinen Dörfern kann man als inländischer Fremder bis heute besonders kühl behandelt werden, wenn man einen städtischen Dialekt hat. Traditionell halten die Ländler die Städter für arrogant und zerrüttet. Die Städter halten die Landbewohner für Hinterwäldler. Doch die Vorurteile beschränken sich nicht auf die Siedlungsform. Die Ostschweizer halten die Zentralschweizer für zurückgeblieben. Die Innerschweizer halten die Nordschweizer für Ausländer. Wer in Appenzell-Innerrhoden aufgewachsen ist, möchte auf keinen Fall mit den Einheimischen vom danebenliegenden Appenzell-Ausserrhoden verwechselt werden. Zur leichteren Identifizierung spricht man völlig unterschiedliche Dialekte. Wer das Bürgerrecht von Unterägeri hat, wird wahrscheinlich Gemeinsamkeiten mit den Bewohnern von Oberägeri von sich weisen. Nur in einem Punkt sind sich alle einig: Keiner mag die Zürcher. Doch dazu später. Die wechselseitigen Vorurteile der Eidgenossen beschränkten sich nie auf Regionen und Dialekte. Die Katholiken halten traditionell auch die Protestanten für gottlos. Die Reformierten die Katholiken für bigott. Die Sozialdemokraten die Freisinnigen für korrupt. Die Christdemokraten die Grünen für Hottentotten. Und so weiter. Außer ein paar Sprüchen, wenn man auf Fremde aus einem anderen Kanton trifft, oder einem stillen Boykott des jeweils anderen Wirtshauses folgt meist wenig aus diesen Abgrenzungen. Wichtig ist vor allem, dass jeder seine Individualität betont hat. Denn noch immer ist die Schweiz ein verhältnismäßig lockerer Bund von kantonalen Kleinstaaten, und Abgrenzung nach allen Seiten ist zentrales Merkmal dieser Identität. Der Zusammenschluss der Kantonsbürger zu einem Staat im 19. Jahrhundert war eine Vernunftentscheidung. Deshalb stehen die überdurchschnittlich vielen Schweizer Fahnen in den Vorgärten auch nicht für Nationalstolz. Sie sind da, um die Schweizer an ihre Gemeinsamkeit zu erinnern. Das nationale Zusammengehörigkeitsgefühl bezieht sich nicht auf Menschen, sondern auf die gemeinsame Idee »Schweiz«. Es kommt erst richtig zum Tragen, wenn das Ausland an der Tür rüttelt. Der Kopf mag Schweizer sein. Aber die Seele ist in Zernez, in Biberist, in Hergiswil oder Ennetbaden daheim. Das ist bis heute so geblieben.

Richard Mantovani ist 37 und hat Glück: Seit 16 Jahren arbeitet er in derselben Firma in Basel. Seit 16 Jahren fährt er jeden Morgen mit dem Zug von Bern, wo er wohnt, eine gute Stunde ins Büro und abends wieder zurück. Seine Frau Sabine arbeitet halbtags, in Olten, das liegt auf halber Strecke zwischen Zürich und Basel, auch sie fährt jeden Tag mit dem Zug. Vor kurzem hat ein amerikanischer Kollege Richard gefragt, warum er sich denn nicht in Basel eine Wohnung suche, das wäre doch viel angenehmer, dann könne er morgens länger schlafen. Am Abend erzählt er seiner Frau davon und die beiden lachen erstaunt: Daran haben sie tatsächlich in den ganzen Jahren noch nie gedacht. Nach Basel zu ziehen. Viel zu laut, allein schon der harte Dialekt und der bissige Humor der Basler. Das ist ja schon fast Deutschland. Auf Dauer würde er sich am Rhein fremd fühlen. Basel ist gut zum Arbeiten, und manchmal geht er mit den Kollegen nach Feierabend noch ein Bier trinken, dann nimmt er einen Zug später. Aber richtig entspannen kann er sich erst, wenn er aus dem Zug steigt, am Berner Hauptbahnhof. Wenn er wieder Berndeutsch hört.

Das Pendeln mit dem Zug ist sehr verbreitet in der Schweiz: Man wohnt in einer Region und fährt jeden Tag mit dem Zug in eine andere Region oder Stadt zur Arbeit. Das Schienennetz der Schweizerischen Bundesbahnen (SBB) ist weit ausgebaut; leise, komfortable Züge fahren regelmäßig und pünktlich in jeden Winkel des Landes. Ist ein Dorf für die Schienen zu entlegen, gibt es ein »Postauto« – einen bequemen, gelben Bus. Das Pendeln wird in den seltensten Fällen als Notlösung empfunden. Dennoch ist bei vielen Schweizern in den letzten Jahren Unmut gegen ihre Bahn aufgekommen. Nicht nur, weil die Züge immer voller sind. Mit Einführung des Winterfahrplans im Dezember 2011 verschärfte das Unternehmen auch die Beförderungsregeln. Wer im vollen Zug mit seinem Gepäck einen eigenen Sitzplatz belegt, muss seither dafür bezahlen. Und wer seine Fahrkarte erst auf der Fahrt beim »Kondukteur« (Schaffner) kauft, gilt neuerdings als Schwarzfahrer und muss mit einer hohen Buße rechnen.

Trotzdem käme kaum ein Zürcher, Aargauer oder Berner auf die Idee, seinen Wohnort zu wechseln, wenn er doch pendeln kann. Auch weil die Kantone sehr unterschiedliche Steuersätze haben. Zieht man von einem günstigen in einen teuren Kanton, ist es durchaus möglich, dass man ein Viertel oder sogar ein Drittel mehr Steuern bezahlen muss.

Wenn man einmal von den Nuancen absieht, mit denen jeder Eidgenosse nach Individualität strebt, kann man in der Schweiz grob drei Wohnformen unterscheiden: Stadt, Land und »Agglo«. Agglo ist die Abkürzung von »Agglomeration«. Agglomerationen sind die Einzugsgebiete der Städte. Es sind Neubaukrusten, die am Rand die Vororte überwuchert haben. Die Agglomerationen sind vor allem in den 60er und 70er Jahren entstanden. Damals zogen immer mehr Menschen in die Städte, und auch die Gastarbeiter, die man in der Hochkonjunktur geholt hatte, brauchten Wohnungen. Zwischen 1960 und 1990 hat sich die Zahl der Wohnungen in der Schweiz fast verdoppelt. Drei- oder viergeschossige Neubauten fressen sich seither immer weiter in die Landschaft hinein. Jeweils ein paar davon teilen sich eine Grünfläche, die meist nicht betreten werden darf, hin und wieder stehen ein paar Hochhäuser dazwischen. Aber die sind meist nicht größer als ein Dutzend Geschosse. Agglomerationen sind keine Slums, auch keine Suburbs im amerikanischen Sinn. Sie können sogar »Überbauungen« mit Einfamilien- und Reihenhäuschen beinhalten. Aber geprägt wird die Agglo von »Wohnblöcken« (Mehrfamilienhäusern). Agglo ist mehr als eine typische Siedlungsform in der Schweiz. Agglo ist ein Zustand, eine Art Mikroglobalisierung innerhalb des Landes. Agglo ist ein Versuch der Stadtplaner, das Bedürfnis nach Urbanität nicht preis-

Muttenz

Agglo ist ein Zustand. »Agglomerationen« sind die Einzugsgebiete der Städte; Neubaukrusten, die am Rand die Vororte überwuchert haben. Ungefähr 70 Prozent der Schweizer wohnen so. Es ist ein Statussymbol, nicht in der Agglo zu wohnen. Dafür fährt man gern weit zur Arbeit, zum Beispiel mit dem »Postauto« (u.). Es fährt fahrplanmäßig auch in die entlegensten Gebiete.

zugeben und die Sehnsucht nach Natur nicht zu verraten. Beides scheitert mit unbarmherziger Offensichtlichkeit. Das Wuchern der Agglos hängt eng mit dem Ausbau des Autobahnnetzes zusammen. Die Autobahnen sollten ursprünglich die Städte so gut miteinander verbinden, dass niemand vom Land an den Stadtrand ziehen muss, wenn er dort arbeitet. Aber das Gegenteil ist eingetreten: Entlang der Verkehrsadern haben die Auswüchse der Stadt langsam die Zwischenräume geschlossen. Von den Wünschen der Agglo-Bewohner ist kaum mehr übriggeblieben als sorgfältig bepflanzte Balkonkistchen und Einkaufszentren, die man mit dem Bus erreichen kann. Wirkliche Zentren gibt es in den Agglos oft nicht mehr, weil die alten Dorfkerne verbaut oder die Verkehrslinien an ihnen vorbeigeführt werden. Als Ersatz dient eine Haltestelle, an der es eine Bankfiliale, einen Bäcker und eine Apotheke gibt. Ein Ort, wo die Jugendlichen auf die Bahn in die Stadt warten, wenn sie »in den Ausgang« gehen: in die Disco, ins Kino oder in die Beizen (Kneipen).

Ihre Eltern sind meist zufällig in der Agglo gelandet. Sie wollten mit den Kindern aufs Land, aber nicht zu abgelegen. Oder sie haben eine Wohnung in Bern gesucht und eine in Münchenbuchsee gefunden, in Zürich gesucht und in Dübendorf gefunden. Die Agglomerationen der Schweiz gleichen sich, auch die Dialekte vermischen sich mehr als anderswo. Das verquirlte Schweizerdeutsch des Lokalfernsehens beeinflusst den Alltag mehr als die Sprache der Eltern oder Nachbarn. In der Agglo kommen alle woanders her. Hinter den Türen wohnen Nachbarn, denen es ähnlich ergangen ist, die sich in der Zwischenstufe eingerichtet und sich an sie angepasst haben. Hier ist der Lokalpatriotismus überwunden. Vielleicht ist »Agglo« die modernste der Mentalitäten in der Schweiz. Die Volkszählung des Jahres 2000 hat ergeben, das ungefähr 70 Prozent der Schweizer in einer Agglo oder vergleichbaren Siedlungen leben. Aus den oberen Stockwerken hat man oft eine gute Sicht auf die Alpen, auf einen Wald, auf einen der vielen Seen. Es gilt als Statussymbol, nicht in der Agglo zu wohnen. Es bedeutet, dass man es sich noch leisten kann, Städter zu sein oder Dörfler, Berner, Beinwiler oder Flimser.

Zürich hat die größte Agglomeration der Schweiz. Durch sie wird die Einwohnerzahl der Stadt – knapp 390 000 – auf über eine Million gehievt. Dadurch hat Zürich die Rolle der einzigen Groß-

Der Kopf mag Schweizer sein. Aber die Seele ist in Zernez, in Biberist, in Hergiswil oder Ennetbaden daheim. Wer etwas anderes sehen will, kann auf dem Bahnhof in Basel (o.) oder anderswo in den Zug steigen und mit dem »GA« durch das Land fahren. Das Generalabonnement der Schweizerischen Bundesbahn hat beinahe mythischen Charakter.

stadt der Deutschschweiz. Der Anspruch, eine richtige Metropole zu sein, bekommt ständig neue Nahrung durch die Jungen aus den kleineren Orten, die sich in Zürich von ihrer Herkunft befreien wollen, ohne ins Ausland zu gehen. Die Zugezogenen nehmen ihre Identität als Großstädter besonders ernst: Sie geben sich lauter, unhöflicher und hektischer als andere Schweizer. Natürlich ist das Leben in Zürich anstrengender als in Bern, Basel oder Hergiswil. Aber die Dimensionen der zürcherischen Hektik sehen so aus, dass es am »Stauffacher«, wo ein halbes Dutzend Tramlinien halten, nach Feierabend hin und wieder zu einem Gedrängel kommt. Eine U-Bahn gibt es in Zürich natürlich auch. Aber die führt wieder in die Agglo. Im Vergleich zu London, Paris oder New York ist das Leben in Zürich friedlich und bequem. Von ihren Touristikern wurde die Stadt nacheinander als »little big city«, »downtown Switzerland« und – aktueller Stadtslogan – »World Class. Swiss Made« angepriesen. Im Ausland ist Zürich sehr beliebt: In beschaulichem Ambiente kann man hervorragend das Leben genießen. Wunderbar essen, auf höchsten Niveau einkaufen und Parties feiern, es gibt Theater, Museen und alternative Kulturstätten, die alle genug Geld haben, um kreative Ideen in hoher Qualität zu verwirklichen. Aber ein entspanntes Understatement gedeiht erst allmählich. Tatsächlich ist Zürich heute an manchen Stellen auf sehr entspannte Weise urban. Wenn man einmal von der bäuerischen Fremdenangst absieht, mit der manche Bewohner noch immer den etwa eintausend gut ausgebildeten Deutschen begegnen, die jeden Monat in die Stadt ziehen und sich gerne in diese Urbanität integrieren würden.

Bei ihren Landsleuten haben die Zürcher keinen guten Ruf. Das hat viel mit Neid zu tun. Praktisch alles, was in der Schweiz neu ist, kommt aus Zürich: Mode, Medien, Meinungen. Der Drang, unter allen Umständen als professionelle Großstädter wahrgenommen zu werden, beschädigt das Ansehen der Zürcher. Darin erkennen die anderen Schweizer etwas, was sie nicht wissen wollen. Schweizer machen sich sowieso schon ständig Sorgen, was wohl die anderen von ihnen denken könnten. Aber viele Zürcher im werberelevanten Alter, statt sich einfach unauffällig der Mehrheit anzupassen wie alle anderen, scheinen ständig bemüht, die richtigen Dinge im richtigen Moment am richtigen Ort zu tun und dabei von den richtigen Leuten gesehen zu werden. Ein falsches Brillengestell oder die Turnschuhe der letzten Saison können sie ins gesellschaftliche Aus katapultieren. In keiner anderen Stadt der Schweiz, vielleicht sogar im deutschen Sprachraum, sind die Leute so cool und teuer gestylt wie in Zürich. Aber das hat sie lange nicht glücklich gemacht. Zur Jahrtausendwende gab die Kantonalbank Zürich eine Umfrage in Auftrag. Diese ergab, dass die Zürcher damals mit Abstand die unzufriedensten Schweizer waren. Obwohl sie das höchste Einkommen im Land haben (durchschnittlich 6350 Franken – 5240 Euro – im Monat) und dazu noch ein hervorragendes Einkaufs- und Kulturangebot und einen See fast direkt in der City. Ihnen stank einfach alles. Die Arbeit war zu stressig, das Gesundheitswesen zu unsicher, der Wohnungsmarkt zu angespannt. Sie waren, so schien es, total überfordert. Sie machten beschämend deutlich, dass das Großstädtische in einem Schweizer einfach nicht angelegt ist. Sie scheiterten am größten Vorteil der Metropole: dass einem der Nachbar egal sein kann, weil man nicht auf ihn und sein Wohlwollen angewiesen ist. Dass die Auswahl an Wahlverwandten in der Stadt so groß ist, dass man sich nicht beim Nächstbesten beliebt machen muss, nur weil er zufällig neben einem im Tram sitzt. Dass man die, die einem nicht passen, einfach ausblenden kann. Stattdessen treiben die hippen Zürcher die soziale Kontrolle eines Dorfes mit den Mitteln der Großstadt auf die Spitze. Ohne sich in der Geborgenheit der gewachsenen Gemeinschaft von dem Stress erholen zu können. Dabei wäre ein richtiges Dorf zumindest preislich eine echte Alternative zur »little big city«. Seit der zweiten Hälfte der 90er Jahre bewegt sich Zürich am Rand der Wohnungsnot. Von 10 000 Wohnungen stehen dort nur drei leer. Während man im Jahr 2011 im schweizerischen Durchschnitt 1790 Franken (1477 Euro) für eine 5-Zimmer-Loge (Wohnung) bezahlte, kostete sie in Zürich im Durchschnitt 2500 Franken (2036 Euro).

»Zügeln« (Umziehen) ist in der Schweiz eine teure und aufwändige Sache. Zunächst einmal muss man eine Wohnung finden. In den Anzeigen werden manchmal »Maisonettes« und »Attikas«, »Rusticos«, Wohnungen im »Hochparterre« und »Mansarden« angeboten. Maisonette bezeichnet eine zweistöckige Dachwohnung, häufig ausgebaute Dachgeschosse in historischen Stadtkernen kleinerer Orte. Weil der Denkmalschutz streng ist, sind diese Wohnungen oft sagenhaft schön, aber wegen der tragenden historischen Balkenkonstruktionen in Augenhöhe nur für Kleinwüchsige oder Bucklige geeignet. Attika bedeutet Penthousewohnung, oft sind es zurückgesetzte, niedrige Aufbauten auf Betonblöcken aus den 70er Jahren. Rustico bezeichnet ein restauriertes Steinhäuschen im Tessin, das Deutschschweizer gern als Ferienhaus nutzen. Hochparterre bedeutet, dass die Wohnung im ersten Stock über einem nicht bewohnten Erdgeschoss liegt. Mansarde heißt ein ehemaliges Dienstmädchenzimmer in großbürgerlichen Mietshäusern. Meist liegt es direkt unter dem Dach und hat ursprünglich nur ein »Lavabo« (Waschbecken).

Wenn man sie bekommt, bieten Wohnungen in der Schweiz meist einen enormen Komfort: Einbauküchen mit Glaskeramik-Kochherd sind vor allem in Neubauten oft Standard, die Badezimmer sind perfekt gefliest, eine Badewanne ist fast selbstverständlich, Fußbodenheizungen sind vor allem in Neubauten verbreitet. Oft gibt es in normalen Mietwohnungen ein zusätzliches Gästeklo. Doppelfenster und Öl- beziehungsweise Kohleöfen sind etwas, an das sich allenfalls Großmütter noch erinnern. Nicht selten haben normale Etagenwohnungen ein »Cheminée«, einen offenen Kamin; zum reinen Vergnügen der Bewohner. Parkett oder Linoleumboden sind üblich. Genauso häufig sind auch hochwertige Spannteppiche verlegt, die man auf gar keinen Fall entfernen darf. Manchmal sind ehemals charmante Altbauwohnungen auch vollkommen übermodernisiert. Stuckdecken werden von eifrigen Hausverwaltungen mit Holzvertäfelung überdeckt und schmale Altstadthäuser mit wuchtigen Einbauschränken oder offenen Küchen verschandelt. Hauptsache, es sieht »anständig« aus. In der Schweiz zieht man immer in renovierte, saubere Wohnungen ein. Meist muss man sich schon im Mietvertrag bereit erklären, beim Auszug eine so genannte Putzpauschale von mehreren 100 Franken zu bezahlen. Das bedeutet, eine Firma reinigt im Auftrag der Hausverwaltung die Wohnung gründlich, sobald der ausziehende Mieter die letzte Kiste herausgetragen und das letzte Bohrloch verspachtelt hat. Auf die Idee, dass man seine Wohnung in Eigenregie endreinigen könnte, lassen sich die wenigsten Vermieter ein. Auch der Punkt »Schönheitsreparaturen« wird in der Schweiz äußerst penibel gehandhabt. In den kantonalen Normmietverträgen gibt es meist eine Klausel, nach der man eine Wohnung in genau dem Zustand zurückgeben muss, in dem man sie bezogen hat. Das führt dazu, dass Schweizer selten auf die Idee kommen, die Wände in ihrer Wohnung anders als weiß zu streichen oder ihr Umzugsbudget mit sonstigen individualistischen Sperenzchen zu belasten. Im Zweifelsfall ist es immer noch billiger, neue, passende Möbel zu kaufen als Böden und Wände nach seinem Geschmack zu verändern und beim Auszug alles wieder rückgängig machen zu lassen.

»Was ist das denn?«, fragt Ulrike Samel aus Gera ihren Mann Maik, als sie durch das Mittelland fahren. Meterhohe Holzbalken ragen auf einer Wiese in die Luft. Die Anordnung ist rätselhaft, die Kanthölzer bilden eine Art Kreis, aber genau kann sie das beim Vorbeifahren nicht erkennen. Sie hat es schon öfter gesehen. »Vielleicht wird hier Hopfen angebaut«, sagt ihr Mann. Er hat bereits seine Liebe zum Schweizer Bier entdeckt. Sie können nicht ahnen, dass die Holzsparren eine Markierung bilden: Hier wird bald keine Wiese mehr sein, sondern ein Haus. Die Balken heißen »Baugespann« und bezeichnen exakt die Umrisse eines geplanten Gebäudes. Ohne Baugespann darf in der Schweiz niemand bauen. Es ist nötig, damit die Mitarbeiter der Baubehörde sich genau vorstellen können, wie das Haus aussehen wird. Sonst können sie keine Genehmigung erteilen.

Wer in der Schweiz in seinem eigenen Haus wohnt, ist privilegiert. Nur knapp vier von zehn Schweizern besitzen die Wände, an denen sie ihre Bilder aufgehängt haben. Das sind weniger als in jedem anderen europäischen Land. Ein Grund liegt in den horrenden Preisen für Bauland. Sie haben sich durch Spekulation in den letzten 50 Jahren verfünfzigfacht. Und dort, wo man bauen will, ist meist kein Platz mehr. Jede Gemeinde in der Schweiz ist in Kern-, Wohn-, Gewerbe-, Bau- und Erholungszonen eingeteilt. Umzonungen kosten Zeit und Geld und sind kaum zu erreichen, wenn man keinen guten Kontakt zum Gemeinderat hat. Die Regeln und Vorschriften, die Bauwillige erfüllen müssen, sind umfangreich und mit hohen Ausgaben verbunden. Als Alternative wird in den letzten Jahren das »Stockwerkeigentum« – Eigentumswohnungen – propagiert. Aber es ist nicht dasselbe wie ein Haus. Im Herbst 2003 schrieb die »NZZ am Sonntag«: »Stockwerkeigentum ist attraktiv für Personen, die nicht zu hohe Erwartungen an die Eigentümerstellung haben.«

Immerhin müssen Bauwillige heute keinen Luftschutzkeller mehr mitplanen. Bis in die 1980er Jahre war das Pflicht. Noch heute hat aber fast jedes Schweizer Haus einen solchen Raum. Er liegt hinter einer ungefähr 30 Zentimeter dicken Betontür, die nur mit komplettem Körpereinsatz zu bewegen ist und mit schweren Eisenklinken verriegelt werden kann. Zum vorschriftsgemäßen Luftschutzkeller gehörte auch ein genormter Notausstieg fürs Kellerfenster sowie eine Vorrichtung zum Anbringen von Luftfiltern zum Schutz vor Notsituationen mit chemischer Verseuchung der Luft. Die Luftschutzkeller der Schweiz sind auch in friedlichen Zeiten täglich in Gebrauch. Die Bewohner der Häuser lagern Wein darin, reparieren die Velos (Fahrräder) oder nutzen ihn als atomschlaggeschützten »Bastelraum« (Hobbykeller). Meist dient der Luftschutzkeller auch als Speisekammer. Allerdings auf freiwilliger Basis, seitdem der Bundesrat vor Jahrzehnten den obligatorischen Notvorrat abgeschafft hat. Aber noch immer wird der Schweizer Bevölkerung empfohlen, pro Person zwei Kilo Zucker, ebensoviel Reis und Teigwaren, zwei Kilo Öl und Fett sowie Hülsenfrüchte, Fleischkonserven, Schmelzkäse und Getränke ständig auf Vorrat im Haus zu haben. Je nach Kanton wird die Liste individuell aufgestockt, der Kanton Zug empfiehlt seinen Bewohnern zusätzlich fertige Fonduemischung. Genaueres steht in einer Broschüre des Bundesamtes für wirtschaftliche Landesversorgung mit dem Titel »Damit es nicht so schlimm wird, wenn es wirklich schlimm wird«.

Notvorrat und Luftschutzkeller wurden erst nach dem Zweiten Weltkrieg Pflicht. Zuvor wäre ein großer Teil der Zivilbevölkerung bei einer Katastrophe – oder bei Kriegsausbruch – ungeschützt gewesen. Lediglich für hohe Militärs und Mitglieder der Regierung war in den Bunkeranlagen und unterirdischen Festungen, die ab 1941 im Rahmen des »Réduits« (siehe Kapitel »Kleiner Exkurs ...«) unter höchster Geheimhaltung gebaut wurden, Platz vorgesehen. Die Bunker, Waffenlager und Einstiege in unterirdische Anlagen hatte man so liebevoll als Kuhställe, Geräteschuppen oder Alphütten getarnt, dass viele bis heute unentdeckt geblieben sind. Erst in den 90er Jahren erfuhr die Schweizer Öffentlichkeit überhaupt, was hinter den trüben Scheiben der scheinbar unbewohnten Chalets oder verlassenen Geräteschuppen liegt, die mitten in Dörfern oder auf abgelegenen Alpwiesen stehen: Meterdicke Betonmauern, zwischen denen Munition oder

Waffen bereitlagen. Über 20 000 solcher »Objekte« gibt es in der Schweiz, auch nach dem Krieg baute das Schweizer Militär unauffällig weiter. Verzeichnet sind sie auf keiner Landkarte. Erst als auch der Kalte Krieg endete, war Baustopp. Ungefähr die Hälfte der Attrappen sind bisher enttarnt. Einige der größeren Anlagen wurden im Rahmen einer Militärreform 1995 zu Museen umgewandelt und sind heute beliebte Ausflugsziele. Die kleineren stehen seither unbrauchbar – und abgerüstet – im Land herum. Sprengen lassen sie sich ja nicht. Damit sie nicht verlottern und das Dorfbild stören, streicht man sie regelmäßig frisch an und erneuert die Ziegeldächer. Weil das ins Geld geht, hat das Bundesamt für Verteidigung, Bevölkerungsschutz und Sport, dem die Bauten unterstehen, angefangen, die Häuschen zu Spottpreisen an Privatpersonen zu verkaufen. Als Weinkeller oder Übungsraum wären die Bunker durchaus geeignet. Trotzdem ist die Nachfrage sehr gering. Denn jede bauliche Veränderung muss von der Gemeinde gemäß der Zonenvorschriften (siehe oben) bewilligt werden. Und das ist nicht so einfach. Praktisch alle Bunker wurden ja ohne eine reguläre Baubewilligung aufgestellt. Und jetzt stehen sie halt außerhalb der Bauzone.

Warum sind die eigentlich so reich? – Geld und Arbeit in der Schweiz

»Natürlich fänden wir die 35-Stunden-Woche auch super. Aber bei uns ist es so, dass man bei weniger Arbeitsstunden auch weniger Lohn hat.«
Rolf Schäuble, Betriebsratsvorsitzender

»Warum sind die Schweizer so reich?« – Eine gute und berechtigte Frage. Sie bringt einen Schweizer in Verlegenheit. Er ist nicht reich. Es geht ihm allenfalls gut und er muss nicht hungern. Alles Neureiche ist ihm tief zuwider. Geld ist kein Mittel zur Selbstdarstellung. Auf eine solche Frage wird er vermutlich nur die Schultern heben und versuchen, sich diskret zu entfernen. Ein Schweizer redet nicht über Geld. Insbesondere nicht über sein eigenes. Geld ist zu wichtig, um darüber Worte zu machen. Es ist Identität. Geld haben bedeutet, von niemandem abhängig zu sein. Wer in der Schweiz leben will, muss bereit sein, zu diesem Zweck genügend Geld zu beschaffen. Als Ansporn und damit jeder mitmacht, kostet in der Schweiz das Leben Eintritt. Was »Eintritt« bedeutet, kann man mit einem kleinen Experiment herausfinden: Man macht sich einen Tag lang mit nichts als einer Zehnernote (ca. acht Euro) in der Tasche irgendwo in der Schweiz auf den Weg. Man wird etwas erleben, das nur indirekt damit zu tun hat, dass man sich kaum mehr als einen Kaffee und ein Gipfeli (Croissant) kaufen kann. Das Gefühl, um das es geht, trifft einen vielleicht auf einer Parkbank, wenn man sich gerade zufrieden zurücklehnt und denkt, dass es doch auch mal ohne Kohle geht. Wenn man den Anblick der üppig bepflanzten Rabatten genießt, die Berge am Horizont oder den See vor der Nase auf sich wirken lässt. Ganz unangekündigt kann es einen überkommen. Eine plötzliche Unsicherheit, so, als würde man beim Aufwachen bemerken, dass man sein Zelt in einem Privatgarten aufgebaut hat. Zweifel, ob diese Pracht überhaupt für einen selbst bestimmt ist. Ob man angesichts des leeren Portemonnaies überhaupt das Recht hat, sie zu genießen. Das ist ein schwieriger Moment mit einem unerwartet fiesen Gefühl. Besonders für einen Schweizer.

Man ist ausgeschlossen und jeder merkt es einem an. Auch Besucher befällt es bisweilen.

In der Schweiz nicht genug Geld zu haben tut weh, weil man dabei beobachtet wird. Das ungute Gefühl wird hervorgebracht von einer Kombination aus diskretem Reichtum im Straßenbild – die neuen Autos, die glänzenden Schuhe, der Umstand, dass ein Kaffee umgerechnet drei Euro kostet – und der Art der Schweizer, ihre Mitmenschen diskret aber spürbar wahrzunehmen. Schnell fühlt sich auch der ertappt, der gar nichts zu verbergen hat. Außer dass das Geld nicht reicht. Dieses Gefühl hat einen tieferen Sinn, es gehört zu einem funktionierenden Frühwarnsystem der schweizerischen Gesellschaft: Wenn einer kein Geld mehr hat oder sonst aus dem Rahmen fällt, ist etwas nicht in Ordnung. Und das betrifft in der Konsensgesellschaft alle. Der Konsens, das unausgesprochene Selbstverständnis der Schweizer, besteht im Streben nach Wohlstand; jeder erfüllt pünktlich seine finanziellen und sonstigen Pflichten. Alles andere berührt ein Tabu.

Die Schweiz ist nach Liechtenstein und Luxemburg das reichste Land in Europa. Die Kaufkraft eines Schweizers lag 2011 im Durchschnitt fast doppelt so hoch wie in den übrigen europäischen Ländern. Zum Vergleich: Deutschland liegt auf Platz 10. In einer europäischen Umfrage zum subjektiven Glücksempfinden einzelner Nationalitäten liegt die Schweiz an erster Stelle. Möglicherweise auch deshalb, weil die Selbstmordrate des Landes im europäischen Durchschnitt an der Spitze steht und deshalb diejenigen, die es anders gesehen hätten, nicht berücksichtigt werden konnten. Doch das ist ein anderes Thema. Die Krise der Finanzmärkte hat Ende 2008 auch die Schweiz getroffen und zu einer Rezession geführt. Dennoch liegt die Arbeitslosenquote nur bei etwa drei Prozent.

Als Gisela Falk aus Göttingen am Basler Marktplatz auf das Tram wartet, sieht sie einen zotteligen Mann mit langen Haaren und Bart an der Haltestelle stehen. Er bietet ein Arbeitslosenmagazin namens »Surprise« an. Gisela beschließt, ihm eines abzukaufen. »Sechs Franken« (fünf Euro) sagt der Mann freundlich und hält ihr das Heft mit dem vierfarbigen Glanztitelblatt hin. Gisela bemerkt, dass in ihrem Portemonnaie nur noch ein Hundertfrankenschein steckt. Es ist ihr peinlich. »Es tut mir Leid, aber ich habe nur das hier«, *sagt sie, und zeigt das Geld.* »*Kein Problem*«, *sagt der Verkäufer und wühlt in seinem Parka. Dann gibt er ihr 90 Franken in Scheinen und vier Franken in Münzen zurück und wünscht ihr noch einen schönen Tag. Noch ein Jahr später ist das Giselas Lieblingsgeschichte. Sie setzt jeweils noch eine Pointe drauf.* »*Die Penner müssen wohl drei Euro für eine Obdachlosenzeitung nehmen, weil der Alkohol in der Schweiz so teuer ist.*«

Wer weniger als 2380 Franken (1965 Euro) im Monat zur Verfügung hat, gilt in der Schweiz als arm. Der Durchschnittslohn für einen ausgebildeten Arbeiter liegt bei etwa 5800 Franken (4780 Euro). Nach Abzug von Krankenkasse, Steuern, Altersvorsorge und Arbeitslosenversicherung bleiben ihm davon – je nach Kanton – noch ungefähr 3500 Franken (2890 Euro). Wenn man daran denkt, wie teuer die Lebenshaltungskosten sind, ist das nicht mehr horrend viel. Und nicht jeder bekommt einen guten Durchschnittslohn. Das Geld in der Schweiz wird hart verdient. Die 42-Stunden-Woche ist üblich. Eine Initiative, mit der die erlaubte Arbeitszeit auf 48 Wochenstunden begrenzt worden wäre, hat das Stimmvolk 2002 mit großer Mehrheit abgeschmettert. Den Arbeitnehmern stehen auch weniger Urlaubs- und Feiertage zu als beispielsweise in Deutschland. 2002 hat ein Schweizer Arbeitnehmer im Durchschnitt über 200 Stunden mehr gearbeitet als ein deutscher Kollege. Auch die Lebensarbeitszeit ist erheblich länger. Rund 70 Prozent der Schweizer zwischen 55 und 64 Jahren sind noch erwerbstätig. In Deutschland sind es in dieser Altersgruppe 37 Prozent. Wer sich in der Schweiz frühzeitig »pensionieren« lässt, muss spürbare Rentenkürzungen in Kauf nehmen. Regulär können sich Männer mit 65 Jahren, Frauen mit 64 pensionieren lassen.

Berufsausbildungen sind in allen Branchen sehr anspruchsvoll und langwierig. Auch praxisorientierte Berufe beinhalten neben der Ausbildung in einem Betrieb den mehrjährigen Besuch einer Berufsschule. Zeugnisse gelten sehr viel – Schweizer Zeugnisse. Ausländer, die eine Stelle suchen, müssen in aller Regel Nachprüfungen absolvieren, um im Ausland erworbene Diplome anerkennen zu lassen. Nur für Berufstätige, die ihre Ausbildung in EU-Staaten gemacht haben, sind die Bedingungen seit 2002 ein wenig gelockert worden. Die Anerkennungskriterien für die einzelnen Berufe sind von Kanton zu Kanton unterschiedlich. Problematisch wird es vor allem dann, wenn ein im Ausland gelernter Beruf in der Schweizer Ausbildungsordnung gar nicht existiert: Eine deutsche Erzieherin mit besten Zeugnissen und langjähriger Berufspraxis sollte nicht davon ausgehen, dass sie in der Schweiz als Kindergärtnerin qualifiziert ist. Noch komplizierter ist es für Studienplatzanwärter mit ausländischen Prüfungsscheinen: Jede Hochschule legt ihre eigenen Anerkennungskriterien fest.

Ganz gleich wie unbedeutend einem Außenstehenden die Schweizer Arbeitslosenzahlen vorkamen, die 2005 mit 4,4 Prozent einen Höhepunkt erreicht hatten: Die Schweizer erschütterte die angespannte Lage bis in die Knochen. Auch 2011 stand Arbeitslosigkeit im »Sorgenbarometer«, das ein Kreditinstitut jährlich erhebt, an oberster Stelle. Ende der 90er Jahre waren viele Schweizer wie gelähmt vor Angst um ihren Arbeitsplatz. Das Klima in den Betrieben wurde rauer. Als Schweizer kannte man es bisher nicht, dass man 30 oder 40 Bewerbungen schreiben muss, bis man wieder eine passende Stelle hat. Arbeit und Beruf haben in der Schweizer Gesellschaft einen noch größeren Stellenwert als in Deutschland. Als Ideal gilt noch immer die »Hundert-Prozent-Stelle« (Vollbeschäftigung). Allenfalls Müttern wird eine Teilzeitarbeit zugestanden.

Ein Teil der gut ausgebildeten, jüngeren Schweizer reagierte ungewohnt auf die Krise: Sie begannen sich selbständig zu machen, meist mit kleinen Dienstleistungsfirmen. Das amerikanische Wirtschaftsmagazin »Red Herring« zeichnet jährlich die hundert vielversprechendsten Jungunternehmen in Europa aus. Im Frühjahr 2009 stammten 14 von ihnen aus der Schweiz, mehr als aus jedem anderen Land. Von den Banken war für Neugründungen allerdings schon vor der Krise kein Kapital zu bekommen. Wenn in der Schweiz gegründet wird, dann meist mit erspartem oder privat zusammengeliehenem Geld. Besonders hoch ist die Arbeitslosigkeit unter den Jungen, viele werden nach der Ausbildung nicht mehr übernommen. Die globalen Probleme haben die Schweiz erreicht.

Seit einigen Jahren werden die Schweizer auch vom Phänomen der »Working Poor« beunruhigt – der »arbeitenden Armen«: Leute, die »schaffe« (arbeiten) und trotzdem vom Staat abhängig sind. Vor allem Kellnerinnen, Friseurinnen, Verkäuferinnen und unqualifizierte Arbeitskräfte sind betroffen. Und Arbeitnehmer, die als »Aushilfen« beschäftigt sind. Wer – oft jahrelang – eine solche Stelle hat, erfährt manchmal erst am Anfang einer Arbeitswoche oder sogar erst am Morgen des Arbeitstages, ob er eingesetzt wird. Zur Verfügung stehen muss er auf jeden Fall, Lohn gibt es nur bei einem Einsatz. Eine weitere Besonderheit des Schweizer Arbeitsmarktes wurde im Sommer 2004 abgeschafft: die »Saisonnier-Regelung«. Jahrzehntelang bekamen ausländische Arbeitskräfte, vor allem im Gastgewerbe und auf dem Bau, für neun Monate eine Arbeits- und Aufenthaltsbewilligung, die jedes Jahr erneuert werden musste. Für die restlichen drei Monate des Jahres hatten sie das Land zu verlassen. Mit einem solchen Status war an eine eigene Familie nicht zu denken, weil die Kinder nicht für ein Vierteljahr aus der Schule genommen werden konnten. Bei vielen Arbeitgebern nach wie vor beliebt sind aber die sogenannten Grenzgänger: Badener oder Elsässerinnen, die in den Supermärkten der Grenzregion an der Kasse sitzen und jeden Abend in die EU zurückfahren. Dort leben sie noch mit dem kleinsten Schweizerlohn besser als die Nachbarn.

Es gibt auch Gewerkschaften in der Schweiz. Aber seit 1936 herrscht ein »Arbeitsfriede«. Gewerkschaften und Arbeitgeber haben sich verpflichtet, Konflikte zuerst am Verhandlungstisch zu lösen und auf Streikmaßnahmen zu verzichten. Ganz selten legt die Belegschaft eines Betriebs einmal die Arbeit nieder. Kein anderer wird aus Solidarität mitstreiken. Am Arbeitsfrieden wird praktisch ausnahmslos auch festgehalten, nachdem die Schweiz 1992 die Menschenrechtskonvention der UNO unterschrieben hat. Darin wäre ein Streikrecht enthalten. Aber Streik hält eben den Betrieb auf.

Die Bernerin Brigitte Graul ist 33 und weiß eigentlich, dass der Verlust einer Arbeitsstelle nicht zwingend zur Obdachlosigkeit führt. Trotzdem klingt das Wort »Arbeitslosigkeit« für sie wie »Weltuntergang«, und seit in ihrem Betrieb Leute entlassen wurden, kann sie oft nur noch mit Beruhigungsmitteln schlafen. Als sie ein Kind war, hörte sie, wie ihr Vater, nachdem er die Post geholt hatte, weinend die Küchentür hinter sich zumachte und der Mutter sagte, dass er ausgesteuert worden sei. Mit 48 war der

Bitte ausreichend frankieren

Antwort

**Ch. Links Verlag
Schönhauser Allee 36
KulturBrauerei / Haus S**

D-10435 Berlin

Absender: ☐ Frau ☐ Herr

E-Mail:

Alter: ____ Beruf: ____

Ich wünsche mir folgende Informationen:

Gesamtverzeichnis Sachbuch
☐ Druckausgabe ☐ digital (E-Mail)

Verzeichnis der Wissenschaftstitel
☐ Druckausgabe ☐ digital (E-Mail)

☐ Über Veranstaltungen und Neuigkeiten des Verlages möchte ich per E-Mail informiert werden.

Selbstverständlich behandeln wir alle Ihre Angaben vertraulich und nutzen sie ausschließlich für unsere interne Statistik.

Liebe Leserin, lieber Leser,

wir danken Ihnen für Ihr Interesse an unseren Büchern. Wenn Sie diese Karte ausgefüllt zurücksenden, erhalten Sie kostenlos unser aktuelles Gesamtverzeichnis mit allen Neuerscheinungen. Unter den Einsendungen verlosen wir zudem regelmäßig Bücher unseres Verlages. Gern informieren wir Sie auch per E-Mail, oder besuchen Sie uns unter **www.christoph-links-verlag.de** im Internet.

Ich interessiere mich für
- ☐ Politik und Zeitgeschichte
- ☐ Historische Reiseführer
- ☐ Geschichte in Bild und Text
- ☐ Länderporträts
- ☐ Lebenswelten/Lebenshilfe
- ☐ Literarische Publizistik
- ☐ DDR-Forschung und -Militärgeschichte
- ☐ Kolonialgeschichte

Ich habe dieses Buch gekauft
- ☐ Buchhandlung   ☐ Onlinehandel
- ☐ Verlag   ☐ Versandbuchhandel

Diese Karte fand ich im Buch: _____

Kommentare, Hinweise, Kritik: _____

Aufmerksam wurde ich auf das Buch
- ☐ in einer Buchhandlung
- ☐ durch eine Besprechung in den Medien
- ☐ durch eine Veranstaltung des Verlages
- ☐ durch die Verlags-Homepage
- ☐ durch das Internet (google-Buchsuche/libreka!)
- ☐ durch eine Anzeige in einer Zeitung/Zeitschrift
- ☐ durch ein Werbemittel des Verlages
- ☐ durch eine persönliche Empfehlung
- ☐ geschenkt bekommen

Ch.Links

Lehrer arbeitslos geworden und hatte fast zwei Jahre lang keine neue Stelle gefunden. Es herrschte Lehrerflut, und die Schulen stellten lieber die jüngeren, billigeren an. Der Mann, der in der Küche heulte, hatte nichts mehr zu tun mit dem fast zwei Meter großen Vater, den sie kannte – einem Mann mit tiefer Stimme, vor dem nicht nur die Schüler Respekt hatten. Brigitte Graul konnte es damals noch nicht in Worte fassen, aber sie verstand genau, was »ausgesteuert« bedeutet: Dass einer eine unsichtbare Stufe heruntergerutscht ist. Dass er sich von diesem Stigma nie mehr wird befreien können, auch wenn er wieder eine Stelle findet. Dass er das Gefühl nie mehr loswerden wird, den Stempel des Gescheiterten auf der Stirn zu tragen.

Die Schweizer Arbeitslosenversicherung, in die jeder Arbeitnehmer einzahlen muss, sieht eine begrenzte Anzahl von »Taggeldern« vor, deren Höhe vom vorherigen Verdienst abhängt. In der Regel 70 bis 80 Prozent des letzten Lohnes. Man bekommt bis zu 400 Taggelder, wenn man innerhalb von zwei Jahren vor Eintritt der Arbeitslosigkeit mindestens zwölf Monate lang in die Arbeitslosenversicherung eingezahlt hat – also angestellt war. Wer innerhalb der zweijährigen Rahmenfrist länger angestellt war, bekommt maximal 520 Taggelder. Wenn ein Arbeitsloser die Stempeltage verbraucht hat und ihn nicht irgendeine Weiterbildungsmaßnahme auffängt, wird er »ausgesteuert«: Er hat fortan keine Steuerpflicht mehr zu erfüllen. Damit ist er ein Fürsorgefall.

    Während die Arbeitslosenunterstützung vom Bund bezahlt wird, ist die Fürsorge (Sozialhilfe) eine Aufgabe der Kantone, die von den Gemeinden ausgeführt wird. Vor allem in kleineren Orten kennen sich Fürsorgeempfänger und Sachbearbeiter manchmal persönlich. Dann muss einer, der ausgesteuert worden ist, vielleicht dem Nachbarn oder Vereinskollegen gegenüberstehen und um Geld bitten. Das kann nicht jeder ertragen. Deshalb nahmen bis vor kurzem sehr viele Schweizer, die Anrecht auf Fürsorge haben, diese nicht in Anspruch. Ansprüche sind überhaupt ungern gesehen. Erst die heute jugendliche Generation bekommt ein anderes Verhältnis dazu. Aber noch im Dezember 2003 bescheinigte der Vorsteher eines Kantonalen Amtes für Sozialhilfe der »ausländischen Bevölkerung« und der »jüngeren Generation« in der »Basler Zeitung« eine »Anspruchshaltung«; in dem Artikel ging es darum, dass in der Schweiz immer mehr Menschen von Fürsorgeleistungen abhängig sind.

Die Einkommenssteuer bezahlt in der Schweiz jeder Arbeitnehmer selbst, sie wird nicht vom Arbeitgeber einbehalten und abgeführt. Der Arbeitnehmer behält von jedem Monatslohn etwas zurück, damit er am Ende des Jahres die Steuerrechnung auf einmal bezahlen kann. Es gibt auch die Möglichkeit, eine dreiteilige Ratenzahlung in Anspruch zu nehmen. Aber das macht man nur im Notfall. Häufiger wird der 13. Monatslohn, der in der Schweiz üblich ist, für die Steuern verwendet. Im Durchschnitt bezahlen die Schweizer um die 16 Prozent ihres Einkommens an Steuern. Die Sätze schwanken aber von Kanton zu Kanton erheblich. Im innerschweizerischen Kanton Zug zahlt man ungefähr die Hälfte von dem, was in Basel-Stadt fällig würde. Zug wird deshalb aber noch lange nicht zum bevorzugten Niederlassungskanton. Außer bei solventen Ausländern und dubiosen Briefkastenfirmen. Den Schweizern ist ein derart offensichtliches Verhalten in Gelddingen zuwider. Und es ärgert sie auch, dass ihr Land von Außenstehenden als »Steueroase« bezeichnet und benutzt wird. Auch Schweizer stöhnen über ihre Steuerrechnung und finden sie vielleicht überzogen und ungerecht. Aber sie verwenden wenig Energie darauf, dem Staat durch ausgeklügelte Tricks seinen Anteil vorzuenthalten. Einmal, weil das den Eindruck erwecken könnte, sie hätten es nötig. Und auch, weil es ein Denkfehler ist. Denn der Staat sind sie ja selbst. Und wenn der Staat kein Geld einnimmt, kann er auch keines ausgeben. So einfach ist das. Bezahlt wird pünktlich. Wäre doch schade um die Säumniszuschläge.

Monatliche Abzüge gibt es in der Schweiz vor allem für die Altersvorsorge. Das Rentensystem der Schweiz ist einzigartig, unter anderem deshalb, weil es funktioniert. Es besteht aus drei Säulen: staatlicher Rentenversicherung, betrieblicher Pensionskasse und privater Vorsorge. Jeder, der in der Schweiz arbeitet, bekommt gut zehn Prozent seines Lohnes dafür abgezogen; der größte Teil davon geht an die staatliche Rentenversicherung »AHV« (Alters- und Hinterlassenenversicherung). Dieses Geld wird so klassisch umverteilt, dass jeder Linke vor Freude weinen müsste: Weil es keine Bemessungsgrenze gibt, muss jemand, der wahnsinnig viel verdient auch wahnsinnig viel einzahlen. Trotzdem bekommt er im Alter maximal um die zweitausend Franken

(1650 Euro) im Monat von der AHV. Wer wenig oder gar nichts verdient, ist mit einem jährlichen Mindestbeitrag von 392 Euro – den im Notfall der Staat übernimmt – trotzdem dabei. Und bekommt im Alter dann halt den Mindestsatz von etwa 1000 Franken. Auch wer zu Hause geblieben ist, um Kinder zu betreuen, bekommt jedes Jahr, in dem das jüngste Kind noch nicht 16 Jahre alt war, als Beitragsjahr gutgeschrieben. Das ist allerdings das Einzige, was man der Schweiz an Vereinbarkeit von Kindern und Beruf gutschreiben kann. Doch dazu später.

Zusätzlich zur AHV werden Arbeitnehmer, die ein bestimmtes Mindesteinkommen erreichen, automatisch Mitglied der »Pensionskassen«, der betrieblichen Altersvorsorge. Dafür müssen sie zusätzlich ungefähr acht Prozent ihres Lohns einzahlen, wie bei der AHV zahlt der Arbeitgeber die andere Hälfte. Dieses Geld wird von den Betrieben in der Regel tatsächlich angespart und später als Bestandteil der Rente ausgezahlt. Wer dann noch etwas für eine private Altersvorsorge beiseite legt – steuerlich begünstigt –, wird als Rentner fast soviel Geld zur Verfügung haben wie vorher. Wer wenig oder gar nichts verdient hat, muss mit der AHV durchkommen. Eine von drei Frauen und einer von sechs Männern verdienen in der Schweiz zu wenig, um in die Pensionskasse zu kommen. Trotzdem ist Altersarmut in der schweizerischen Gesellschaft bisher kein Thema in der Öffentlichkeit. Wegen des Dreisäulenmodells und vielleicht auch, weil die Leute, die heute von einer schmalen Rente leben, zu der Generation gehören, die niemanden mit ihren finanziellen Problemen belästigen will. Gefährdet sind in Zukunft vor allem Leute mit Teilzeitstellen oder die »Working Poor«.

Die Schweiz gehört zu den führenden Industrienationen der Welt. Kleine und mittlere Unternehmen bilden das Rückgrat der Schweizer Wirtschaft: Neben dem Maschinenbau, der chemischen und der Textilindustrie ist es die Milch verarbeitende Industrie – Käse, Schokolade –, in der das Geld verdient wird. Und natürlich der Tourismus und das Bankgewerbe. Die weltweite Rezession im Zuge der internationalen Bankenkrise 2008 hat aber auch die Schweiz getroffen. Der Inlandkonsum ist eine wesentliche Stütze der Schweizer Ökonomie. Deutschland ist der mit Abstand wichtigste Handelspartner.

Seit 1995 ist die Schweiz Mitglied der Welthandelsorganisation (WTO). Dass jedes Mitglied, wenn es in die Märkte der anderen will, seine eigenen Märkte öffnen muss, hat auch in der Schweiz zu einer Liberalisierungswelle geführt. 2009 wurde der Strommarkt für Großkunden teilliberalisiert. Voraussichtlich ab 2014 kämpfen in- und ausländische Anbieter auch um Privatkunden. Als erste spürten aber die Bauern die Folgen der wirtschaftlichen Veränderungen. Ihnen wurden seit Mitte der Neunzigerjahre radikal die traditionell sehr hohen Subventionen gestrichen. Seither geben durchschnittlich zwei Bauernhöfe pro Tag ihren Betrieb auf, weil sie nicht mehr konkurrenzfähig sind. Viele Schweizer finden sich nur langsam mit den veränderten ökonomischen Bedingungen im vereinten Europa ab. Bis vor kurzem diskutierten Medien und Öffentlichkeit jedes Mal, wenn ein weiteres Stück der vermeintlichen wirtschaftlichen Unabhängigkeit der Eidgenossen aufgegeben, eine weitere schweizerische Firma von einem internationalen Konzern aufgekauft wurde, ob es sich um individuelles Versagen des Managements handelte. Besonders bitter für die Schweizer war, dass im Frühjahr 2005 die Fluggesellschaft swiss, Nachfolgerin der einst so stolzen Swissair, ausgerechnet von der deutschen Lufthansa übernommen wurde.

Der Mentalitätswechsel der Eidgenossen kann nicht Schritt halten mit der Wucht des europäischen Marktes, der in die Schweiz drängt. Er walzt die Türen nieder, bevor innen jemand den Öffner gedrückt hat. Für internationale Großunternehmen ist die Schweiz wegen ihrer geographischen und politischen Lage und wegen der niedrigen Sozial- und Steuerkosten perfekt. Firmen wie yahoo, eBay, google, Starbucks, Kodak und Hewlett Packard haben in den letzten Jahren ihren europäischen Sitz in die Schweiz verlegt.

Noch immer liefert der Finanzplatz Schweiz dem Land 20 Prozent der gesamten Steuereinnahmen. Obwohl die Großbank UBS 2008 erstmals in ihrer Geschichte Verluste schrieb und staatliche Hilfe in Anspruch nehmen musste. Im Privatkundengeschäft sind die Schweizer Banken trotz Bankenkrise weltweit führend. Dazu trug bis vor kurzem das legendäre Bankgeheimnis bei. Seit 1934 konnte in der Schweiz jeder Mensch Konten eröffnen, ohne befürchten zu müssen, dass sich die Geldinstitute allzu sehr um die Herkunft des Geldes kümmerten. Während des Nationalsozialismus nahmen die Schweizer Banken noch die schmutzigsten Gelder der Nazis diskret in Verwahrung. Das verhalf dem Land mit zum

Wohlstand der Nachkriegszeit. Davon wird noch die Rede sein. Die Sicherheit und das Bankgeheimnis machten aus den Schweizer Geldinstituten einen Mythos, der erst vor wenigen Jahren zu bröckeln begann. Die Rolle der Banken geriet als Erstes in die Kritik, als man das Verhalten der Schweiz während des Zweiten Weltkriegs zu hinterfragen begann. Seither wird das unerschütterliche Selbstvertrauen der Schweizer in die Eidgenossenschaft, das sie früher wie ein Kettenhemd umgab, aufgeribbelt wie ein ganz gewöhnlicher Pullover. 2009 brachte die OECD unter Federführung des deutschen Finanzministers das Bankgeheimnis zu Fall. Bereits im Jahr zuvor hatten die USA die Schweiz zur Preisgabe von bisher geheimgehaltenen Kundendaten gezwungen.

Traditionell machte die Schweiz einen Unterschied zwischen Steuerhinterziehung und Steuerbetrug. Steuerhinterziehung galt nur als Gesetzesübertretung, nicht als Delikt, und die Schweiz leistete dem Ausland bei der Verfolgung keine Rechtshilfe. Damit wollte sich der deutsche Finanzminister aber nicht mehr zufrieden geben. Im Herbst 2008 forderte Peer Steinbrück die Eidgenossen nachdrücklich auf, sich den gesetzlichen Richtlinien der europäischen Staaten anzupassen und ihre Amtshilfe im Verdachtsfall auch auf Steuerhinterziehung auszuweiten. Im Frühjahr 2009 stellte er gar eine »schwarze Liste« in Aussicht, auf die die Schweiz gerate, falls sie nicht einlenke. Unter dem internationalen Druck – neben den USA und Deutschland drängte auch Frankreich – erklärte sich der Schweizer Finanzminister schließlich bereit, mit 14 Staaten Doppelbesteuerungsabkommen auszuhandeln und bei Verdacht auf Steuerbetrug und -hinterziehung Kontodaten der Verdächtigen herauszugeben.

Das diplomatische Verhältnis zwischen der Schweiz und Deutschland hat sich durch die kämpferische Rhetorik des deutschen Finanzministers – und durch seinen Spott, als die Schweiz nachgab – erheblich verschlechtert. Auch wenn manche Eidgenossen ihm in der Sache Recht gaben: Im Ton hat er sich für Schweizer Ohren in typisch deutscher Weise vergriffen.

Den Stellenwert, den die Geldinstitute im Schweizer Alltag immer noch einnehmen, sieht man, sobald man eine beliebige Filiale betritt: Schon von der Ausstattung her verhält sie sich zu einer deutschen Sparkassenniederlassung wie ein Feinschmeckerrestaurant zu einem China-Imbiss.

Seit kurzem kommt Franziska Rindlisbacher aus Thun am Abend besonders gern nach Hause und legt sich erst einmal aufs Bett. Dort hat sie eine elektronische Massageauflage installiert; per Knopfdruck kann sie winzige Aufsätze in Bewegung versetzen. Nach zehn Minuten sind die Rückenschmerzen verschwunden und sie fühlt sich vollkommen fit. Gekauft hat sie die Matte schon vor fast zwei Jahren, eine Gelegenheit. Den Preis von über 2000 Franken (1650 Euro) konnte Franziska aber nicht auf einmal bezahlen, darum handelte sie eine Ratenzahlung aus. Auf den Tag, an dem sie die letzte Rate überwies, hat sie sich lange gefreut: Am Abend packte sie die Matte endlich aus und brachte sie auf dem Bett an. Sie vorher zu benutzen, wäre ihr nicht in den Sinn gekommen; einfach, weil sie ihr noch nicht gehörte.

Auch im Privaten war es den Schweizern lange Zeit zuwider, Geld auszugeben, das sie noch nicht verdient hatten. In den tiefen Schichten ihres Bewusstseins kommt auch erst langsam an, dass man es in der globalisierten Welt trotz Pflichtbewusstsein und Fleiß eventuell zu nichts bringt, vielleicht nicht einmal mehr seine finanziellen Verpflichtungen pünktlich erfüllen kann. Im entstehenden Vakuum platzieren die Banken ihre Kreditangebote: Ein Batzen Bargeld, der aus der Not hilft. Natürlich gibt es auch in der Schweiz Menschen, die gern teure Dinge kaufen, obwohl sie sich diese nicht leisten können, und dafür einen Privatkredit aufnehmen. Doch eigentlich ist ein Kredit für Notlagen gedacht. Trotzdem stieg in den letzten Jahren die Anzahl der Konsumkredite und damit die Gefahr der privaten Überschuldung stark an. Deshalb gilt seit 2003 das »Konsumkreditgesetz«. Es sieht vor, dass alle Kredite, die jemand in Anspruch nimmt, zentral erfasst werden: Kleinkredite, Kreditkarten, Dispokredite, Leasing. Und wenn es zu viele sind, darf eine Bank keine weiteren gewähren – auch dann nicht, wenn der Antragsteller nie durch Säumnisse in der Rückzahlung aufgefallen ist. Die Höhe der Konsumkredite wurde ebenfalls begrenzt. Für jeden Kredit muss jetzt mit der Bank ein Budget aufgestellt werden. Dieses muss die Abzahlung so regeln, dass das Existenzminimum auf keinen Fall angetastet wird. Seit dem Konsumkreditgesetz ist es verboten, in finanzielle Not zu geraten.

Das Armutsrisiko steigt auch in der Schweiz, wenn jemand Kinder hat. Noch höher bei Alleinerziehenden. Unter anderem deshalb, weil es in der Schweiz sehr schwierig ist, Erwerbstätigkeit und kleine Kinder unter einen Hut zu bringen. Die gegenwärtige Gesetzeslage zwingt Frauen praktisch, spätestens mit der Geburt ihre Arbeitsstelle – und ihre berufliche Laufbahn – aufzugeben. 1999 lehnten die Schweizer zum dritten Mal nach dem Zweiten Weltkrieg eine umfassende soziale Absicherung für Mütter ab. Die letzte Vorlage hätte für erwerbstätige Frauen nach der Geburt einen Mutterschaftsurlaub von 14 Wochen vorgesehen, bei 80 Prozent des Lohnes. Unabhängig von einer Erwerbstätigkeit hätte zudem jede Mutter eines Neugeborenen eine bescheidene Grundleistung von insgesamt etwa 4000 Franken (3300 Euro) bekommen. Diese wäre mit einem etwaigen Einkommen verrechnet worden. Aber es blieb dabei: Wenn die Frauen Glück hatten und schon länger an derselben Stelle arbeiteten, und wenn sie die ihnen zustehenden Krankheitstage nicht schon während der Schwangerschaft – oder während einer tatsächlichen Krankheit – aufgebraucht hatten, bekamen sie in den acht Wochen nach der Geburt, in denen sie per Gesetz nicht arbeiten dürfen, vom Arbeitgeber 80 bis 100 Prozent ihres Lohnes. Sonst weniger. Oder nichts; wie die nicht erwerbstätigen Frauen. Erst im September 2004 sprach sich das Stimmvolk knapp für einen Mutterschaftsurlaub aus. Die neue Minimalregelung sieht jetzt vor, dass erwerbstätige Mütter – auch die selbstständigen – maximal 14 Wochen lang nach der Geburt 80 Prozent des vorherigen Lohnes bekommen. Das Geld kommt nicht mehr vom Arbeitgeber, sondern aus der Kasse für den »Erwerbsersatz«. Daraus wurden bisher nur die Löhne der Männer weiterbezahlt, wenn sie während des Militärdienstes nicht arbeiten konnten. In diese Kasse eingezahlt haben die erwerbstätigen Frauen aber schon immer.

Als Iris Münger schwanger wird, ist sie 27 Jahre alt und hat vor kurzem eine Doktorandenstelle an einer Universität angetreten. Sie liebt ihren Beruf als Naturwissenschaftlerin, und sie freut sich zusammen mit ihrem Freund – einem Südamerikaner – auf ihr Kind; sie heiraten. Iris' Doktorvater nimmt die Nachricht positiv auf, er sichert ihr zu, dass sie ihre Stelle nach der Geburt behalten kann. Er schlägt ihr sogar vor, einen Teil der Arbeit zu Hause zu erledigen; für die Zeit im Institut organisiert er ihr ein eigenes Büro und ist einverstanden, dass sie ihren Sohn Paolo zur

Arbeit mitbringt. Als Paolo ein knappes Jahr alt ist und der Alltag sich gut eingespielt hat, beschließt Iris, ihn an zwei Tagen in eine Kinderkrippe zu geben, damit er in Kontakt mit anderen Kindern kommt, während sie arbeitet. Obwohl Iris' Mann eine Stelle als Gärtner angetreten hat, ist das Einkommen der beiden bescheiden. Deshalb hat die Familie Anrecht auf einen subventionierten Betreuungsplatz. Aber es gelingt ihnen bei allen Mühen nicht, in ihrer Stadt einen Krippenplatz zu finden. Die einzige Einrichtung, die in Frage kommt, liegt jenseits der Stadtgrenze in einer Vorortgemeinde. Darum erlischt der Anspruch auf Subvention durch die Stadt. Jeder Betreuungstag wird mit dem vollen Betrag in Rechnung gestellt. Weil Paolo sich in der Krippe auf Anhieb wohl fühlt, meldet Iris ihn trotzdem an. Die Krippe kostet pro Tag knapp hundert Franken (83 Euro); fast auf den Franken genauso viel, wie sie an ihrer Stelle an einem Tag verdient.

In punkto Kinderbetreuung liegt die Schweiz in Europa auf dem letzten Platz. Je nach Kanton haben Kinder ab dem vierten oder fünften Lebensjahr Anrecht auf einen unentgeltlichen Kindergartenplatz für ein oder zwei Jahre. In einigen Kantonen ist der »Kindsgi« Pflicht, gegenwärtig wird über ein landesweites Kindergartenobligatorium diskutiert. Bis zum Kindergartenalter muss jede Mutter selbst sehen, wo sie bleibt. Meistens zu Hause. Denn es gibt viel zu wenig Betreuungsplätze für Vorschulkinder. Danach kann sie allenfalls ein paar Stunden arbeiten, weil es kaum Tagesschulen gibt. Viele der Kinderhorte, Kinderkrippen, Tagesheime und Tagesfamilien sind zudem rein privat organisiert und müssen selbstständig finanziert werden. Ein gesetzlicher Anspruch auf einen Betreuungsplatz besteht in der Schweiz nicht. Auch Erziehungsurlaub ist unbekannt. Als Resultat sind nur etwa ein Drittel der Frauen mit Kindern im Vorschulalter zumindest teilweise erwerbstätig. Solange sie ledig sind, arbeiten gut 65 Prozent der Schweizerinnen Vollzeit. Stärker als in den anderen europäischen Ländern ist die Frage der mütterlichen Berufstätigkeit ideologisch gefärbt. Vor allem unter gut gebildeten bürgerlichen Müttern in der Schweiz ist die Vorstellung der arbeitenden Rabenmutter nie ausgestorben. Im November 2006 entschied das Stimmvolk, dass es in Zukunft landesweit einheitliche Kinderzulagen für alle Eltern geben soll. Diese liegen bei mindestens 200 Franken (165 Euro) pro Kind und Monat. Für Kinder in Ausbildung werden 250 Franken bezahlt. Abgesehen vom persönlichen Ehrgeiz – oder vom Umstand, dass der Mann nicht genügend verdient – gibt es für Schweizerinnen kaum eine Motivation, Beruf und Familie zu verbinden oder gar Karriere zu machen. Frauen verdienen bei gleicher Qualifikation im Durchschnitt bis zu 20 Prozent weniger als Männer in gleicher Position. Das hängt häufig direkt mit der Betreuungssituation zusammen. Weil die Löhne auch nach Berufsjahren gestaffelt sind, bleiben Frauen, die in den karriererelevanten Jahren wegen der Kinder Teilzeit arbeiten, in der Skala zurück.

Ein Resultat der Schweizer Familienpolitik ist, dass in der Schweiz immer weniger Kinder geboren werden: im Durchschnitt 1,5 pro Schweizerin. Auch weil die Frauen immer älter werden, bevor sie zum ersten Mal ein Kind bekommen. Die Wohnbevölkerung wächst nur noch durch die Einwanderer und durch die gebärfreudigeren Ausländerinnen. Diese haben häufig ein traditionelleres Rollenverständnis und wenig Interesse an aushäusiger Arbeit. 2002 wurde bei einer Volksabstimmung nach mehreren Versuchen die Fristenlösung zum Schwangerschaftsabbruch akzeptiert. Vorher war Abtreibung in der Schweiz theoretisch gesetzeswidrig. Aufgrund der komplizierten Rechtslage konnte sie aber nicht bestraft werden. Die Zahl der Abtreibungen in der Schweiz sinkt seit einigen Jahren, sie entspricht ungefähr derjenigen in Deutschland.

Kein Bereich der Schweizer Wirtschaft bildet die Selbstverantwortungsmentalität der Eidgenossen so gut ab wie das Gesundheitssystem: Es ist so teuer, dass möglichst niemand krank wird. Das Gesundheitswesen ist einer der expansivsten Wirtschaftszweige der Schweiz – mit den höchsten Pro-Kopf-Ausgaben in Europa. Nur die US-Amerikaner bezahlen noch mehr für eine Krankenversicherung. Zwischen 1985 und 1995 haben sich die Gesundheitskosten in der Schweiz fast verdoppelt: Die Medizin hat teure Fortschritte gemacht, die Menschen werden immer älter, und sie stellen immer höhere Ansprüche an ihr Wohlbefinden. Für die obligatorische Grundsicherung muss jeder Einwohner unabhängig von seinem Einkommen monatlich im Durchschnitt 320 Franken (265 Euro) als Krankenkassenprämie bezahlen. Natürlich ist dieser Betrag von Kanton zu Kanton – und von Versicherung zu Versicherung – extrem unterschiedlich. Wenn nötig,

Die Schweizer sind nicht höflich. Sie haben nur gelernt, sich zusammenzunehmen. Man nennt es »Rücksicht«. Frühe Übung darin ist erwünscht. Hinweisschild für spielende Kinder in Graubünden: »Es gibt auch noch andere Leute auf dem Platz – Wir passen schon auf.«

wird er vom Staat ganz oder teilweise übernommen. Rund ein Drittel aller Schweizer bekam Ende der 90er Jahre so genannte Subventionen an die Krankenkassenprämien. Dennoch stellt die Krankenkasse für praktisch jeden Schweizer Haushalt eine hohe Belastung dar. Der Arbeitgeber zahlt nichts an die Krankenversicherung. Aber jeder Versicherte hat Möglichkeiten, die Beiträge etwas zu senken: Wer sich bereit erklärt, auf die freie Arztwahl zu verzichten, und stattdessen in Gesundheitszentren geht, zahlt weniger. Eine Praxisgebühr gibt es gegenwärtig noch nicht. Aber einen »Selbstbehalt«: Mindestens 300 Franken (248 Euro) im Jahr müssen die Versicherten selbst bezahlen, wenn sie medizinische Behandlungen in Anspruch nehmen. Wer auf seine Gesundheit vertraut, kann eine höhere Selbstbeteiligung aushandeln, auch dadurch sinkt der monatliche Beitrag.

Die Krankenkassenprämien werden in der Schweiz ständig erhöht. Steigerungen um zehn Prozent in einem Jahr sind keine Seltenheit. Alles, was über die Grundversorgung hinausgeht, muss durch Zusatzversicherungen abgedeckt werden: alternative Heilmethoden, Verletzungen bei der Hausarbeit und in der Freizeit, Unfälle auf dem Arbeitsweg. Letztere übernehmen allerdings viele Arbeitgeber mit einer »Nichtbetriebsunfallversicherung« für ihre Angestellten – den Prämienanteil des Versicherten behalten sie aber vom Lohn ein. Totale Privatsache sind Zahnbehandlungen. Wer sich diese versichern lassen will, muss sehr tief in die Tasche greifen. Stattdessen putzen sich die Schweizer lieber mindestens zweimal täglich die Zähne und sparen monatelang, bevor sie sich eine Plombe machen lassen. Seit etwa 40 Jahren wird bei Schulkindern konsequente Zahnpflege betrieben, die regelmäßige Kontrollen der Zahngesundheit sowie Anleitung zum korrekten Zähneputzen beinhaltet. Innerhalb einer Generation ist Karies bei Schweizer Kindern dadurch um 90 Prozent zurückgegangen, in manchen Kantonen haben fast zwei Drittel der Kinder überhaupt kein Karies. Wenn sie als Erwachsene dann doch ein Loch im Zahn bekommen, fahren sie vielleicht mit einem der darauf spezialisierten Busunternehmen nach Ungarn, und lassen sich dort im Urlaub günstig die Zähne machen. Denn in der Schweiz kostet eine Plombe schon in der simpelsten Ausführung mindestens 140 Euro. Eine Krone beginnt bei 1500 Franken (1240 Euro).

Der Zwang zur Selbstverantwortung gefällt den Schweizern. Zwar starten sie immer wieder Initiativen, um die Kosten im Gesundheitswesen zu senken. Aber im europäischen Vergleich sind sie mit ihrem Gesundheitssystem am zufriedensten. Und sie werden mit 80,2 (Männer) und 84,6 Jahren (Frauen) im Durchschnitt drei Jahre älter als die anderen Europäer – und zwei Jahre älter als die Deutschen. Wahrscheinlich gefällt ihnen das Gefühl, möglichst lange selbst etwas für ihr Wohlbefinden tun zu können. Und die gesunde Mäßigung liegt ihnen im Blut.

Auch die Ausgaben für Hygiene und Körperpflege sind überdurchschnittlich hoch. Gesunde Ernährung ist leicht zu realisieren, weil es in praktisch jedem Supermarkt ein umfangreiches und preiswertes Angebot an Bio-Waren gibt. Erhebungen haben allerdings ans Licht gebracht, dass sich nur etwa jeder Zwanzigste täglich die empfohlenen fünf Portionen Obst und Gemüse einverleibt. Etwas tun zu können, heißt nicht, dass man es auch tun muss. Freiheit bedeutet in der Schweiz auch, das Maß der Selbstverantwortung selber zu bestimmen. 300 000 Unfälle kommen jährlich durch Hobbysportler zustande, trotzdem würde kein »angefressener« (begeisterter) Mountainbiker oder »Snöber« (Snowboarder) auf sein Freizeitvergnügen verzichten. Auch wenn diese Unfälle Krankheits- und Heilungskosten von über einer Milliarde Franken (über 825 Millionen Euro) für das Gesundheitssystem bedeuten. So was muss einfach drin sein bei den Prämien.

Gesunde Zähne, glänzende Schuhe, die ganzen Versicherungen – das alles hat seinen Preis, und hin und wieder will ein Schweizer natürlich auch mal schön essen gehen. Überhaupt mit den anderen mithalten. Mithalten und die anderen bei Gelegenheit sehr diskret übertrumpfen, das ist die einzige Art, mit der man als Eidgenosse mit seinem Reichtum angeben kann. Wer bei den Schweizern, und sei es noch so subtil, die anderen übertrumpfen kann, der ist wirklich reich. Für die anderen gilt: Warum die Schweizer so viel Geld haben? Ganz einfach – weil sie so viel Geld brauchen.

Hoi Stöff, wo isch's Käthi? –
Vom Umgang miteinander

>»Was wir für typisch schweizerisch halten,
gilt in Ländern, die eine Stadtkultur kennen,
als typisch bäurisch.«
>
> *Linus Reichlin*

Die meisten Schweizer haben ein ganzes Adressbuch voller Kollegen, aber höchstens eine Handvoll Freunde. Das liegt nur teilweise daran, dass sie so viel Zeit am Arbeitsplatz verbringen. Hauptsächlich hat es damit zu tun, dass ein Freund jemand ist, dem man auch die unschönen Seiten seiner Persönlichkeit zeigen könnte. Bei einem Kollegen nimmt man sich lieber ein bisschen zusammen. Bei einem Freund kann man im Notfall auch nach 21 Uhr noch anrufen. Bei einem Kollegen – wie auch bei jedem anderen Schweizer über 35 – sollte man das unbedingt sein lassen. Ein Schweizer »Kollege« ist nicht dasselbe wie ein deutscher Kollege. Wenn eine Schweizerin sagt, sie treffe sich heute Abend mit einer Kollegin, ist es gut möglich, dass sie mit dieser Person schon ein halbes Dutzend mal Urlaub in gefährlichen Gegenden gemacht und sich zahlreiche Abende gemeinsam mit ihr betrunken hat. Aber wahrscheinlich arbeitet sie nicht mit ihr zusammen. Und ziemlich sicher hat sie ihr noch nie gesagt, dass sie deren Ex-Freund schon immer für einen Vollidioten gehalten hat.

Soziale Beziehungen sind etwas sehr Heikles in der Schweiz. Ein paar falsche Worte oder zähe Abende, und der andere kann unmerklich kühl werden und ruft bald nicht mehr an. Aber vermutlich würde er nicht einmal unter Folter sagen, wieso. Sich zu erklären – oder auch die Beziehungen zueinander zu benennen – ist den Schweizern tief zuwider. Sie wollen einander ohne Worte verstehen. Wenn das nicht mehr funktioniert, ist sowieso schon etwas faul. »Öpperem d'Meinig sage« (jemandem die Meinung sagen) bedeutet: Jemandem den Marsch blasen. Wenn man deutlich werden musste, ist es danach meistens vorbei mit der Bekanntschaft. Auseinandersetzungen nehmen sich Schweizer sehr zu Herzen, vor allem wenn es sich um eigentlich unwichtige Dinge handelt. Wenn sie sich in einem Gespräch erhitzt haben oder sogar aneinander geraten sind, brauchen sie lange, um sich wieder zu beruhigen. Ein Teufelskreis: Weil sie sich kaum streiten, haben sie auch keine richtigen Erfahrungen mit dem Versöhnen. Wesentlich besser beherrscht man als Schweizer die sachliche, lösungsorientierte Diskussion. Sie gehört zu den Pflichten in einer pragmatischen Konsensgesellschaft – wenn man die Lösung nicht sucht, geht das Problem nicht aus der Welt. Also bringt man es hinter sich. In lösungsorientierten Diskussionen gibt es nie Streit, höchstens Meinungsverschiedenheiten. Das ist das Gute daran.

Im Zug von Zürich nach Basel sitzen vier Männer und Frauen um die 50 entspannt beieinander. Sie scheinen befreundet zu sein. Abwechselnd kommentieren sie alles, was sie sehen. Immer nur ein, zwei Worte, keine Erwiderungen. Eine Zeitungsschlagzeile, den Kaffeepreis am Minibar-Wagen, das Wetter. Manchmal liest einer auch nur den Namen einer Firma vor, die draußen vorbeizieht. Eine Art permanentes Einpegeln aufeinander, eine ständige Rückversicherung, dasselbe wahrzunehmen. Zwei Stationen vor Basel steigt eine der Frauen aus. Sie gibt den anderen die Hand. »Aadie, Erika«, »Tschau, Erika«. Sie geht und die anderen schauen ihr schweigend und lächelnd nach und winken, als der Zug weiterfährt. Nach einiger Zeit fängt wieder einer mit dem Kommentieren an.

Bei den Jungen geht es untereinander manchmal natürlich auch rauer zu. Auch dort, wo Erwachsene sich wirklich kennen: Im kleinen Kreis kann man auch einmal auf den Tisch hauen. Wenn das Wirtshaus dann zumacht auch einander auf die Nase. Aber Aggression darf nur dort wirklich hervorbrechen, wo das Vertrauen in das soziale Gefüge stark genug ist; wo jeder sich darauf verlassen kann, dass sich an den Beziehungen dadurch nichts ändern wird. Im Zweifelsfall ist man lieber defensiv und sehr, sehr freundlich. Man sagt nicht: »Ich muss noch Kartoffeln kaufen, wenn du willst, kannst du ja mitkommen.« Man sagt: »Los, isch's der gliich, wemmer noch schnäll gön go Härdöpfel poschte?« (»Hör zu, ist es dir egal, wenn wir noch schnell Kartoffeln einkaufen gehen?«) Für jede Selbstverständlichkeit bittet man einander pro forma um Erlaubnis: »Isch es okay, wenn i no schnäll gang go-n-e Zittig hole?« (»Ist es okay, wenn ich noch schnell eine Zeitung holen gehe?«). Anstatt »Bitte« ist die Floskel »Wenn d wotsch so guet si« (Wenn du so gut sein willst) verbreitet. »Chönntisch du mir ächt de blau Ordner bringe, wenn d wotsch so guet si?« (Könntest du mir wohl bitte den blauen Ordner bringen?). Statt »Willst du etwas trinken?« heißt es »Häsch öppis welle trinke?« (Wolltest du etwas trinken?) Darin schwingt die Entschuldigung schon mit: Habe ich etwa übersehen, dass du gerne etwas zu trinken haben wolltest? Und schließlich sagt man auch nicht: »Danke, sehr freundlich«, wenn einem zum Beispiel die Kellnerin einen Lappen bringt, weil man ein Glas umgestoßen hat. Sondern »Danke, das isch lieb«.

Aber irgendwo muss die unterdrückte Aggression natürlich hin. Deshalb sind die Schweizer gleichzeitig Meister der versteckten Kritik, der fast unmerklichen Spitzen und des überfreundlichen Zustimmens, das genau das Gegenteil bedeutet. Ihr Ton kann so vergiftet nett sein, dass kein Fremder je den Unterschied wird wahrnehmen können. Zum Glück für diese, dass das »giftele« (sticheln) immer nur den »Kollegen« gilt. Gegenüber Fremden ist man meistens einfach nur – nett. Und weit, weit weg mit seiner wahren Meinung. Es ist kein Zufall, dass Menschen, mit denen einen eine weniger belastbare, alltägliche Freundschaft verbindet, »Kollegen« heißen. Die Beziehung zu ihnen ist ähnlich vorsichtig wie zu den richtigen Kollegen am Arbeitsplatz. Diese heißen »Die, wo-n-i mit ne tue zämmeschaffe« (die, mit denen ich zusammenarbeite).

Am Arbeitsplatz mögen die Schweizer keine klaren Hierarchien. Mit ihrem Sinn für Zwischentöne wissen sie sowieso, wer das Sagen hat. Die Hierarchien, wenigstens innerhalb von Abteilungen, sind häufig flach, und den einzelnen Mitarbeitern wird oft viel Selbstverantwortung zugestanden. Von außen betrachtet fassen Schweizer Chefs ihre Untergebenen sehr zart an. Natürlich gibt es auch Vorgesetzte, die ihre Angestellten im Befehlston herumscheuchen. Sie sind häufig im Gastgewerbe, bei Kassenpersonal oder sonstigen eher schlecht angesehenen Branchen zu finden. Oft haben sie es mit vielen ausländischen Arbeitskräften zu tun und gehen davon aus, dass diese keine andere Sprache verstehen. Im Büro wird sich aber kaum ein Vorgesetzter die Blöße geben, anders als in zurückhaltenden Bitten seine Anweisungen beiläufig ins Gespräch einzuflechten. Das ist keine Führungsschwäche, sondern Prinzip. Es kann passieren, dass ein Deutscher, der darauf nicht vorbereitet ist, an einem Schweizer Arbeitsplatz auf Akzeptanzprobleme stößt. Vor allem, wenn er als Chef angestellt worden ist. Die Bedeutungsnuancen eines verklausulierten Arbeitszeugnisses sind eine Kleinigkeit gegen die Kommunikationscodes in Schweizer Arbeitsverhältnissen. Vereinfacht kann man sagen, dass jedes Benehmen eines Chefs falsch ist, wenn es den Eindruck erweckt, er sei der Chef. Bestenfalls ist er derjenige, der Vorschläge macht.

Tina Michelli ist leitende Redakteurin eines großen Schweizer Magazins. Für eine Stadtreportage trifft sie sich mit einem Autor in Hamburg. Mit dem Taxi möchte sie zu einem bestimmten Theater fahren. Der Autor weist sie darauf hin, dass das Haus nur zwei U-Bahn-Stationen entfernt ist. Tina ist erschöpft und möchte nicht mehr auf die Bahn warten. Da sie weisungsbefugt ist, liegt es an ihr, die Art der Fahrt zu bestimmen. Sie tut das mit den Worten: »Wir können auch ein Taxi nehmen.« Als der Autor noch einmal die U-Bahn erwähnt, wiederholt sie ihren Vorschlag. Damit sagt sie für Schweizer Verhältnisse ganz deutlich, dass sie entschieden hat, mit dem Taxi zu fahren. Der Autor, Deutscher, versteht solche Weisungen nicht. Daraus entsteht später ein Konflikt, weil Tina den Eindruck bekommt, dass der Autor sie nicht respektiert.

Ein Schweizer fühlt sich sehr ungern als Befehlsempfänger, darum teilt er auch nicht gern Befehle aus. Er weiß, dass er sich damit unbeliebt macht. Einer, der herumbefiehlt, gilt schnell als armes Würstchen, das es wohl nötig hat, sich aufzuspielen. Schweizer neigen auch nicht zur Untertänigkeit. Dass einer die Position des Chefs hat, bedeutet nicht, dass er deswegen etwas Besseres ist. Man leistet seinen Wünschen Folge, weil es der Sache dient, nicht weil er der Chef ist. Dafür wird er schließlich bezahlt. Weibliche Vorgesetzte, die es natürlich auch in der Schweiz gibt, vereinbaren Zurückhaltung und Autorität zum Beispiel, indem sie alle Anweisungen mit einem sehr bestimmten »Merci!« abpuffern. »Könntest du diesen Bericht heute Nachmittag einmal anschauen MERCI!«. Im Gastgewerbe wurde auch schon beobachtet, dass eine Chefin jede Anweisung an Köche und Servicepersonal mit der Formulierung »Würdest du mir bitte einen Gefallen tun und ...?!« einleitete.

Der beidseitige Widerwillen gegen hierarchisches Benehmen hat in der Schweiz nicht zur Folge, dass jeder macht, was er will. Im Gegenteil. Manchmal dauert es nur ein bisschen, bis jeder engagierte Mitarbeiter den Sinn eines Vorschlags für sich akzeptiert und mit den anderen sachlich diskutiert hat. Dann muss der Vorgesetzte mit zurückhaltenden Worten verdeutlichen, dass bei aller Gleichrangigkeit vor allem einer die Verantwortung trägt: der Chef. Bei den Älteren ist eine zurückhaltende Bitte einer ranghöheren Person immer noch viel deutlicher als ein grobes Wort. »C'est le ton qui fait la musique« heißt das Sprichwort, das in solchen Fällen gern gebraucht wird. Es ist der Ton, der die Musik macht.

Ich will, dass die Leute, mit denen ich zusammenarbeite, von sich aus Lust haben, das Beste zu geben, sagt Marek Kraici. Er ist Geschäftsführer einer erfolgreichen St. Galler Event-Agentur. Als er eine große Jubiläumsfeier für eine Firma plant, setzt er sich mit einem Catering-Unternehmer, dem Chef einer Ausstattungsfirma und einem Tonkünstler zusammen. Beiläufig erzählt er, wie er sich die Feier vorstellt. Er erwähnt eine Showbühne in Form einer Geburtstagstorte, exotische Häppchen und ein paar Ideen für die Beleuchtung. Für Außenstehende klingt das wie eine grobe Ideensammlung. Den Beteiligten ist klar, dass Marek bei der nächsten Besprechung klare Konzepte zur Umsetzung dieser Vorstellungen erwartet; das muss nicht extra erwähnt werden. Zwei Tage, bevor die ganze Feier aufgebaut wird, gibt es noch einmal eine Besprechung. Bei dem Caterer hat Marek ein ungutes Gefühl; er glaubt, dass der Kleinunternehmer überfordert ist und es nicht schafft, die zugesagten speziellen Tortenkreationen pünktlich aufzubauen. »Bist du sicher, dass es klappt?« Marek fragt ihn insgesamt dreimal. Ein deutlicher Hinweis auf seine Unzufriedenheit. Er weiß jetzt schon, dass er sich bei Misslingen beim Auftraggeber wird verantworten müssen. Der Caterer antwortet jedes Mal: »Das chunnt scho guet.« (»Das kriegen wir schon hin.«) Mehr kann Marek nicht tun. Seine Zweifel bestätigen sich am Tag der Feier; die Torten sind nicht fertig und, als sie endlich da sind, von schlechter Qualität. Warum hat Marek mit dem

Caterer nicht schon beim ersten Zweifel Klartext gesprochen, um noch Zeit für Ersatz zu haben? Das ist für Marek undenkbar. »Ich kann doch nicht so mit den Leuten umgehen.«

Am Arbeitsplatz wird der gleichberechtigte Umgang miteinander auch durch das Duzen ausgedrückt. In moderneren Betrieben ist es verbreitet, dass man sich über die Hierarchieebenen hinweg duzt. In besonders lockeren Abteilungen werden Neulinge unter Umständen schon am ersten Arbeitstag genötigt, ihre Vorgesetzten, die sie noch kaum auf dem Flur erkennen, mit Vornamen anzureden. »Hoi, Freddy« (Hallo, Freddy). »En Guete, Köbi« (Mahlzeit, Köbi). Aber das Duzen bildet nur einen kleinen Teil der Verhältnisse ab. Die ganze Wahrheit liegt in den Nuancen. Zum Beispiel darin, wer wen mit dem ganzen Vornamen und wer wen mit einer Verkleinerungsform anspricht. Moderne Chefs lassen sich gern mit der Verkleinerungsform anreden. Aus Roland wird »Roli«, aus Daniel »Dani«. Es ist die Aufforderung, sich ihnen gefälligst nicht unterwürfig zu nähern. Das würde ihnen ein blödes Gefühl geben. Selbst benutzen sie den ganzen Namen für ihre Untergebenen. Als Chef muss man schließlich Distanz wahren.

Wer neu an einen Arbeitsplatz kommt, kann mit der Verkleinerungsform seines Namens von Anfang an klarmachen, dass er oder sie harmlos ist und nicht beabsichtigt zu »ellebögele« – sich mit Hilfe der Ellenbogen besonders hervorzutun. Eine Sabine – auf Schweizerdeutsch »Sabin« – stellt sich den Kollegen am besten mit »Sali zäme, ich bi's Sabi« vor. (Hallo zusammen, ich bin die Sabine). Verena ist »s 'Vreni«, Stefan »de Stöff« und Christian »de Chrigel«. Der sächliche Artikel ist das besondere Werkzeug der Harmlosigkeit für Frauen. In Belegschaften ist es üblich, dass Frauen sich selbst und die Kolleginnen mit sächlichem Artikel nennen. Wenn die Sekretärin Nicole auf der Suche nach der Angestellten Nathalie beim Kollegen Christian anruft, kann das so klingen: »Sali Chrigel, do isch's Niggi, isch's Nati umewäg?« (Hallo Christian, hier ist die Niggi, ist die Nati in der Nähe?)

Bei der Arbeit wird nicht geduzt, weil die Schweizer so locker sind. Ganz im Gegenteil, sie tun es, weil sie so förmlich sind. Ohne den Duz-Konsens käme man »im Gschäft« (in der Firma) vor lauter Aufpassen, wen man wie anspricht, möglicherweise gar nicht mehr zum Arbeiten. Im Grunde fällt den Schweizern das Duzen schwer. Außerhalb von Firmen und Kollegenkreisen ist es deshalb völlig daneben, fremde Leute, die ungefähr gleich alt sind oder sonst irgendwie ähnlich wirken, auf Verdacht zu duzen. Der andere wird erstarren und pikiert zurücksiezen. Wenn man vom »Sie« zum »Du« übergehen will, wird in der Schweiz anständig »Duzis gmacht«. Man stößt mit den Gläsern an, und auch wenn man sich schon sieben Jahre kennt, enthüllt man noch einmal offiziell seinen Vornamen: »Prost, ich bi's Claudia.« – »Zum Wohl, Claudia, ich bi's Doris.«

 Falls man in der Schweiz wirklich heimisch und von den Kollegen akzeptiert werden will, ist es hilfreich, wenn man diese Dinge richtig macht. Wenn man am Anfang ein bisschen übertreibt, weil man die Nuancen noch nicht richtig kennt, ist das weniger schlimm, als wenn man die unausgesprochenen Regeln ignoriert. Es ist sinnlos, als Fremder mit einem Schweizer über den Sinn der apodiktischen Höflichkeit diskutieren zu wollen. Die Einheimischen wissen selbst am besten, dass die ständige Zurückhaltung manchmal nervt und anstrengend ist. Aber so sind nun mal die Regeln, und als Schweizer ist man pragmatisch. Wenn jeder ständig ein wenig Energie aufbringt, um die Harmonie aufrecht zu erhalten, muss nachher niemand viel Energie aufbringen, um einen Streit zu bewältigen. Es geht alles seinen gewohnten Gang, und man verringert die Gefahr, dass sich irgendetwas verändert – womöglich zum Negativen. Als Schweizer neigt man auch zum Pessimismus.

Ulrike Perske aus Frankfurt a. M. hat eine Arbeitsstelle an der Universität Basel gefunden. Sie hat sich vorher gut informiert und gibt sich Mühe, bei ihren Kollegen und Vorgesetzten zurückhaltend aufzutreten. Ohnehin ist sie kein Typ, der sich in den Vordergrund spielt. Nach wenigen Monaten fühlt sie sich integriert, sie hat Freunde gefunden und versteht sich gut mit den Kollegen. Sie behält für sich, dass ihr manche Vorgänge schon sehr lahm und uneffizient vorkommen und ihr die Vorsicht der Leute im Umgang miteinander manchmal etwas übertrieben erscheint. Nach einem halben Jahr kommt eine neue Kollegin in ihre Abteilung: Heike aus Essen. Bereits in der zweiten Arbeitswoche bekommt Heike ein eigenes Büro. Als sie den Arbeitsplatz, der ihr zugeteilt worden war, gesehen habe, sei sie sofort zur Chefin gegangen, um sich zu beschweren: Die Aussicht sei auf einen Hinterhof gegangen, und sie habe zu wenig Platz für ihre Regale gehabt. Ulrike erfährt es von ihrer Bürokollegin, die davon mit einer gewissen Fassungslosigkeit erzählt. Eine weitere Woche später fordert Heike für die ganze Abteilung Generalabonnements für die Bahn, weil sie es »unmöglich« findet, dass diejenigen, die außerhalb wohnen – also unter anderem sie selbst – die Anfahrt mit dem Zug aus eigener Tasche bezahlen. Das müsse sie zuerst mit ihrem Vorgesetzten besprechen, erwidert die Chefin perplex. Die Schweizer Kollegen begegnen Heike aus Essen noch etwas unentschlossen. Ein solches Auftreten kennen sie nur aus dem Fernsehen. Aber insgeheim sind sie auch beeindruckt von der Tatkraft der Deutschen. Ulrike ärgert sich in letzter Zeit manchmal ein bisschen über sich selbst und fragt sich, warum sie sich solche Mühe mit der Anpassung gibt.

Das »Ellebögele« ist in Schweizer »Buden« (Firmen) eine verhältnismäßig neue Erscheinung. Als die moderne Arbeitswelt sich noch von den Landesgrenzen aufhalten ließ, war es nicht nötig. Da gehörte es zur persönlichen Ehre, seine Aufgaben so gut und gewissenhaft wie möglich zu erfüllen. Und darauf zu warten, dass der Chef die Leistung bemerkt und bei Gelegenheit honoriert. Darauf konnte man sich verlassen. Das hat sich in den letzten Jahren geändert. Zwar wurde in der Schweiz traditionell immer schon sehr zurückhaltend gelobt. »S'isch rächt« (Es ist recht) bedeutet ungefähr »Ich bin sehr zufrieden«. »Das isch no guet« (Das ist in Ordnung) bedeutet »Ich bin schwer beeindruckt«. Aber sogar dafür ist heute oft keine Zeit mehr. Das Arbeitstempo hat überall zugenommen, diejenigen, die Arbeit haben, werden bis an die Grenzen des Erträglichen gefordert. Das schweizerische Arbeitsethos hat sich den neuen Verhältnissen noch nicht angepasst. Zumindest für die Älteren ist es immer noch Ehrensache, das Beste zu geben. Ohne zu meckern und bis zur totalen Erschöpfung. Auch dann, wenn es die Vorgesetzten gar nicht mehr zur Kenntnis nehmen. Vielleicht ist der Chef auch im Zuge einer Fusion neu in den Betrieb gekommen und kennt seine Untergebenen gar nicht richtig. Wenn die Mühe, die man sich gibt, ungesehen verpufft, kommt der Frust. »Gefrustet« ist zur Zeit ein häufiger Gemütszustand bei den Schweizern, der auch in Tagen erholter Konjunktur nicht vergeht. So richtig kann man mit dem neuen Tempo nicht umgehen. Früher hat man bei Frust halt ein bisschen »gjömerlet« (gejammert), und dann war es wieder gut. Bei dem Druck, der heute herrscht, bringt das keine Erleichterung mehr. Jetzt pegeln sich viele auf eine zähe, ängstliche Bitterkeit ein. Und werden davon krank. »Betrachtet man die medizinischen Ursachen nach Ursachenkategorien, so wird schnell deutlich, dass psychische Erkrankungen in der Schweiz als Grund für den Bezug einer Invalidenrente (IV) eine wichtigere Rolle spielen als in den anderen untersuchten Ländern.« Das schrieb das Bundesamt für Sozialversicherung 2005 in der Auswertung einer internationalen Studie. Die Zahl der IV-Bezüger ist in der Schweiz zwischen 1993 und 2002 insgesamt um fast 60 Prozent gestiegen.

Wer gefrustet ist, könnte versuchen, sich aus der Masse der Frustrierten herauszuheben, indem er oder sie sich irgendwo mit besonderem Engagement oder kreativen Vorschlägen einsetzt. Unglücklicherweise ist unter Schweizern alles, was die Ratgeberliteratur zum Thema »So stelle ich meine Leistung ins rechte Licht« hergibt, immer noch fehl am Platz. Wer von sich aus – und sei es noch so sachlich – auf seine Leistungen und Erfolge hinweist, ist ein »Blöffer« (Angeber). Besonders deutsche Kollegen sollten darauf verzichten. Die Dreistigkeit, selbst auf seine Erfolge hinzuweisen, wird manchmal als »typisch deutsch« angesehen. Auch wer mit Verbesserungsvorschlägen die Aufmerksamkeit auf sich zieht, macht sich als Streber unbeliebt. Leistungsbereitschaft bei den Kollegen löst in der Schweiz keine Bewunderung und auch keine Kampfeslust bei der Konkurrenz aus. Sondern soziale Ächtung. Freude am Wettbewerb ist den Eidgenossen nicht in die Wiege gelegt. Das hat historische Gründe. Am meisten Spaß macht es ihnen immer, wenn sie irgendwo von Anfang an die Besten sind.

Natürlich haben auch die Schweizer Ehrgeiz und wollen vorankommen. Aber wer aufsteigen will ohne seine sozialen Beziehungen zu stören, muss sehr vorsichtig vorgehen. Am besten so, dass es niemand merkt. Wenn einem Erfolge zufliegen, während man nur bescheiden die Schultern hebt, ist es nicht so schlimm. Man wird weiterhin freundlich angelächelt und kann übersehen, dass sofort, wenn man den Raum verlassen hat, darüber gemutmaßt wird, bei wem man sich dafür eingeschleimt hat. Falls man jedoch ein Wort über die Mühe verliert, die vielleicht hinter einer Beförderung steckt, kann es leicht passieren, dass die Kollegen immer gerade dann dringend weg müssen, wenn man sich zu ihnen an den Tisch setzen will. Vor allem erfolgsbewusste Frauen können solche Erfahrungen machen. Männer haben unter Umständen noch die Möglichkeit, ihren Rang beim Militär für sich sprechen zu lassen. Bei den Älteren und den Konservativen spielt er noch immer eine große Rolle. Natürlich gibt man nicht selbst damit an. Man lässt die anderen einander zuraunen: »Der ist ein hohes Tier im Militär.« Wenn überhaupt, dann ist das der Grund, warum einer ein ganz klein wenig zackiger über die Flure marschieren darf als die anderen.

Weil sozialer Status an Sinn verliert, wenn man damit nicht angeben darf, sind in der Schweiz Visitenkarten von großer Bedeutung. Geschäftspartner tauschen sie gleich zu Beginn einer Begegnung aus, lesen sie vor den Augen des anderen aufmerksam und lassen sie dann während der ganzen Besprechung vor sich auf dem Tisch liegen, um immer wieder einen Blick darauf zu werfen. Unter dem Namen stehen oft umfangreiche, angelsächsische Funktionsbezeichnungen. »Senior Consultant«, »Head Financial Accounting«, »Managing Director« oder gar »CEO« (Vorstandsvorsitzender) gibt es längst nicht mehr nur in international operierenden Unternehmen. Auch Blumen-Häberli hat wahrscheinlich einen »Business Coordinator«. Noch nach Jahren machte in einer Basler Firma die Erzählung über einen französischen Mitarbeiter die Runde, der den schweizerischen Kult um die Visitenkarte übertrieben fand. Anstelle seiner Firmenkarte ließ er sich eigene Visitenkarten drucken. Am Platz der Funktionsbezeichnung stand dort »Abonné au Gaz« – ungefähr: Kunde der Gaswerke. Für Schweizer Akademiker bietet die Visitenkarte auch eine der wenigen Gelegenheiten, den anderen seinen Doktortitel unter die Nase zu reiben. Allerdings wecken akademische Titel keine übertriebene Ehrfurcht. Anders als in Deutschland ist es in der Schweiz unüblich, jemanden mit »Herr Doktor« oder »Frau Doktor« anzusprechen. Es sei denn, man ist beim Arzt.

Ein Problem für einen deutschen Chef in einer Schweizer Firma kann die Sprache sein. Es ist nun einmal so, dass die Schweizer das Hochdeutsche mit seinen klaren Formulierungen und den harten Lauten als Befehlston empfinden. Und die Eloquenz in der Rede eines deutschen Muttersprachlers muss in Schweizer Ohren automatisch den Eindruck von Arroganz wecken: Ein

Schweizer, der so geschliffen hochdeutsch redet, *ist* wahrscheinlich arrogant. In den vielen Generationen, in denen sie sich von Hellebardenträgern zu Geschäftsleuten entwickelten, haben die Schweizer ihr Gefühl für Nuancen im Zwischenmenschlichen extrem geschult. In der Sprache ist dabei das Verhältnis zum Sachlichen und Faktischen stark in den Hintergrund geraten. Die deutsche Eigenheit, Meinungen und Positionen klar auszusprechen, erscheint den Schweizern grob und kalt. Klare Ansagen, und seien sie noch so wertfrei und sinnvoll, haben in Schweizer Ohren immer einen unangenehmen Kasernenhofton.

Ab dem Punkt, wo die Eidgenossen beschlossen haben, mit all ihren regionalen, sprachlichen und religiösen Eigenheiten friedlich und gleichberechtigt unter einer Fahne zu leben, war kein Platz mehr für offen ausgetragene Dispute. Vielleicht ist das die Wurzel für das schweizerische Bedürfnis nach Konsens, das auch die sozialen Kontakte prägt. Wenn man erst anfängt zu diskutieren ist klar, worauf es bei einem sturen Bauernvolk hinausläuft: Jeder will Recht behalten, und weil man mit Worten bald nicht mehr weiterkommt, haut man dem anderen den Schädel ein. Dann ist Ruhe. Aber es ist nicht im Sinne der Gesamtheit. Jede Instabilität, jedes Aufwallen von Leidenschaft bringt die zarte Balance einer so individualistischen Gruppe, die dazu noch auf so engem Raum zusammenlebt, in Gefahr. Vielleicht ist heute vom Blut der Vorfahren nicht mehr viel übrig in den Adern eines modernen Schweizers. Doch vielleicht stecken in ihm auch noch die Gene des struppigen, alten Eidgenossen, der bereit war, jedem den Morgenstern über die Rübe zu ziehen, der ihm nicht passte. Erst recht, wenn einer aus dem Nachbartal kam. Man weiß es einfach nicht. Und man will es nicht darauf ankommen lassen. Zum Glück wurzelt das freiwillig Gezähmte fast genauso tief in den Schweizer Seelen wie das Wilde und noch ist es jeder Generation gelungen, ihren Kindern den zivilisierten Umgang miteinander beizubringen. Wenn man den andern erst gar nicht so nah herankommen lässt, bis einem die Halsader anschwillt, spart man immens viel Energie. Wenn dann doch einmal einer vorbeikommt, der einem nicht gefällt, macht man am besten einen noch weiteren Bogen um ihn. Sicher ist sicher.

E Stange Panache nach Feierabend –
Freizeit in der Schweiz

> »Niemand schien es zu genießen, hier zu sitzen
> und Wein und Kaffee trinken zu können, niemand
> schien entschlossen zu sein, wieder einmal ordentlich
> auf den Putz zu hauen, nirgends war die geringste
> Spur von Erotik, von Geilheit zu entdecken.«
> *Hansjörg Schneider, »Silberkiesel«*

In ihrer Freizeit machen die Schweizer das Gleiche wie alle anderen Menschen auch. Aber vorher trinken sie einen Aperitif. Der Aperitif – auch »Apéro« – hat rituellen Charakter. Die banalste Variante sieht so aus, dass man nach der Arbeit mit den Kollegen ein Bier trinkt. Es kann aber auch »e Cüpli« (ein Glas Champagner) in einer Bar sein oder ein Martini, bevor man irgendwo essen geht. Der Aperitif signalisiert, dass das Tageswerk jetzt vollbracht ist. In manchen Haushalten trinkt man den Aperitif vor dem Abendessen auch zu Hause: ein Tomatensaft oder »es Cynar« – ein braunroter, alkoholischer Sirup aus Artischocken, der gern mit Orangensaft gemischt wird. Beim Aperitif geht es nicht darum, sich möglichst schnell zu betrinken. Es geht darum, sich zu verwandeln: vom angepassten »Chrampfer« (Arbeitenden) zum Privatmenschen. Mehr als ein Gläschen, höchstens vielleicht eine zweite »Stange« (0,3 dl Pils) braucht man dazu nicht. Denn soviel gibt es nicht zu verwandeln. Zum einen, weil gestresst zu sein zumindest bei den städtischen Schweizern ein Statussymbol ist. Zum andern, weil man sich auch in der Freizeit nur selten gehen lässt. Weitgehend unbekannt ist die deutsche Sitte, sein Feierabendbier auf dem Heimweg allein aus der Dose zu trinken. Dem Lebensgenuss, auch der Geselligkeit, geben die Schweizer viel Raum. Wer ordentlich arbeitet, darf es auch ein bisschen schön haben. Nicht alle Fremden wissen, dass der schweizerische Lebensstil dem französischen oder italienischen überhaupt nicht nachsteht. Zumindest nicht für die Schweizer selbst und für eingeweihte Gäste.

Spätestens nach dem Apéro entscheidet man, was aus dem Abend wird. Geht man nach Hause, trifft man sich später noch mit Kollegen, geht man ins Kino, oder hat man sonst etwas vor? Fast die

Hälfte aller Schweizer sind Mitglied in mindestens einem Verein. Leute lädt man relativ selten nach Hause ein. Wenn, dann meist zu einem förmlichen Abendessen. Bei jüngeren Städtern manchmal auch zum »Bröndsch« (Brunch). Dafür braucht man Zeit, am besten am Wochenende. Etwas lockerer ist das Zusammensitzen, wenn man sich mit Kollegen in der »Beiz« (Kneipe) trifft. In ländlichen Gegenden wird gern »gejasst«. Jass ist ein Kartenspiel und hat ungefähr die Bedeutung von Skat oder Doppelkopf in Deutschland. Dazu trinkt man Bier oder, wenn es draußen kalt ist, »Kaffi fertig« – ein Glasbecher voll Schnaps, in den gerade soviel gezuckerter Kaffee gegossen wird, dass sich die Mischung braun färbt. Schnäpse zum Bier sind nicht üblich. In der Stadt geht man eher mit Kollegen »öppis go trinke« (etwas trinken), man sitzt in angesagten Bars und Lounges herum und wartet, dass etwas passiert. Feierabend ist eine gute Zeit, die Schweizer ein bisschen näher kennen zu lernen. Alkohol kann dabei helfen.

Alkohol ist in der Schweiz wegen der hohen Zölle ziemlich teuer. Trotzdem trinken die Schweizer ihn gern. Weil man sich meist nicht allzu viele Gläser leisten kann, hat sich ein gutes Bewusstsein für Güte entwickelt. Offene Weine in hoher Qualität bekommt man in fast allen Lokalen. Sonst trinkt man halt Bier. Bier ist auch in den Varianten »Panache« und »Grenadine« beliebt. Fürs Panache wird das Bierglas mit einem Drittel Zitronenbrause gefüllt, bevor das Bier dazukommt, beim Grenadine ist es ein Spritzer süßlich-dumpf schmeckenden Granatapfelsirups, der das Gebräu rosarot färbt. Das deutsche Kampftrinken ist in der Schweiz in den meisten Kreisen unbekannt. Das sollte man wissen, wenn man mit Einheimischen unterwegs ist. Natürlich gibt es auch hier Leute, die sich gern bis zur Besinnungslosigkeit besaufen. Aber wer aus Angst vor einer Versorgungslücke das nächste Bier bestellt, wenn das letzte noch zu einem Drittel voll ist, wird erstaunte Blicke ernten. Warum hat der es so »pressant« (eilig)? Hier geht es doch ums Zusammensein und um die Gemeinsamkeit. Das beinhaltet auch den gemeinsamen Alkoholpegel. Wenn man noch etwas bestellen möchte, blickt man in die Runde, ob jemand anderes auch schon ein leeres Glas hat. Dann fragt man vielleicht »Nämed mer no eine?« (»Nehmen wir noch einen?«) und schaut nach der Bedienung. Eine übliche Formulierung beim Bestellen heißt: »Dörft ich no-n-e Stange haa?« (Dürfte ich noch eine Stange haben?) Merkwürdigerweise wurde noch nie eine Kellnerin gehört, die geantwortet hätte: »Nei, du hesch jetz gnue.« (»Nein, du hast jetzt genug.«) Wer sich betrinken will, tut das diskret.

In der Beiz mit »Kollegen« hat man als Schweizer endlich einmal Gelegenheit, ganz man selbst zu sein, es nicht mehr allen recht machen zu müssen wie bei der »Büez« (Arbeit). Vorausgesetzt, man ist wirklich unter sich. Wenn also keine Leute dabei sind, die anders aussehen, anders denken, anders sprechen, an einem anderen Ort wohnen, andere Musik hören oder eine andere politische Meinung haben. In ihrer Freizeit haben die Schweizer eine sehr starke Neigung zur Klüngelbildung. Auch in Großstädten wird es kaum vorkommen, dass man einmal spontan in ein Lokal geht, ein Theater besucht oder seine Freizeit sonst irgendwo verbringt, wo man nicht die eigene Szene vorfindet. Das wäre einfach zu stressig. Wenn man sich den ganzen Tag an die vielfältigen Regeln und unausgesprochenen Erwartungen anderer Leute anpassen muss, hat man es am Abend sehr nötig, die Selbstverleugnung in überschaubarer Runde ein bisschen lockern zu können. Das wahre Gesicht sieht manchmal anders aus als die freundliche Visage, die so oft »Grüezi, Merci, Exgüsé« sagt (Guten Tag, Dankeschön, Entschuldigung). Manchmal werden Leute, die nicht dazugehören, jetzt als besonders störend empfunden – egal ob die Fremden einheimisch sind oder aus dem Ausland kommen. Untereinander kann es jetzt ein bisschen unflätiger zugehen. Es ist erlaubt, sich gegenseitig »anzuzünden« (zu provozieren). Im privaten Kreis können Schweizer plötzlich »es gross Muul haa« (großmäulig tun) und angeben wie ein Wald voll Affen. Aber die anderen werden das, was besonders toll sein soll, sofort gnadenlos mies machen. Jede Art von positivem Nachdruck wird auch im kleinen Kreis sofort unterdrückt. Dass man unter seinesgleichen ist, bedeutet auch noch lange nicht, dass man sich mögen muss.

In urbanen Kreisen ist jetzt auch die Stunde der Trendsetter. Wenn man unter sich ist, führt man einander die neuesten Turnschuhe, Meinungen, Reiseziele und Konsumgüter vor. Immer wieder wird neu festgelegt, was »cool« und was »uncool« ist. Solche Urteile sind bindend, und niemand stellt sie in Frage. Sie helfen, die unausgesprochenen sozialen Hierarchien zu ordnen. »Cool« zu sein fällt Eidgenossen dabei nicht schwer, ein Schweizer gibt sich prinzipiell nie beeindruckt. Er behält seine Gefühle ohnehin für sich. Die Jüngeren wollen auch nicht, dass der Eindruck entsteht, sie leben hinter dem Mond und ihnen wäre etwas entgangen. Das Urteil »uncool«, mit dem die hippen Schweizer einander zu vernichten versuchen, bedeutet nichts anderes, als das, was die Eltern früher mit »Das macht mer nöd ...« (Das tut man nicht) gemeint haben. Ein Verweis, weil jemand die Regeln nicht befolgt hat.

Früher waren Melanie und Daniel in ihrem Freundeskreis ein ganz normales Paar. Melanie studierte, Daniel arbeitete in einem Architekturbüro in Zürich. Man fand dieselben Filme gut, mochte die gleichen Schuhe und ging gern zusammen essen. Als sie dann zusammenzogen, waren einige der Freunde wohl ein bisschen neidisch auf die Wohnung, das sah Melanie ihnen an. Während die anderen noch in zwei- oder höchstens Dreizimmerwohnungen wohnten, leisteten sich Melanie und Daniel eine Viereinhalbzimmerwohnung in einem denkmalgeschützten Altbau. Es wurde plötzlich gemunkelt, dass Daniel ja auch einen Oldtimer habe, mit dem die beiden manchmal ausfuhren, obwohl sie nie darüber sprachen. Solange sie studierte, kaufte Melanie ihre T-Shirts meistens bei H&M, auch wenn Daniel das nicht mochte. Als sie dann fertig war, fand er, jetzt könne sie auch einmal in einen richtigen Laden gehen. Es war nicht so, dass er das Geld hinauswarf, aber er arbeitete und hatte geerbt, und es war nun mal nicht so, dass er sparen musste. Was konnte er dafür? Schließlich gab er nie damit an. Allmählich gingen ihm die Blicke der anderen massiv auf die Nerven. Auch Melanie bekam Mühe mit ihren zwei besten Freundinnen. Sie sagten nie etwas, aber sie bemerkte beispielsweise, wie sie sich anschauten, wenn sie das Etikett in Melanies Mantel sahen. Mehrmals war Melanie drauf und dran, mit ihnen zu reden, ihnen zu sagen, dass sie sich nicht für etwas Besseres hält, nur weil sie ein bisschen mehr Geld hat. Aber irgendwie kam nie der richtige Moment. Vor einem halben Jahr haben Melanie und Daniel dann beschlossen, auch einmal mit anderen Leuten etwas zu unternehmen. Jetzt sind sie schon zweimal mit Jacqueline und David nach New York zum Shoppen geflogen. Noch ist David Melanie ziemlich fremd, und vor Jacqueline hat sie sogar ein bisschen Angst, weil sie so zickig sein kann. Daniel sagt sie davon aber nichts. »Es ist schon angenehm, wenn man mit den anderen auf dem gleichen Niveau ist, oder?«, fragt er manchmal. Melanie sagt dann immer »Ja«, sie wird sich schon noch dran gewöhnen.

Es kann auch sein, dass im privaten Kreis hemmungslos geflucht und geschimpft wird. Seine schlechte Laune kann man in Schweizerdeutsch sehr gut zum Ausdruck bringen, und die Dialekte haben ein großes Repertoire an Kraftausdrücken. Es gibt satte Bekräftigungen wie »sackstark« oder »uhueregeil«, die Jüngeren sagten auch mal »tönder«. Wesentlich mehr Ausdrucksmöglichkeiten gibt es aber für negative Bekräftigung; vom gemäßigten »cheibe« (etwa: blöde) – »die cheibe Mätz« (diese blöde Schlampe) – über »schiss-« (scheiß-) bis zur Vorsilbe »huere-« (huren-). »Huereschissdräck« ist schlimmer als normaler »Schissdräck«. Gesteigert wird er zu »Uhuereschissdräck«. Der deutsche »Mist« entspricht dem Schweizer »Seich«. Physiologisch bedeutet er allerdings das Gegenteil. Die anderen werden als »Dubel« (Trottel), »Sauhund« oder natürlich als Arschloch tituliert. Häufig haben Kraftausdrücke im Schweizerdeutschen etwas Altertümliches, was ihre Wucht noch verstärkt. Zusammen mit den Niederländern sind die Schweizer die einzigen Menschen, die kalvinistisch fluchen. Der mächtigste Fluch im Schweizerdeutschen heißt »Gopferdammi!« (Gott verdamme mich!). Wenn er aus einem hervorgebrochen ist, erschrickt man selbst. Der niederländische Übersetzer Dik Linthout schrieb: »Der Ausruf Godverdomme! ist Ausdruck der totalen Ohnmacht, ein Missbrauch des Namen Gottes, und wer es sagt, wandert geradewegs in die Hölle.« Die Furcht vor Gotteslästerung ist auch in ungläubigen Schweizern so tief verankert, dass man diesen Fluch bis heute nicht allzuoft gebraucht. Aber er ist auch so befreiend, dass es keinen gleichwertigen Ersatz dafür gibt. Es existieren Dutzende von entschärften Varianten: »Gopferdori«, »Gopferdeckel«, »Gopferdelli«. Oder einfach »Gopf!«.

Als Schweizer benötigt man starke Kraftausdrücke, weil man damit vieles ausspucken muss. Tief innen ist man genauso böse, neidisch, missgünstig, aggressiv und angeberisch wie alle anderen Menschen auf der Welt, vielleicht noch schlimmer als »die Schwoobe«. Aber man hat in der Öffentlichkeit nun einmal die verantwortungsvolle Aufgabe des Musterschülers übernommen. Doch von seinesgleichen lässt sich ein Schweizer nicht täuschen.

Darum ist man untereinander – fast als Beweis der Zusammengehörigkeit – meist besonders gnadenlos und oft gar nicht mehr so freundlich. Dass man auf die üblich defensiven Umgangsformen verzichten kann, bedeutet, dass man sich wirklich nahe steht.

Wenn man als Außenstehender neu in eine Gruppe gekommen ist, hat man vieles schon richtig gemacht. Sonst säße man nicht dort. Man hat sich mit seinem Äußeren, seinen Meinungen und seinem Benehmen angepasst. Vielleicht ist einem das sogar als Ausländer gelungen. Das sollte man jetzt nicht aufs Spiel setzen, indem man zum Beispiel die falschen Themen anspricht. Natürlich sind die Codes in jedem Kreis unterschiedlich und auch die Toleranzgrenze verläuft nicht immer an der gleichen Stelle. Aber es gibt ein paar Punkte, die man in jedem Fall besser vermeidet. Es ist auch besser, sich nicht aufs Glatteis führen zu lassen, wenn der Leitwolf einer Gruppe das Gespräch auf heikle Themen bringt. Man redet nicht konkret über Geld, nicht über Privates und nur dann über Politik, wenn man sicher sein kann, dass alle derselben Ansicht sind. Falls es einmal um die Arbeit geht, bringt man die anderen in Verlegenheit, wenn man konkrete Zahlen – zum Beispiel das Gehalt betreffend – nennt oder gar danach fragt. Bei den Jüngeren hat sich dieses Tabu in den letzten Jahren etwas gelockert. Aber als Neuling lässt man sich besser nicht zu Freizügigkeiten hinreißen. Auch den Streit mit dem Partner oder die Probleme mit den Kindern erwähnt man unter Schweizern nur, wenn wirklich ausschließlich engste Freunde dabei sind. Es kann sehr leicht passieren, dass die andern sich belästigt fühlen, wenn einer, dem man nicht wirklich nahe steht, von seinen persönlichen Problemen spricht. Es kann dazu führen, dass einer nach dem anderen zu der Kellnerin schaut und sagt: »Entschuldigung, dörft ich zahle?« (»Entschuldigung, dürfte ich bezahlen?«) Zwanglos unterhalten kann man sich über unverfängliche Themen: Ferien, Sport, Hobbies und was es an Neuigkeiten über Leute gibt, die gerade nicht anwesend sind.

In die Ferien fahren die Schweizer mit Leidenschaft. Jeder Schweizer, die Kinder mitgerechnet, fliegt pro Jahr 2,5 Mal mit dem Flugzeug. Das ist Weltrekord. Auch das bravste Mütterchen im kleinsten Dorf war vermutlich schon in Thailand oder zumindest in der Türkei. Verreisen hat eine besondere Bedeutung für einen Schweizer. Das hängt mit dem Nachhausekommen zusammen. Bis vor kurzem hat man sich vor jeder Reise gründlich auf das Gastland vorbereitet. Mit Hilfe eines Reiseführers studierte man die gängigsten Formulierungen wie »Danke«, »Bitte« und »Guten Tag« in der Fremdsprache ein. Man informierte sich über die Essgewohnheiten und lernte auswendig, wo man auf keinen Fall mit nackten Armen oder kurzen Hosen herumlaufen darf. Dann fuhr man hin, erfreute sich an der Fremde und stellte spätestens auf der Heimreise erleichtert fest, dass dort eben auch nicht alles Gold ist, was glänzt. Und man es mit der Schweiz doch eigentlich gar nicht so schlecht »preicht« (getroffen) hat. In fast allen Ländern der Welt heißt das zum Reisen benötigte Personaldokument »Reisepass«. In der Schweiz heißt es »Schweizer Pass«. Nicht der Weg ist das Ziel, sondern das Zurückkommen. Bis vor kurzem stand in jedem Schweizer Pass in vier Sprachen »Der/Die Inhaber/in dieses Passes ist Schweizerbürger/in und kann jederzeit in die Schweiz zurückkehren«. Erst im neuen, maschinenlesbaren Pass, der 2003 eingeführt wurde, ist dieser Hinweis nicht mehr enthalten.

Falls man als Schweizer im Ausland irgendwo auf Landsleute trifft, was sehr wahrscheinlich ist, machen manche noch immer gerne ein abweisendes Gesicht und gehen stumm vorbei. Auf gar keinen Fall sollen die anderen merken, dass man sie versteht. Sonst müsste man einander grüßen. Und ist schon wieder Schweizer. Obwohl man doch gerade ins Ausland gefahren ist, um diese Bürde für ein Mal abzulegen. Oder die Einheimischen merken den Unterschied nicht und halten einen am Ende für Deutsche. Man weiß kaum, was schlimmer ist. Bei ganz jungen Schweizern hat sich das Verhalten in den letzten Jahren etwas geändert; manchmal tragen sie unterwegs sogar ein trotziges rotes T-Shirt mit einem großen weißen Kreuz auf der Brust. Aber sobald die Schweiz kein Sonderfall mehr sein wird, wird dieses Aufbrausen seinen Sinn verloren haben.

Lange war die Verwechslung mit Deutschen das unangenehmste Erlebnis, das man als Schweizer in der Fremde hatte. Sobald man eine Gelegenheit fand, den Irrtum zu korrigieren, konnte man damit rechnen, dass Kellner und Verkäufer freundlicher wurden: »Aaaah, Schweiz ...« Diese Zeit ist nun vorbei. In den letzten Jahren wurde man im europäischen Ausland immer häufiger kalt gemustert, weil man nicht EU-Bürger ist. »Aha. Schweiz.« Das schmerzt, denn als verachtete Außenseiter haben sich die Eidgenossen bisher nie begriffen. An den Kassen von italienischen Museen haben Schweizer Pensionäre schon erleben müssen, dass ihnen die angebotene Rentnerermäßigung versagt bleibt. Sie gilt nur für Leute mit EU-Pass.

Claudia Bonaventura und Peter Diethelm fahren zusammen an einen Urlaubsort in Portugal. Bettina stammt aus Glarus, Peter aus Cuxhaven. Als sie ein Fischrestaurant betreten, kommt der Wirt lächelnd auf sie zu. Er will die Speisekarten für sie aufblättern und fragt »English oder Deutsch?«. Bettina und Peter antworten gleichzeitig. Die Schweizerin sagt »English«, Peter sagt »Deutsch«.

Von den neuerlichen unangenehmen Erlebnissen im Ausland lassen sich die Schweizer bisher nicht unter Druck setzen. Zu Hause ist es auch schön. Kleinere Reisen und Ausflüge sind ein beliebtes Thema, wenn man zusammensitzt. Beinahe mythischen Charakter hat »s'GA« – das Generalabonnement der Schweizerischen Bundesbahnen. Mit dieser Jahreskarte kann man, so oft man will, mit allen Zügen kreuz und quer durch das Land fahren. Manche Arbeitgeber spendieren es ihren Angestellten, die am Wochenende damit Ausflüge ins Tessin oder in die Welschschweiz machen und nachher den Kollegen davon vorschwärmen. Eine andere Freizeitobsession ist der aktive Sport. Mehr als jeder Zehnte hat ein Abo für ein Fitnessstudio – noch häufiger ist diese Freizeitbeschäftigung nur in den USA. Auch sonst ist Sport in vielen Kreisen fast zwingend. Natürlich in der richtigen Funktionsbekleidung. Zum Wettkampf gerüstete Inline-Skater und Marathonläufer überziehen abends und am Wochenende Seepromenaden und Waldwege. Der »Vitaparcours«, die schweizerische Variante des Trimm-dich-Pfads, war nie aus der Mode und wer dann immer noch Luft bekommt, fährt exzessiv Velo. Wenn man in der Nähe eines Skilifts aufgewachsen ist, kann man als Schweizer auch seit der Kindheit Skifahren. Das wird allerdings eher beiläufig erledigt. Mindestens einmal im Jahr veranstalten viele Firmenbelegschaften ein »Grümpeliturnier« – ein leicht chaotisches Freizeitfußballturnier, in dem die verschiedenen Abteilungen in lustigen Verkleidungen gegeneinander antreten. Vor allem in der Innerschweiz sind auch noch Sportarten verbreitet, die zum uralten Brauchtum der Sennen gehören; zum Beispiel das Schwin-

Wer beim »Grüeziwandern« als Erster grüßt, hat gewonnen. Danach kann man versuchen, anhand des Dialekts herauszufinden, woher die anderen kommen. In der Schweiz ist es wichtig, woher man kommt. Am liebsten bleibt man unter seinesgleichen, ob beim Wandern oder beim Alphornblasen.

gen und das Steinstoßen. Auch Volkstanz wird von vielen mit Freude gepflegt. Schwingen sieht für Außenstehende aus wie eine archaische Mischung aus Ringen und Sumo. An den kantonalen und eidgenössischen Schwingerfesten stehen sich bullige Männer mit roten Backen in einem Sägemehlkreis gegenüber und verkrallen sich in die kurze, sackleinene Überhose des anderen. Unter starkem Knurren und Ächzen versuchen sie einander mit Hilfe genau festgelegter Techniken umzureißen. Schwingen findet unter freiem Himmel statt und ist beim Publikum sehr beliebt. Bei manchen Anlässen werden daneben noch Wettbewerbe im Steinstoßen ausgetragen: Wer einen schweren Felsbrocken am weitesten wegschleudern kann, hat gewonnen. Auch das »Treicheln« erfordert große Kraft, ist aber kein Sport. Treicheln sind große, schwere Kuhglocken, die von großen, schweren Männern in einem bestimmten Rhythmus hin- und hergeschwungen werden, um einen totalen Gleichklang zu erzeugen. Manche Treichler tragen auch ein Joch über die Schultern, an dem sie zwei der schweren Eisenglocken schwingen. Während der langen Festzüge marschieren die Treichler der verschiedenen Formationen lässig am Publikum vorbei, genießen die bewundernden Blicke der Frauen und kauen an ihren krummen Zigarillos.

Es gibt auch moderneres Brauchtum in der Schweiz. Bei den Älteren ist das »Grüeziwandern« beliebt. In Wanderschuhen und halblangen Hosen marschiert man gemütlich durch die Landschaft und wenn einem jemand über den Weg läuft, hat derjenige gewonnen, der zuerst »Grüezi« sagt. Beim Weiterwandern berät man über den Dialekt des anderen, und mutmaßt, wo er herkommt. Und wehe, einer hat den Gruß nicht erwidert. Das gibt einem Grüeziwanderer Gesprächsstoff für mindestens eine halbe Stunde. In den Städten haben ältere Männer manchmal auch eine Vorliebe für Baustellen. Man sieht sie stundenlang an Bauzäunen stehen und dem langsamen Entstehen eines neuen Gebäudes zuschauen. Nicht selten begleiten sie eine Baustelle treu von der Ausschachtung bis zum Richtfest. Warum? Das weiß man nicht genau. Das andere Nationalhobby, »Rahmdeckelisammeln«, ist eher Sache der Frauen, aber oft assistieren die Männer dabei. Als Phänomen ist das Rahmdeckelisammeln (Sahnenäpfchendeckelsammeln) in den 80er Jahren aufgetaucht: Menschen der mittleren und einfachen Schichten sitzen gemütlich in einem Café. Sobald die Kellnerin die warmen Getränke gebracht hat, zupfen die Sammler die Metalllaschen der Sahnenäpfchen ab, säubern sie sorgfältig von eventuellen Spritzern und streichen die Deckeli mit geübter Bewegung glatt. Zu Hause werden die Motive dann katalogisiert, in speziellen Alben geordnet und untereinander getauscht oder verkauft. Ein Versand bietet spezielle Rahmdeckeliwalzen an, mit denen man die Folien professionell glätten kann. Über den Sinn des Rahmdeckelisammelns muss man nicht spekulieren. Sicher ist, dass sich die Sahnenäpfchenhersteller der Schweiz Mühe geben. Auf ihre Rahmdeckeli drucken sie nämlich keine langweilige Werbung, sondern farbenprächtige Bilderserien mit Tieren, Pflanzen, Ortschaften, Häusern, Kantonswappen, Sternzeichen, Trachten, Sportarten, Oldtimern und so weiter.

In gewisser Weise gehört auch »dr Dienscht« (der Militärdienst) zum Brauchtum und ist ein Thema für die Freizeit. Die Schweiz hat eine Milizarmee. Das bedeutet, dass ein Schweizer Mann ab seinem 20. Lebensjahr Soldat ist und seine Waffe zu Hause stehen hat. Sofern er nicht bei der Musterung aus gesundheitlichen Gründen zum Zivilschutz geschickt wird. Dieser ist nicht zu verwechseln mit dem Zivildienst. Die Schweizer Armee hat sich in den letzten Jahren grundlegend neu organisiert und die Zahl der Soldaten auf etwa 220 000 halbiert. In der »RS« (Rekrutenschule) absolvieren die Rekruten 18 bis 21 Wochen lang eine militärische Grundausbildung. Wer dort positiv auffällt und über einen guten Schulabschluss verfügt, wird möglicherweise zum »Weitermachen« aufgefordert – er schlägt die Offizierslaufbahn ein. Je nach Weltanschauung ist das ein Statussymbol oder eine Bürde und bedeutet, dass die Offiziersgrade mit zusätzlichen Diensttagen »abverdient« werden müssen. Wer nicht gefragt wird, gehört weiter zum Fußvolk und muss einmal im Jahr für knapp drei Wochen zum »WK« (Wiederholungskurs), bis er die seinem Dienstgrad zugeordnete Anzahl Tage abgeleistet hat. Das ist heute um die 30 erledigt. Früher bot der WK den Schweizern bis Anfang 40 eine willkommene Abwechslung zum braven Alltag: ein Abenteuercamp mit Kameraden. Noch immer müssen Schweizer Soldaten einmal im Jahr im nächstgelegenen Schießverein zum »Obligatorischen« – zur Pflichtschießübung – erscheinen. Wer dabei zu oft danebentrifft, wird zum »Nachschießen« aufgeboten. Rekruten haben seit einiger Zeit die Möglichkeit des »Durchdieners«: 300 Tage Dienst am Stück, und dann ist es vorbei. Schweizer, die beim Zivilschutz landen, werden für den Bevölkerungsschutz in Katastrophensituationen ausgebildet. Zivildienst kann erst seit 1996 geleistet werden. Wer vorher nichts mit Waffen zu tun haben wollte, musste den »Blauen Weg« gehen – sich in einer demütigenden Prozedur vor den Musterungsbehörden aus psychischen oder physischen Gründen als untauglich aussortieren lassen.

Seit den 80er Jahren ist der Sinn des Militärs in der Schweiz umstritten, seine Existenz aber nicht wirklich bedroht. Allerdings hat der Dienstgrad nur noch in sehr traditionellen Branchen einen Einfluss auf die Berufskarriere. Aber noch immer sind viele Schweizer Frauen froh, dass der Mann hin und wieder für ein paar Wochen außer Haus ist und im militärischen Wiederholungskurs unter Kontrolle furzend, rülpsend und schlecht gewaschen die Sau rauslassen kann. Entspannt und zuverlässig verrichtet er nachher wieder seinen Dienst im Alltag. Im Februar 2011 lehnte das Stimmvolk eine Initiative »Für den Schutz vor Waffengewalt« ab. Diese hätte zu einer Gesetzesänderung geführt, mit der die Dienstwaffe nicht mehr bei jedem Dienstpflichtigen zu Hause im Schrank aufbewahrt, sondern in Zeughäusern gelagert worden wäre. Vor allem in den Kantonen ohne große Städte hatte das Ansinnen keine Chance. Gegenwärtig steht in 36 Prozent aller Schweizer Haushalte wenigstens ein Gewehr.

Mit einem Schweizer Kollegen besuchte Heiko Winckler aus Düsseldorf in Basel ein Fußballspiel der »Super League«, der Schweizerischen Bundesliga: FC Basel gegen FC St. Gallen. Die beiden Fußballfans hatten Plätze auf den Steinstufen der Gegengerade. Wie es Heiko gewohnt war, stand er beim Anpfiff auf. »Ich war der Einzige von ungefähr 2000 Leuten, der das tat.« Etwas eingeschüchtert blieb er danach auch bei erfolgversprechenden Aktionen der Basler sitzen, wo er zu Hause lautstark mitgefiebert hätte. Ein paar wenige Basler Fans sprangen dann doch noch auf und lärmten. »Aber dann hat immer irgendein Rentner, der hinter ihnen saß, gemeckert, sie sollen sich wieder hinsetzen.« Zum Schluss gewannen die Basler mit 3:2. Am nächsten Tag wird in der Basler Zeitung unter »Besondere Vorkommnisse« das überschäumende Temperament der Basler Zuschauer erwähnt. Heiko zweifelt einen Moment, ob er das richtige Spiel gesehen hat. Das, was hier als stürmische Begeisterung empfunden wurde, kennt er in Deutschland vielleicht von einer Begegnung im Mittelfeld der Regionalliga.

Die Schweizer schauen gern beim Sport zu. Sie sind Fußballfans, mögen Eishockey und können ihr nationales Selbstbewusstsein immer wieder mit den Erfolgen ihrer Landsleute etwa im Skisport aufmöbeln. Und der Baselbieter Roger Federer hat es auf die Nummer 1 der Tennisweltrangliste geschafft. Aber öffentliches Ausrasten war ihnen lange nicht gegeben. Das bedeutet nicht, dass sie Massenaufläufe nicht genießen können, bei großen Pop-Konzerten oder im Fußballstadion. Aber sie ließen sich davon nicht berauschen. Das hat sich allerdings seit der Weltmeisterschaft von 2006 und der Europameisterschaft 2008 etwas geändert. Insbesondere die vielen italienischen Jugendlichen haben damals die Straßen der Schweiz zum Kochen gebracht und viele Schweizer angesteckt. Trotzdem ist die Faszination, Teil einer riesigen Masse zu sein, Schweizern im Grunde fremd, sowohl körperlich als auch ideologisch. Es gab einfach nie so viele Schweizer, als dass sie eine Lust an ihrer eigenen Zahlenstärke hätten entwickeln können. Bei volkstümlichen Anlässen wird deutschen Besuchern auffallen, dass Schweizer auch kaum schunkeln. Manche haben es durch das Fernsehen gelernt und Freude daran gefunden. Aber der deutsche Reflex, sich nach drei Tönen beim Sitznachbarn einzuhaken und hin und her zu schwanken, ist zwischen Basel und Locarno nirgendwo verankert. Auch wenn viele Schweizer in ihrer Freizeit gern »Ländler« oder »Hudigäággeler« (Volksmusik) hören. Das Land steuert auch einige Sängerinnen und Sänger zur volkstümlichen Schlagerszene in Deutschland bei. Eine der erfolgreichsten heißt Sarah-Jane, und ihre Eltern stammen aus Indien. Aber genauso viele Schweizer haben eine starke Abneigung gegen jede Art von Heimattümelei und Folklore. Oft auch gegen das eigene Brauchtum. Zum einen gehörte das Hadern mit der Heimat lange zu den modernen Schweizern, und eine neue, großzügigere Haltung zum kulturellen Erbe entwickelt sich gerade erst neu. Zum andern ist das Gefühl für die ursprüngliche Schönheit der Heimat noch nicht ganz verloren. Statt gefühlsduselig zu werden, fährt man, wenn man es braucht, einfach ein, zwei Stunden im Auto oder mit dem Zug und hat dann eine Aussicht auf die gewaltige Kette der Alpen, auf verschneite Berggipfel und saftige Wiesen. Wenn dann noch die Sonne darauf scheint, kann man leicht glauben, dass es ganz in der Nähe noch eine mächtige und gleichzeitig friedliche Natur gibt, die für immer Bestand haben wird. Und die ebenso schweizerisch ist wie man selbst. 2005 wurde nach über einhundert Jahren im Graubünden sogar wieder ein Bär gesichtet. Allerdings kam er aus Slowenien.

Um als Deutscher die Schweizer wirklich privat kennen zu lernen, ist es zwingend, den Dialekt wenigstens zu verstehen. »Hesch gescht dr Matsch gseh?« (Hast du gestern das Match – das Fußballspiel – gesehen?) eröffnet ein Schweizer vielleicht die Kontaktaufnahme. Die Schweizer verfolgen das Fußballgeschehen auch außerhalb ihrer Landesgrenze aufmerksam. Sie konnten sich für die WM 2006 qualifizieren und richteten zusammen mit Österreich die Europameisterschaft 2008 aus. Lenkt ein Deutscher von sich aus das Gespräch lobend auf die Schweizer Verdienste um den internationalen Fußball, rattert sein Punktestand rasend schnell nach oben. Er sollte allerdings wissen, dass man in der Schweiz nicht die deutschen Ausdrücke benutzt. Einen Elfmeter nennt man »Penalty«, ein Tor ist ein »Goal« und ein Torwart ein »Goalie«, ein Eckball heißt »Corner«.

Hat der Deutsche auf diese Weise erste Sympathien gewonnen, kann bald der Moment kommen, wo er sich beweisen muss. Wenn die gängigen Themen durch sind und alle etwas lockerer geworden sind, will man dem Schwoob jetzt einmal auf den Zahn fühlen und sehen, ob er einen Spaß versteht. »Sag, chasch du ›Chuchichäschtli‹ sage?« (Sag mal, kannst du ›Chuchichäschtli‹ sagen?). Dieses Wort, es bedeutet Küchenschränkchen, gilt als der schwierigste Zungenbrecher des Schweizerdeutschen. Kaum einem Nichtschweizer gelingt es auf Anhieb, alle darin enthaltenen Kehl- und Umlaute korrekt aneinander zu reihen. Wenn es einer können sollte, ist es trotzdem besser, er spielt mit und stottert hilflos »Ch-ch«. Dann freut man sich als Muttersprachler. Seht ihr, alles können »die Schwoobe« eben auch nicht. Wird der Deutsche dann nicht einsilbig, lässt sich immer wieder vorführen und lacht auch unverdrossen weiter mit, hat er das Martyrium irgendwann durchschritten. Ein wichtiger Schritt zur Integration ist gelungen. Ein verhängnisvoller Fehler wäre es aber, das »Chuchichäschtli« als Einladung ins Schweizerdeutsche zu verstehen. Wer im Dialekt zu radebrechen versucht, ist unten durch. Genauso schlecht kommt auch das Teutonisieren von Dialektwörtern an. Versuche wie »Fränkli« oder »Hüsli« (Häuschen) sind auf jeden Fall peinlich und falsch und sollten vermieden werden. Noch

Brauchtum bedeutet in der Schweiz nicht Folklore – es lebt noch: bei der »Gansabhauet« in Sursee, im Wirtshaus, ...

... beim Seilziehen oder beim Schwingen, wo bullige Männer in sackleinenen Hosen versuchen, einander im Sägemehlkreis umzureißen.

schlimmer wäre es nur, als Deutscher einen hochdeutsch sprechenden Schweizer in seinen Helvetismen zu korrigieren. In der Schweiz heißt Parken »Parkieren« und Grillen »Grillieren«. Der Weltcup heißt »Wältgöpp«, und in Bern wird der Bus als »Böss« ausgesprochen. Wenn man ihnen begegnet, sollte man als Deutscher die Helvetismen einfach unauffällig in sein Hochdeutsch integrieren und ansonsten damit leben, dass man in der Sprache der Einheimischen immer ein fremder Gast bleiben wird.

Ein Berner Fremdenführer ist mit einer Gruppe Amerikaner unterwegs. Sie gehen ihm auf die Nerven, weil sie ständig erwähnen, dass bei ihnen alles viel größer sei. »Und alles wurde viel schneller gebaut als bei euch. Das Empire State Building war in nur drei Jahren fertig«, sagt ein besonders vorlauter Amerikaner. Verächtlich zeigt er auf das Berner Münster: »Und das da, wie lange habt ihr an dem gebaut?« Der Berner Fremdenführer dreht sich langsam nach dem Münster um, zuckt leicht zusammen und sagt: »Ou. Das stand gestern noch nicht da.«

Schweizer haben einen knappen, trockenen Humor mit feinen Spitzen. Wenn man sie danach fragt, weisen sie aber von sich, überhaupt Humor zu haben. Das gehört zur protestantischen Selbstbezichtigung. Man hat anderes zu tun als Witze zu erzählen. Viele der »trääfen« (treffenden) Witze gehen auf Kosten der Schweizer selbst. Die Aufgabe der nationalen Witzfiguren erfüllen traditionell die als bauernschlau geltenden Appenzeller, denen man zudem eine extrem geringe Körpergröße nachsagt. Im kleinen Kreis – aber garantiert nicht, wenn ein Deutscher dabei ist – werden auch gern geistreiche Judenwitze erzählt. Meistens von den Juden selbst. Die ältere Generation lacht auch immer noch gern über »Webstübler«-Witze. »Webstübler« steht für Minderbegabte, die früher in Webstuben beschäftigt wurden. Es gibt auch erstaunlich viele Witze mit sexuellem Hintergrund. Das fällt auf, weil Sex im privaten Umgang kaum ein Thema ist, falls man nicht selbst beteiligt ist. Witzbolde geben als Devise zwar gern »vögli wenn mögli« an. Aber wenn überhaupt darüber gesprochen wird, dann eher verschämt. Nur der kommerzielle Umgang mit Sex ist auch in der Öffentlichkeit derb und kleinste Schulkinder können an jedem Kiosk ohne Hindernis die härtesten Bilder sehen.

Wenn man die Werbungen für sexuelle Dienstleistungen in der Schweiz liest, bekommt man zudem den Eindruck, dass das Land von »Special Interest«-Kunden bevölkert sein muss. Kleinanzeigen für Prostituierte oder Sex-Telefone werben auffallend oft mit bizarren Angeboten. »Sex mit Oma im Böötli« (Boot) wurde eine Zeitlang im »Blick« beworben. »Sex auf dem Klo – Reibe mir einen Höhepunkt!« ist ebenso beliebt wie »Triebhafte Ausländerinnen« oder »Ordinärsex«. Aber auch »Ultimative Geilheit vom Feinsten«. Geld – besonders das gesparte – macht Schweizer besonders geil. Warum sonst werben teure Telefonsexlines damit, dass die stöhnenden Frauen für ihre Dienste keinen Lohn wollen? Telefonsex-Anzeigen im »Blick« lauteten auch schon: »Reiche, ältere Geschäftsfrauen suchen geile und charmante Männer und bezahlen bis CHF 500,- und mehr dafür!!!« Oder: »Ostfrau besorgt es dir für nur CHF 20,-.« Manchmal sind die Inserate auch in Dialekt gehalten: »XYZ – Of dere Nommere sch aues möglech!!!« (Auf dieser Nummer ist alles möglich). Die Programmhinweise der Porno-Kinos sind in allen Zeitungen im normalen Kinoprogramm aufgelistet. In einer Ausgabe des seriösen Zürcher »Tages-Anzeigers« vom Januar 2012 fanden sich »Anal Alarm« und »Geile Blas-Girls« direkt unter »Carnage« und »Der Verdingbub«. Bei Pornos mit weniger eindeutigen Titeln kann man sich nur am Zusatz »ab 18« orientieren.

Im Dezember 2003 sehe ich an mehreren Schweizer Kiosken einen Werbeaufsteller mit vier Titelseiten von Zeitschriften, die für ihre Weihnachtsausgabe werben. Das Nachrichtenmagazin »Facts«, die Frauenzeitschrift »Annabelle«, ein Wohnmagazin und »okay – das Schweizer Erotikmagazin«. Auf dem Titelblatt dieser Zeitschrift kniet eine Frau im Bikini. Scham, Brüste und Hände sind mit einem Bondageseil verschnürt. »Schenken Sie einen Orgasmus« heißt die Schlagzeile dazu. Ich frage mehrere Freunde, ob sie das nicht erstaunlich finden. Sie verneinen alle. Das Bild ist ihnen überhaupt nicht aufgefallen.

Ansonsten ist vor allem unter den jüngeren Schweizern eine Freizeitbeschäftigung populär, die zwar illegal ist, aber lange geduldet wurde: das Kiffen. Unter Freaks ist der Anbau schon seit Jahrzehnten ein Hobby, und mancher Jungbauer züchtet unter der hellen Schweizer Sonne erstaunliche Nebenerwerbsquellen heran. In den toleranten 90er Jahren konnte das Gras in einschlägigen Läden mehr oder weniger offen verkauft werden. Ins Schaufenster legten die Händler unverfängliche Wasserpfeifen und Hanfjeans. Aber jeder wusste, was er bekam, wenn er ein »Hanf-Duftsäckchen« bestellte. Bezahlen konnte man sein Cannabis in der Schweiz deshalb eine Weile mit der Kreditkarte. 2005 war den Behörden der liberale Umgang mit dem Kiffen dann plötzlich nicht mehr geheuer. Die meisten Kantone schlossen die Hanfläden und verfolgen den Besitz und Verkauf von Cannabis seither mit überraschender Härte. Eine Volksinitiative, die den Konsum von Cannabis unter strengen Regeln erlaubt hätte, lehnte das Stimmvolk im November 2008 mit 63 Prozent der Stimmen ab.

Freizeit ist in der Schweiz die schwierigste Zeit des Tages. Es sind die Stunden, in denen die spröde Hülle der Anpassung aufbrechen kann. Und darunter wohnt manchmal tatsächlich noch der struppige, alte Eidgenosse. Wenn man nichts zu tun hat, macht er sich möglicherweise bemerkbar. Das ist gefährlich, weil man dann vielleicht eine grausame Wut bekommt auf das Leben, auf das Land, darauf, dass es fast keinen Platz für etwas anderes gibt als immer nur zu konsumieren, mitzuhalten, die Form zu wahren, alles richtig zu machen. Darum ist es wichtig, nach Feierabend genügend passende Beschäftigungen zu haben: Sport treiben, fernsehen, jassen, Kultur. Entspannen, ohne zu sehr zur Ruhe zu kommen. Und das Allerwichtigste nicht zu vergessen: Zuerst kommt immer der Aperitif.

Kleiner Exkurs über die
erschütterte Seelenlage der Schweizer

> »Eine arme Landschaft, von beschränktem Raume, ohne Luxus, ohne Glanz, ohne Macht, wird von ihren Bewohnern geliebt wie ein Freund, der seine Tugenden im Schatten verbirgt und sie alle dem Glücke derer weiht, die ihn lieben.«
>
> *Germaine de Staël*

Der letzte Krieg, den die Schweiz erlebt hat, war am Ende des 18. Jahrhunderts. Napoleon war im Land und wollte die Eidgenossen, die sich als Bund von eigenständigen Kantonen zusammengerauft hatten, nach französischer Art zentral regieren. Aber in dem aufgezwungenen Einheitsstaat bekriegte sich alles, was eine Hellebarde halten konnte. Und zwar so erbittert, dass der französische Herrscher sich gezwungen sah, den Kantonen wieder ein Stück ihrer Eigenständigkeit zurückzugeben. Sonst wäre das Gebiet womöglich völlig verwüstet worden. Diese Zeit der Helvetischen Republik ist den Schweizern nicht gut bekommen. Nachher haben sie sich immer herausgehalten, wenn es irgendwo auf Streit hinauslief. In den Krieg zogen sie nur noch, wenn sie Geld dafür bekamen, nicht mehr in eigener Sache. Als Söldner waren die Schweizer schon immer begehrt gewesen, und sie dienten jedem, der sie bezahlte. Der Papst in Rom hat bis heute eine Schweizergarde.

Das Sich-Heraushalten wurde zum Kern des Schweizer Wesens, pragmatisches Ergebnis eines Lernprozesses. Der Einfachheit halber bezeichneten es die Schweizer als Neutralität. Beim Wiener Kongress von 1815 anerkannten auch die europäischen Großmächte die »immerwährende Neutralität« der Eidgenossenschaft. Bei der Gelegenheit erhielt sie auch ihre heutige territoriale Gestalt.

Die Deutschen müssen nicht so weit zurückblicken, um auf Kriegserfahrung zu stoßen. Praktisch jeder Deutsche hat in der unmittelbaren Familiengeschichte Verluste: Väter oder Großväter, die im Zweiten Weltkrieg in der Wehrmacht waren und verwundet, verbittert oder gar nicht wiederkamen. Besitz, der verloren war.

Das unterscheidet die Deutschen sehr wesentlich von den Schweizern; und es ist hilfreich, wenn Deutsche, die die Schweizer verstehen wollen, das bedenken.

Großvater war ein eleganter älterer Herr. Bei ihm im Flur hatte der Karabiner einen Ehrenplatz. Darauf aufgepflanzt das Bajonett, eine Art großer Dolch. Die Klinge war mit einer dicken Metallscheide geschützt, die kleine Metallkugel auf der Spitze gefiel mir besonders. Ich durfte das Gewehr nicht anfassen, das wusste ich, aber wenn ich davor stand und das schöne, vom vielen Anfassen dunkel gewordene Holz betrachtete, sah mir Großvater wohlwollend zu. Manchmal nahm er das Gewehr dann in die Hand. »Viele Nächte standen wir damit an der Grenze«, erzählte er, und dabei wurde seine Stimme anders. »Das Gewehr war entsichert, und wir hatten Befehl, jeden zu erschießen. Jeden!« Er hob das Gewehr dann hoch und legte es an seine Schulter, aber die Hülle vom Bajonett ließ er zum Glück dran. »Wir hätten jeden erschossen! Jeden! Vergiss das nicht!« Er atmete durch die Zähne und schaute mich nicht an. Nach einem Moment stellte er das Gewehr dann wieder in die Ecke und wir tranken Cola. Woanders als im Flur sprach er nie vom Aktivdienst, den er 1940 bis 45 an der Schweizer Grenze geleistet hatte, wie alle anderen Schweizer auch.

»Das Ausland muss es wissen: Wer uns ehrt und in Ruhe lässt, ist unser Freund. Wer dagegen unsere Unabhängigkeit und unsere politische Unversehrtheit angreifen sollte, dem wartet der Krieg.« Das verkündete Bundesrat Hermann Obrecht im März 1939. Es gab keinen Grund für die Schweizer, ihm nicht zu glauben. Am 2. September 1939 wurde mobilgemacht.

Die Deutschen mussten sich in den Jahren und Jahrzehnten nach dem Zweiten Weltkrieg mit ihren Eltern beschäftigen: Waren sie mitschuldig oder hatten sie Widerstand geleistet? Ganz gleich, ob die Frage beantwortet oder verdrängt wurde, sie war gestellt. Das mag eine reinigende Wirkung auf die Generationen nach dem Krieg gehabt haben. In der Schweiz fanden solche Gespräche nicht statt. Denn es gab ja nichts zu reflektieren oder zu verdrängen. Alle waren gewesen wie immer: neutral. Und damit das so hat bleiben können, haben die Männer aus jeder Familie

»Die besten Grüße aus dem schönen Aarau sendet Euch E.« –
»Kampfbahn, Dreck und Sturmgewehr machen mir das Leben schwer.«
Soldatengrüße aus den Jahren 1927 und 1987.

Aktivdienst geleistet. So sah bis vor wenigen Jahren die offizielle Lesart der 30er und 40er Jahre in der Schweiz aus. Wo die Deutschen bombardierte Städte, Hunger und eine zerrüttete Moral haben, sind bei den Schweizern Aktivdienst und das »Réduit« (der Rückzug): Der Plan des Bundesrates von 1940, im Falle eines negativen Kriegsverlaufs die schweizerischen Truppen und die Landesregierung in die Alpen zurückzuziehen und sich dort zu verschanzen. Es gibt noch heute künstliche Felsen, in denen man die Verwundeten behandelt und Lebensmittel und Munition gelagert hätte (siehe Kapitel »Jeder für sich und alle ...«). Bei einem Angriff der Deutschen wären die Alpenpässe gesprengt worden.

Während des Wartens auf den Krieg hatten auch die Schweizer große Angst: Angst, in einem Angriff zu sterben; Angst, alles zu verlieren; Angst, dass sie nachher Deutsche werden müssten. Eine Angst, die sich nie entladen hat. Nicht bei denen, die dabei gewesen sind, falls sie noch leben. Auch nicht bei ihren Kindern, denen sie ihre Angst mitgegeben haben. Nicht einmal bei den Enkeln. Die haben zwar nicht mehr die Angst vor den Deutschen, aber ihnen ist sehr präsent, wie stolz die Großeltern waren, dass sie sich haben verteidigen können und »d'Schwoobe« nicht über die Grenze gekommen sind. Drei Schweizer Generationen haben auf diese Weise eine emotionale Verbindung zu den Nachbarn im Norden. Die Deutschen sind die, die man gleichzeitig gefürchtet und verachtet hat. Auch in der Schweiz gab es Nazisympathisanten, und »Frontisten« marschierten über den Zürcher Paradeplatz. Insgesamt um die 150 Männer meldeten sich zur SS. Von einem großen Teil der Bevölkerung wurden diese als Spinner abgetan. Als im Mai 1945 die Deutschen kapituliert hatten, läuteten in der ganzen Schweiz die Kirchenglocken, als Zeichen der Erleichterung. Man war wieder einmal davongekommen.

Während die Siegermächte Deutschland aufteilten, ging in der Schweiz einfach alles wieder den gewohnten Gang. Man fragte: Was hast du? Woher kommst du? Wer bist du? Und – falls man mit Ausländern in Kontakt kam: Kannst du es in moralischer Hinsicht mit uns aufnehmen oder hast du einen Krieg angezettelt? Die letzte Frage wurde natürlich nicht ausgesprochen. Ein Schweizer brüstet sich nicht mit seiner Überlegenheit. Es reicht ihm, dass er sie hat. Und natürlich die Schweizer Armee, die ihn vor den Deutschen bewahrt hat.

Mit der Wirtschaft ging es in ganz Europa bergauf. Aber anders als die Nachbarn erlebte die Schweiz eine Veränderung ohne Neuanfang. Auch in Schweizer Bauernküchen zogen plötzlich Kühlschränke ein, und es gab nicht mehr nur am Sonntag Fleisch zu essen. Die Angst vor dem Verlust des Wohlstands aber verschwand nicht mehr. Sie ist das Trauma der Schweizer. Wohlstand, Neutralität, Unabhängigkeit, das alles ist eng miteinander verknüpft.

Der Wohlstand ist keine Selbstverständlichkeit für die Schweiz. Viele Jahrhunderte lang waren die Eidgenossen bitterarm. Das Land hat keine Bodenschätze, ein Drittel des Territoriums besteht aus unfruchtbaren Berghängen. Mit den paar Einwohnern war auch nicht an aggressive Expansionspolitik zu denken. Das letzte Mal hatten die Eidgenossen im 16. Jahrhundert versucht, fremde Gebiete zu erobern. 1515 bekamen sie in der Schlacht von Marignano von einem französischen Heer – mit Schweizer Söldnern – derart Hiebe, dass sie es danach für immer bleiben ließen. Der Wohlstand der Schweiz wurde seit dem 18. Jahrhundert hart erarbeitet.

Seit der Gründung im 13. Jahrhundert lebten in der Schweiz Kleinbauern, denen viel an ihrer Unabhängigkeit lag. Der Boden war karg, sie hatten kaum genug zum Leben. Im 16. Jahrhundert kam die Idee der Reformation in die Eidgenossenschaft und mit ihr die Unruhe. Reformierte und katholische Ortschaften bekriegten sich. Am Dreißigjährigen Krieg war das Land nicht direkt beteiligt, aber die leibeigenen Bauern hungerten danach so sehr, dass sie gegen ihre Herren aufständisch wurden. Im 18. Jahrhundert gewannen die Reformierten in den Gegenden um Genf und Zürich die Glaubenskämpfe. Sie unterstützten die Industrialisierung, die Europa langsam zu verändern begann. Als das 19. Jahrhundert kam, war die Schweiz eines der am weitesten industrialisierten Länder Europas. 1798 besetzten Napoleons französische Truppen das Land und die Schweiz erlebte ihren bisher letzten Krieg.

Weil man aus der katastrophalen Erfahrung mit der Helvetischen Republik lernte und seine Kräfte nicht mehr in Kriegen verschwendete – ab 1848 war es den Schweizern auch verboten, als Söldner in fremde Dienste zu gehen –, konnte sich die Eidgenossenschaft wirtschaftlich rasch weiterentwickeln. Als in der zweiten Hälfte des 19. Jahrhunderts der industrielle Fortschritt den Eisenbahnbau hervorgebracht hatte, sprangen die Schweizer buchstäblich auf den fahrenden Zug. Sie verlegten im ganzen Land ein umfangreiches Schienennetz. Die Tunnels durch Gotthard und Simplon, die den industrialisierten Norden mit dem sonnigen Süden und den reichen norditalienischen Königreichen verbanden, galten als technische Meisterwerke. Die so genannten Säumer, die bisher davon gelebt hatten, Händler, Reisende und Pilger über die Alpenpässe zu führen, verloren durch die Eisenbahn ihre Existenz. Der Fortschritt hat nie alle Schweizer gleichermaßen glücklich gemacht.

In der ersten Hälfte des 20. Jahrhunderts kam es im Land zu Klassenkämpfen, sogar ein Generalstreik wurde ausgerufen. Die Armee erschoss mehrere Menschen. Dann beruhigte man sich wieder und einigte sich darauf, dass die Schweizer nicht mehr streiken. Im Mai 1939, als man die Bedrohung von außen am stärksten fühlte, wurden die Eidgenossen mit der »Landi« (Landesausstellung) vom Bundesrat mental und ästhetisch auf eine gemeinsame Linie eingeschworen: auf ihre bäuerischen Wurzeln.

Nach dem Zweiten Weltkrieg investierte die Schweiz stark in die touristische Infrastruktur. Praktisch jeder Hügel wurde mit einem Netz von Seilbahnen und Skiliften überzogen. 1960 waren noch elf Prozent der Schweizer Bauern. Es kam die Hochkonjunktur, man arbeitete viel und verdiente ordentlich. 1970 waren in der ganzen Schweiz 104 Menschen arbeitslos gemeldet. In den Ferien sah man etwas von der Welt. Man holte Gastarbeiter, vor allem aus Italien, die brachten Spaghetti und neue Gemüse. Zucchini zum Beispiel, die in der Schweiz Zucchetti heißen. Die Unruhen von 1968 gingen relativ spurlos vorüber, wenn man einmal von den »Jesuslatschen« absieht, die es plötzlich gab, und davon, dass die Jungen Wohngemeinschaften gründeten.

Aber an einem Aprilabend des Jahres 1980 versammelten sich etwa 200 Jugendliche vor dem Zürcher Opernhaus. Dieses sollte für 60 Millionen Franken umgebaut werden. Für die Jugendlichen war das ein »Sinnbild verlogener Bonzenkultur«. Laut forderten sie Raum für eine eigene, alternative Kultur. Mit Tränengas und Gummigeschossen trieben die Zürcher Polizisten die Demonstranten auseinander. Aber die ließen nicht locker. Es kam zu tagelangen Straßenkämpfen, die Polizei ging unverhältnismäßig brutal gegen die Jugendlichen vor. Es hatte etwas begonnen, das für die Schweizer »80er Bewegung« heißt. Die Forderung der Jugendlichen war: ein »AJZ« (Autonomes Jugendzentrum). Die

Parolen hießen zum Beispiel: »Weg mit dem Packeis, freie Sicht aufs Mittelmeer.« Ganz offensichtlich hatte die erste Generation, die im Wohlstand aufgewachsen war, noch andere Bedürfnisse als Ordnung, Sicherheit und Blumenrabatten an jeder Grünfläche. Aber das, was sie wollten, lag jenseits von allem, was man sich in der Schweiz vorstellen konnte. Die Bewegung erfasste auch andere Städte der Deutschschweiz. In Zürich, Bern und Basel wurden Häuser besetzt. Die heiße Phase dauerte bis 1982. Dann machten sich in den wenigen Jugendzentren, die von den Ordnungsmächten wohl oder übel geduldet wurden, die üblichen, nachrevolutionären Schwierigkeiten bemerkbar: Machtkämpfe unter den Betreibern, Drogenprobleme. Alltag und Langeweile. Die Polizei nahm jeden Grund wahr, die autonomen Nester schnell wieder zu verrammeln.

Einige Besetzergruppen schafften den Weg zu einer geduldeten Alternativinstitution. Zum Beispiel die Reithalle in Bern, die man kurz vor dem Bahnhof sehen kann, wenn man mit dem Zug von Basel kommt. Nach der ersten Schließung wurde sie 1987 erneut besetzt. Jetzt finden dort Konzerte und Discoveranstaltungen statt, es ist zwar alles bunt besprayt, aber die Vollversammlung sorgt dafür, dass jeder seinen Putzdienst dann verrichtet, wenn er an der Reihe ist. Die offene Drogenszene, die sich auf dem Vorplatz einfand, bekamen die Besetzer halbwegs in den Griff. Die meisten Bewegten aus den 80er Jahren sind aber bürgerlich geworden. Die alternative Kultur ist ein fest etablierter Bestandteil des Mainstreams. In der selbstverwalteten »Roten Fabrik« in Zürich bekommt man Off-Kultur mit hohem künstlerischem Niveau. Ähnliche Institutionen gibt es auch in Basel und in kleineren Städten, oft sogar in winzigen Dörfern. Mit der Jugendbewegung und den Rufen nach alternativen Zentren ist es in den Augen der Schweizer gerade noch einmal gut gegangen im Land. So kann man es sehen, wenn man Wert auf Ruhe und Regelmäßigkeit legt.

Die Nachbarländer hörte man in den 80er Jahren immer häufiger über eine europäische Vereinigung diskutieren. Das konnte den Schweizern nicht gefallen. Sie wurden zwar zum Mitmachen aufgefordert. Aber als Eidgenossen hatten sie eine Ahnung, dass das nicht reibungslos würde gehen können. Zum einen weil man neutral war und die Nachbarn nicht. Und dann auch wegen der

Ausländer. Es war abzusehen, dass immer mehr Ausländer in die Schweiz strömen würden, wenn man es ihnen erlaubt. Es lebt sich einfach besser in einem so schönen Land, und man verdient auch viel mehr.

Weil ich an diesem Morgen Mathe schwänzen wollte, war der Wecker erst auf 9 Uhr gestellt. Ich wachte von einem Radio auf, das bis zum Anschlag aufgedreht war. Es war halb 5 Uhr. »Steh auf, wir fahren weg«, sagte mein Vater. »Was riecht hier so komisch?«, fragte ich, als wir zum Auto hasteten. »Wahrscheinlich Merkaptan«, sagte der Chemiker. Er nahm die Autobahn Richtung Innerschweiz, rheinaufwärts. Als wir aus Basel hinausfuhren, begannen gerade die Sirenen zu heulen. Solange wir im Sendebereich der Stadt waren, lief im Autoradio pausenlos die Aufforderung, die Fenster geschlossen zu halten und Kinder nicht auf die Straße zu lassen. Es hatte in der Nacht einen Chemieunfall gegeben. Bei der Sandoz, der viele der riesigen Industrieanlagen am Rhein gehören, waren im Werk Schweizerhalle Behälter mit giftiger Substanz in Brand geraten. Basel lag unter einer stinkenden Wolke, von der niemand wusste, wie giftig sie war. Am späten Nachmittag fuhren wir zurück, nachdem im Radio Entwarnung gegeben worden war. Dann verbreitete sich eine andere Nachricht: Der Rhein sei plötzlich blutrot, die Fische darin tot, sie würden an der Oberfläche schwimmen. Beim Löschen seien große Mengen von Gift ins Wasser geflossen. Der Fluss blieb tagelang rot, die toten Fische trieben bis zur Nordsee. In den Tagen und Wochen nach dem Unfall traf man sich in Basel in großen Gruppen; Schüler und Erwachsene – alle wollten irgendetwas tun. In der Region hatte praktisch jede Familie jemanden, der in der Chemie arbeitete. Ich hatte jetzt richtige Angst. Was wäre geschehen, wenn der Stoff in der Luft wirklich giftig gewesen wäre und geruchlos? Wenn sich das Leben danach nicht mehr normalisiert hätte? Ein halbes Jahr zuvor war in Tschernobyl das AKW explodiert, in der Schweiz hatte man davon natürlich gehört. Aber man ging stillschweigend davon aus, dass man in jedem Migrosmarkt weiterhin ohne Bedenken Gemüse kaufen konnte.

Der Chemieunfall in Schweizerhalle am 1. November 1986 veränderte die Schweiz. Weil er zeigte, dass gegen höhere Gewalt auch die Neutralität nichts hilft. Und auch weil die Schweizer plötzlich böse auf ihre Industrie wurden, die nicht in der Lage war, solche Unfälle zu verhindern. Vor allem aber, weil man sich auf einmal ohnmächtig und verwundbar fühlte. Ein Gefühl, das die Schweizer fast vergessen hatten.

Die Chemiebranche war zu einem der wichtigsten Wirtschaftszweige in der Schweiz geworden. Basel hat die weltweit höchste Konzentration von Pharmafirmen. Heute ist die Novartis in Basel, 1996 aus Ciba und Sandoz fusioniert, der zweitgrößte Pharmazeutika-Hersteller der Welt. Aber durch Fusionen und Umstrukturierungen gingen seit den 80er Jahren auch in der Schweiz sehr viele Arbeitsplätze verloren. Am Ende des Jahrzehnts hatte nur noch ein Drittel aller Schweizer einen Arbeitsplatz in der Industrie. 1970 waren es noch fast 50 Prozent gewesen. Und der Dienstleistungsbranche, in der jetzt fast drei Viertel der Schweizer Arbeitnehmer beschäftigt waren, ging es auch nicht mehr gut. Vor allem dem Tourismus nicht.

Im Winter 2001 macht Jakob Meyer aus Basel wieder einmal Ferien im Engadin. Er spaziert zum Morderatschgletscher in der Nähe von St. Moritz. Als Junge war er hier mit seinem Vater in den Ferien, vor mehr als 50 Jahren. Durch ein weites, karg bewachsenes Tal, das von hohen Felsen umgeben ist, führt ein Weg auf den bläulichen Gletscher zu. Alle 100 Meter steht auf einer Tafel, wie weit es noch ist bis zur Eiskante. Nach einer Stunde kommt Jakob Meyer zu einem Stein mit der Markierung von 1946, dem Jahr, in dem er als Bub hier war. Dann läuft er 20 Minuten weiter, mehr als einen Kilometer, bis er den Gletscher dort erreicht, wo er heute endet. Er kann es kaum fassen, dass die dicke, schrundige Eiszunge, die hier seit der letzten Eiszeit ruhig lag und das Tal formte, in 50 Jahren über einen Kilometer zurückgeschmolzen ist.

Der Schweizer Tourismus hatte schon in den 70er Jahren die ersten Probleme bekommen: Durch die globale Erwärmung stieg die Schneefallgrenze von Jahr zu Jahr höher. 1976 stellte die Gemeinde Urnäsch im Kanton Appenzell als erste eine Schneekanone auf, mit der künstlich erzeugter Schnee auf die Hänge gesprüht wurde. Praktisch alle Bergregionen zogen nach. Geholfen hat es wenig. Wenn die Schweiz schon so teuer ist, wollen die Touristen wenigstens richtigen Schnee. Für Ferienkantone wie

Graubünden, wo jeder zweite Franken direkt oder indirekt durch den Tourismus verdient wird, ist das besonders verhängnisvoll. Die Auslastung vieler Hotelbetriebe in den Bergen liegt heute bei unter 50 Prozent. Tourismusexperten geben nur einem Drittel der Seil- und Bergbahnen Überlebenschancen. Nur ein Viertel aller Schweizer leben heute noch in den Bergkantonen. Seitdem die paar Bauern, die überlebt haben, nicht mehr mit Subventionen erhalten werden, ist ihr Anteil in der Schweiz auf unter fünf Prozent gesunken. Seit 2000 gibt es eine neue Landwirtschaftspolitik, die Bauern bekommen Direktzahlungen statt Subventionen, dafür müssen sie sehen, wie sie mit dem Markt zurechtkommen. Jedes Jahr werden ungefähr 2000 Höfe aufgegeben. Die Jüngeren ziehen in die Agglomerationen der Städte. In der aufkommenden Rezession der 80er Jahre ist ein Drittel der Arbeitsplätze im Baugewerbe weggefallen.

Es gibt auch in der Schweiz nicht mehr unbegrenzt Arbeit. In der Rezession stieg die Arbeitslosigkeit in manchen Regionen bis auf fünf Prozent an. Als Deutscher kann man darüber lachen, aber für die Schweizer ist das fast eine Katastrophe. Wenn der Vater keine Stelle hat, ist es egal, wie viel Tausend anderen es auch so geht. Was hat es da für einen Sinn, Leute ins Land zu lassen, wenn man keine Arbeit für sie hat? Das war lange die logische Folgerung für viele Schweizer, auch darum sträuben sie sich gegen die EU.

Regine Wirsch finanzierte ihr Studium Anfang der 90er Jahre mit Deutschkursen für ausländische Bauarbeiter. Ungefähr ein Dutzend junger Männer, aus Ex-Jugoslawien, Spanien, der Türkei bildeten eine Klasse. Viele waren zu Hause nur drei oder vier Jahre in die Schule gegangen und konnten kaum schreiben. Die Kurse fanden am Abend statt und dauerten mit Pause fast drei Stunden. Moderne Unterrichtsmethoden wie Wörterspiele mit bunten Karten kamen nicht an, das fand Regine schnell heraus. Als sie es dann mit »José, bitte an die Tafel, wie konjugierst du ›sein‹?« probierte, waren die jungen Männer mit Feuereifer bei der Sache. Die Kurse wurden von den Gewerkschaften organisiert, die Bauarbeiter mussten 100 Franken – 83 Euro – pro Kurs selbst zahlen, damit sie nicht schwänzten. Sie kamen, weil man ihnen gesagt hatte, dass sie in der Schweiz bessere Chancen haben, wenn sie die Sprache können. Eine Woche vor Kursende begann die Fußball-WM. Die besten Schüler bildeten eine Delegation und überbrachten Regine auf Deutsch eine schriftliche Anfrage: Ob man die Pause streichen könne und dafür früher Feierabend machen, damit sie Fußball gucken könnten? Regine erzählt diese Geschichte gern. Es sei für sie ein typisches Zeichen dafür gewesen, dass die Bauarbeiter in der schweizerischen Mentalität angekommen waren.

Wenn einer kommt, der wirklich einen Grund hat, dann wird sein Anliegen natürlich geprüft. Daran haben die Schweizer lange festgehalten. Wer alle Bedingungen erfüllt, bekommt selbstverständlich Asyl, die Schweiz hat eine lange humanitäre Tradition. In der Schweiz leben über 20 Prozent Ausländer, damit liegt man acht Prozent über dem europäischen Durchschnitt. Aber für Wirtschaftsflüchtlinge hat man keinen Platz. Es ist den Schweizern suspekt, dass einer sein Land nur verlässt, weil er für sich oder seine Kinder bessere Chancen erhofft. Auch die Schweizer sind früher ausgewandert. Im 19. Jahrhundert haben viele Gemeinden bei den Ortssparkassen Kredite aufgenommen, um den Jugendlichen die Auswanderung nach Amerika oder als Melker nach Brandenburg und Ostpreußen zu ermöglichen. Aber die Schweizer sind nur gegangen, wenn sie sonst verhungert wären. Nicht einfach, weil sie woanders vielleicht ein angenehmeres Leben gehabt hätten. Vieles von dem, was in der globalisierten Welt selbstverständlich geworden ist, können die Schweizer schwer verstehen. Vor allem diejenigen, die noch Eltern und Großeltern in der Aktivdienstgeneration haben. Die Erfahrungen – und die Ideologien –, mit denen sie sich die Welt erklären, stammen aus einer Zeit, die mit der heutigen fast gar nichts mehr zu tun hat. Das zu bemerken ist nicht angenehm. Man versucht dann erst einmal, sich gegen das zu schützen, was von außen eindringt. 1986 lehnte das Stimmvolk den Beitritt zur UNO ab.

    1989 wurde die Schweiz von der Fichenaffäre erschüttert. »Fiche« heißt Akte. Es war herausgekommen, dass ungefähr ein Fünftel der Bevölkerung, vor allem Linke und Intellektuelle, von der Bundespolizei systematisch bespitzelt worden waren, um sie im – nicht näher bezeichneten – Ernstfall vorsorglich inhaftieren zu können. Zu dieser Zeit wurde in der Welt draußen der rumänische Diktator Ceaucescu erschossen, und man munkelte, dass es im Ostblock nicht nur die Geheimpolizei Securitate gegeben hat, sondern in der DDR auch eine Staatssicherheit, die die Einwohner überwachte. Und nun das, in der Schweiz. Geschmackloserweise wurde die Eidgenossenschaft nach Rechnung der Marketingleute in dieser Zeit auch noch 700 Jahre alt, was 1991 mit großem Pomp begangen werden sollte. Intellektuelle und Kulturschaffende riefen zum Kulturboykott auf. Er sollte unter anderem darin bestehen, dass die Künstler öffentliche Aufträge ausschlagen, beziehungsweise zurückgeben. Der Streit, der darüber entbrannte, zeigte, um wieviel mehr es eigentlich ging.

Die jüngere Generation hatte jetzt nämlich die Nase voll von der Schweiz und zwar gründlich. So gründlich, dass sie ihr Land am liebsten abgeschafft hätte. In gewisser Weise wurde das – mit ziemlich großem Erfolg – versucht. 1989 lancierte die »Gruppe Schweiz ohne Armee« (GSoA) eine Volksinitiative, die zum Inhalt hatte, die heiligste Kuh des Landes, die Hüterin der Schweizer Neutralität zu liquidieren. Am 26. November 1989 stimmte mehr als ein Drittel der Stimmbürger an der Wahlurne dafür, die Armee abzuschaffen.

Das erstaunliche Ergebnis war möglich, weil ein paar Stimmen aus Amerika bald auch im Inland immer lauter wurden: Einige Leute fingen auf einmal an, sich für die Vergangenheit zu interessieren; Ende der 80er Jahre lag plötzlich das Thema »Die Schweiz und der Zweite Weltkrieg« in der Luft. Es gab Ausländer und bald auch Schweizer, die nachweisen wollten, dass die Schweiz den Zweiten Weltkrieg gar nicht unbeschadet überstanden hat, weil die Väter und Großväter mit ihren Karabinern an der Grenze standen und eventuell einfallende Deutsche verjagt hätten. Sondern weil der Bundesrat Geschäfte mit dem Hitlerregime gemacht hatte. Immer mehr Schweizern dämmerte, was das bedeutet: Ihr Land hatte sich also praktisch gar nicht neutral gegenüber Hitler verhalten, sondern eigentlich sogar noch Geld durch die Nazis verdient. Denn diese deponierten das von den Juden gestohlene Gold in der Schweiz. Und hatten natürlich keinen Anlass, ihre eigene Bank zu überfallen. Die kritischen Stimmen beharrten auch darauf, dass die Schweizer Tausende von Menschen, die während der Naziherrschaft aus Deutschland zu fliehen versuchten, an der Grenze zurückwiesen, weil der Bundesrat beschlossen hatte, dass die Schweiz nicht jeden aufnehmen kann, Verfolgung hin oder her. Schweizer, die trotzdem Flüchtlinge versteckten oder ihnen sonst irgendwie halfen, wurden dafür hart bestraft. Diese Vorwürfe waren für die Schweizer schwer auszuhalten. Vor allem, weil die kritischen Stimmen nicht mehr verstummten und immer mehr Schweizer mit ihren Zweifeln ansteckten.

1992 lehnten Parlament und Stimmvolk den Beitritt zum Europäischen Wirtschaftsraum EWR, dem Vorgänger der EU, knapp ab. Den Schweizern war zwar klar geworden, dass eine solche Gemeinschaft auch Vorteile hätte, zum Beispiel in der Wirtschaft. Aber es ging ihnen alles viel zu schnell. Und sie hatten jetzt im Innern genug zu tun: Sie mussten Teile ihrer Geschichte neu schreiben. Am 7. Mai 1995 kam das Parlament zu einer Sondersitzung zusammen, in der man des Endes des Zweiten Weltkrieges vor 50 Jahren gedachte. Der damalige Bundespräsident hielt eine vaterländische Gedenkrede und riss die Anwesenden dann jäh mit folgender Passage aus dem Dämmerzustand: »Meine Damen und Herren, ich will aber nicht verhehlen, dass es einen Bereich gab, der sich aus heutiger Sicht der Rechtfertigung durch irgendwelche äußeren Umstände entzieht. Es geht um jene vielen Juden, denen durch die Zurückweisung an der Schweizer Grenze der sichere Tod wartete. War das Boot wirklich voll? Hätte der Schweiz der Untergang gedroht, wenn sie sich stärker für Verfolgte geöffnet hätte, als sie dies getan hat? Haben auch bei dieser Frage antisemitische Gefühle in unserem Land mitgespielt? Haben wir den Verfolgten und Entrechteten gegenüber immer das Menschenmögliche getan? Es steht für mich, meine Damen und Herren, außer Zweifel, dass wir gerade mit dieser Politik gegenüber den verfolgten Juden Schuld auf uns geladen haben. (...) Wir haben damals im allzu eng verstandenen Landesinteresse eine falsche Wahl getroffen. Der Bundesrat bedauert das zutiefst, er entschuldigt sich dafür, im Wissen darum, dass solches Versagen letztlich unentschuldbar ist.« Das hatte man bisher nie so offiziell gehört.

Unter dem äußeren und inneren Druck bildete der Bundesrat 1996 eine »Unabhängige Expertenkommission Schweiz – Zweiter Weltkrieg«. Sie sollte die Verstrickung der Schweiz mit Nazi-Deutschland untersuchen. 1998 begann die Schweizer Regierung, mit der Europäischen Union bilaterale Verträge vorzubereiten. Darin ging es vor allem um Handelserleichterungen und Regelungen im freien Personenverkehr. Im Jahr 2000 stimmte das Schweizer Stimmvolk den bilateralen Verträgen zwischen Schweiz und

EU zu. Im März 2001 kam die Initiative »Ja zu Europa« vor das Volk. Sie forderte, dass der Bundesrat unverzüglich Beitrittsverhandlungen mit der EU aufnimmt. Sechsundsiebzig Prozent der Stimmen waren dagegen, der Bundesrat selbst hatte das »nein« empfohlen. Inzwischen hat die EU massive Schwierigkeiten mit ihrer umständlichen Konstruktion, und die Mitgliedstaaten merken, wie viel Autonomie ihnen abhanden gekommen ist. Damit bewahrheiten sich die Befürchtungen vieler Skeptiker.

Lange dachten die Schweizer bei der »EU« zuerst an »Deutschland«. Weil Deutschland der wichtigste Handelspartner der Schweiz ist, die gleiche Sprache spricht und kulturell derart präsent ist. Auch daher mag ein Teil des inneren Widerstandes gegenüber Europas kommen; weil die Schweizer Identität auch die nachdrückliche Distanzierung zu den Deutschen beinhaltet und man Angst hat, an deren Seite unterzugehen.

Im Herbst des Jahres 2001 hat der Frührentner Fritz Leibacher Streit mit einem Busfahrer, weil er an der Endstation nicht aussteigen will. Zwei Tage später geht Leibacher in das Parlamentsgebäude seines Wohnkantons Zug in der Innerschweiz, bei sich hat er sein Militär-Sturmgewehr und eine Schachtel Patronen. Er geht in den Saal, wo die Kantonsregierung gerade zu einer Sitzung versammelt ist, legt an und schießt auf 20 Menschen. Vierzehn davon sterben sofort oder kurze Zeit später, darunter praktisch die gesamte Kantonsregierung. Im Gebäude deponiert Leibacher einen Brief mit Vorwürfen gegen die »Mafia« des Kantons, dann schießt er sich selbst in den Kopf und ist sofort tot.

In den Wochen nach dem Massaker von Zug diskutierte man in der Schweiz zum ersten Mal, ob es eventuell doch nicht so gut sei, dass jeder wehrpflichtige Schweizer das Gewehr bei sich zu Hause hat. Vor allem war man erschüttert, dass ein solcher Amoklauf in der Schweiz stattfinden konnte. Dass einer so die Beherrschung verliert! Und dann noch andere mit hineinzieht. Das ist nicht die Schweizer Art. Keine vier Wochen später kamen neue, verstörende Schlagzeilen. Die schweizerische Fluglinie Swissair ist Pleite. Praktisch ohne Vorwarnung. Geht als nächstes die Welt unter? Anfang 2002 legte die Expertenkommission des Bundesrates den so genannten Bergier-Bericht vor. Darin wird die Verstrickung der Schweiz mit Nazi-Deutschland aufs Gründlichste durchleuchtet. Der Bericht ist 550 Seiten dick. Und leider stimmt fast alles, was die kritischen Stimmen zuvor gesagt hatten. Schon als sich das abzeichnete, begann die Schweiz mit den Überlebenden des Holocaust darüber zu verhandeln, was mit dem herrenlosen Geld geschehen solle, das seit dem Krieg auf Schweizer Nummernkonten liegt und wahrscheinlich ermordeten Juden gehörte. Der Diplomat Thomas Borer aus Solothurn erledigte diese Aufgabe bravourös. Zur Belohnung wurde er Schweizer Botschafter in Berlin. Zusammen mit seiner tief dekolletierten Frau, einer Amerikanerin, wurde Borer ein Liebling der Berliner Gesellschaft. Er gab sich Mühe, eine moderne, lockere, dynamische Schweiz zu repräsentieren. Borer tanzte mit seiner Frau auf Partys, knüpfte interessante Kontakte in allen Bereichen der Gesellschaft und schien seine Arbeit und sein Leben offensichtlich zu genießen. Eine Überraschung, die den Deutschen gefiel. Den Schweizern jedoch war Borer bald peinlich und auch ein bisschen suspekt. Als eine schweizerische Boulevardzeitung die Möglichkeit hatte, eine angebliche außereheliche Affäre des Botschafters zum Skandal zu erklären, nutzte der Außenminister in Bern die Gelegenheit und berief seinen Botschafter ab. Borers diplomatische Karriere war damit beendet. Das Hauptproblem von Borer war: Die Schweiz, die er repräsentieren wollte, gab es so noch nicht; erst allmählich verwandelt sie sich dorthin. Heute ist Borer von seiner Frau getrennt und man hört von ihm meist nur noch auf den »Vermischten Seiten«.

Im Jahr 2000 löste die deutsche Regierung überraschend ein Abkommen, das sie mit den Schweizern über die Lärmbelastung Süddeutschlands durch den Flughafen Zürich-Kloten geschlossen hatte. Bisher waren die Landebahnen über den nördlich von Zürich gelegenen Schwarzwald angeflogen worden. Die Anzahl der Anflüge überstieg aber die Zahl, die im Abkommen vorgesehen war, und die Gemeinden im Schwarzwald fingen an, gegen den Fluglärm – der nur zum Teil von deutschen Fluggesellschaften verursacht wird – zu murren. Die deutsche Regierung schlug vor, einen neuen Staatsvertrag auszuhandeln. Darin hätte stehen sollen, dass ein Teil der Flieger den Flughafen aus südlicher Richtung anfliegt, also über Schweizer Gebiet, vor allem am frühen

Morgen. Das empfanden die Schweizer als Zumutung, denn südlich vom Flughafen Kloten liegt das Stadtgebiet von Zürich. Das Schweizer Parlament verweigerte den neuen Vertrag. Deutschland verbot umgehend die überzähligen Anflüge über den Schwarzwald. Während die Regierungen und die Flughafenbetreiber weiter verhandelten, formierten sich ein paar Zürcher, die in der neuen Anflugschneise wohnten, und schrieben Drohbriefe. Sie kündigten an, die deutschen Jets über Zürich abzuschießen, den kompromissbereiten Schweizer Verkehrsminister zu töten, und auch die Schwarzwälder, die sich beschwert hatten, bekamen Briefe mit Schweizer Patronen drin. Die eidgenössischen Fluglärmgegner fühlten sich in die Enge getrieben, weil die Deutschen keine besondere Rücksicht mehr nehmen wollten. Viele Schweizer bekamen dadurch den Eindruck, dass Deutschland ihnen die Regeln diktieren will. Im März 2004 verschärften die deutschen Behörden dann noch ohne jede Vorwarnung die Personenkontrollen an der deutsch-schweizerischen Grenze. Offiziell hieß es aus Berlin, dies sei nur die normale Anwendung des Abkommens von Schengen und in Zeiten wie diesen angebracht. »Schengen« regelt EU-weit die Zusammenarbeit der Polizeibehörden, auch die Kontrollen an den Grenzen. Aber die Schweizer ahnten, dass es hier um etwas anderes ging. Die Deutschen erhöhten den Druck, weil sie allmählich die Geduld mit den Schweizern verloren. Unter anderem, weil der Bundesrat sich lange geweigert hatte, ein Abkommen zur Zinsbesteuerung mit der EU zu unterschreiben. Und auch, weil die Schweizer Banken nach wie vor gar nicht daran dachten, das Bankgeheimnis preiszugeben, ohne das die Deutschen besseren Zugriff auf ihre Steuerflüchtlinge gehabt hätten. Die Deutschen konnten es nicht ertragen, dass die kleinen Nachbarn das Tempo selbst bestimmen wollten, mit dem sie ihren Alleingang aufgaben. Deutschland setzte immer rabiater auf Zwangsmaßnahmen. Darum ging es in einigen Fragen plötzlich doch ganz schnell.

Am 1. Juli 2005 trat das Zinsbesteuerungsabkommen mit der EU in Kraft (siehe Kapitel »Warum sind die eigentlich so reich?«). Am 25. September 2005 stimmte das Volk der Teilnahme am Abkommen von Schengen zu. Im Frühjahr 2009 erklärte sich der Bundesrat bereit, in Zukunft Amtshilfe beim Verdacht auf Steuerhinterziehung zu leisten, womit ein wesentlicher Teil des Bankgeheimnisses aufgehoben ist. Der Druck der EU auf die Schweiz ist zu groß geworden, um ihm noch gründlich standzuhalten. Dass damit zu rechnen war, wissen die Schweizer selbst. Aber der Ton, in dem die Forderungen auf einmal gestellt wurden, hat sie verärgert.

Die Frage des Fluglärms wird immer noch verhandelt. Weil die schweizerische Fluggesellschaft swiss 2005 von der Lufthansa übernommen wurde, hat sich die Interessenlage verändert. Jetzt spielt der Flughafen Kloten für die Deutschen plötzlich als internationales Luftkreuz eine Rolle. Die Zürcher Bevölkerung hat sich an die Anflüge gewöhnt und wacht davon nicht mehr auf. Das hat eine Untersuchung ergeben.

Zusammenfassend kann man sagen, dass die Schweiz gerade die härtesten 30 Jahre ihrer jüngeren Geschichte erlebt. Statt der Wehrmacht ist die Realität in die Schweiz einmarschiert – die europäische Realität der Zukunft und die richtiggestellte Realität der Vergangenheit. Sie hat die Eidgenossen kalt erwischt. Bei vielen ist jetzt die spröde Schale geplatzt, und sie reagieren mit etwas, das man »Entschweizerung« nennen kann: Sie verhalten sich anders als bisher, extremer. Das Bedürfnis nach etwas Neuem ist fast so groß wie die Angst davor. Sogar die päpstliche Schweizergarde in Rom muckt neuerdings auf. Im Herbst 2005 beklagte sich ihr Kommandant, dass die Aufgabe der Garde – den Papst zu schützen – immer häufiger von der normalen italienischen Polizei übernommen werde. Vor allem, wenn der Papst in den Alpen Ferien macht. Es gibt Schweizer, die für eine Weile die alte, wehrhafte Eidgenossenschaft der Weltkriegszeit zurück wollten. 2003 machten sie mit Christoph Blocher einen Politiker zum Bundesrat, der versprach, dass das Land sich wieder mehr gegen außen abschotte. In den Parlamentswahlen 2007 wurde Blochers Schweizerische Volkspartei zum zweiten Mal mit fast einem Drittel aller Stimmen zur stärksten Fraktion gewählt. Bis sie vier Jahre später wieder an Zuspruch verlor. Langsam findet das Land zu seinem Gleichgewicht zurück. Viele der Wähler, die zuvor zum Rechtsruck beigetragen haben, brauchten für ein paar Jahre den Trost von einem, der versprach, dass man die Zeit zurückdrehen kann. Ihnen ging einfach alles zu schnell.

Für die Schweizer der mittleren Generation sind die gegenwärtigen Umbrüche am schwierigsten zu verkraften. Ihre Haltung zur Heimat wurde genauso stark vom Mythos des wehrhaften, unab-

In den 90er Jahren beginnen in der Schweiz die Auseinandersetzungen um eine EU-Mitgliedschaft. Es gibt den Wunsch nach einem offenen und toleranten Land, zum Ausdruck gebracht bei einem Konzert nach einer Demonstration 1995 in Zürich gegen die »Aktion Unabhängige und Neutrale Schweiz«.

»Behüt' uns Gott« steht auf dem Joch des Treichlers, der die schweren
Kuhglocken auf einem traditionellen Festumzug hin- und herschwenkt,
um einen Gleichklang zu erzeugen.

hängigen, eigenständigen Landes geprägt wie die ihrer Großeltern. Gleichzeitig haben viele ihre Identität in der Ablehnung dieses Mythos gesucht. Aber das Feindbild wurde so gebrechlich, dass man es nicht mehr ernsthaft bekämpfen konnte. Behelfsmäßig richteten sie sich gegen Christoph Blocher und seine plakativen Forderungen. Bei der Parlamentswahl im Herbst 2007, die wie keine Wahl zuvor von der Person Blochers und der nationalistischen Polemik seiner Partei dominiert war, lag die Wahlbeteiligung bei fast 50 Prozent – so hoch wie seit 1975 nicht mehr. Der Politiker und das überlebensgroße Bild, das er durch seine Aggressivität von sich erzeugen konnte, dienten als Katalysator. Man kam als Schweizer nicht mehr darum herum, eine Position für oder gegen ihn einzunehmen und diese deutlich zu machen. Weil Blocher für eine rückwärts gerichtete, abgeschottete Schweiz steht, mussten die Schweizer in der Auseinandersetzung mit ihm automatisch ihr eigenes Bild von der Zukunft des Landes thematisieren. Darin liegt Blochers politischer Verdienst. Aber nun neigt sich seine Zeit dem Ende zu. Mit ungeschickten politischen Schachzügen demontiert sich der alternde Populist inzwischen weitgehend selbst und seit seiner Abwahl aus dem Bundesrat spielt er im Parlament keine große Rolle mehr (siehe Kapitel: »Die vereinigten Kantone ...«).

Am einfachsten haben es in diesen Jahren des Umbruchs die jungen Schweizer und die mit den ausländischen Eltern. Sie sind die Ersten, die nicht ständig über ihre Sonderstellung nachdenken müssen. Ihnen hat niemand vom Aktivdienst erzählt. Sie haben auch kein Problem mit den Erwartungen, die man als Schweizer so lange an sich selbst gestellt hat. Für sie ist die Schweiz ein ganz normales Land.

In einer, höchstens zwei Generationen werden diese Erschütterungen vergessen sein. Man wird es als ganz selbstverständlich ansehen, dass die Schweiz überall mitmacht, wo sie doch mittendrin liegt. Man wird sich wundern, dass es so lange anders hat gehen können, und ein bisschen stolz darauf sein, dass man etwas von diesen wehrhaften Eigenbrötlern in den Genen hat. Man wird sich gern an die alte Zeit erinnern und sie im Museum besichtigen. Aber als etwas Besonderes wird man sich nicht mehr fühlen und auch von niemandem mehr so angesehen werden. Schade eigentlich. Aber das ist der Einheitspreis für Europäer, und die meisten Schweizer ahnen schon, dass sie ihn zahlen werden.

Mani, Büne und das Theater im Schiff – Kultur und Unterhaltung à la Suisse

>»Intellektuelle Schweizer erkennt man daran, dass sie sich über Schweizer Kulturgut lustig machen, was nicht alle Schweizer lustig finden.«
>*Eva Gesine Baur*

Die Schweizer mögen Kultur. Sie gehen gern ins Museum, lesen viel, schauen sich Filme im Kino in der Originalfassung an, und überall, wo es ein Stadttheater gibt, haben die Leute Theaterabonnements. Die Schweizer unterstützen die Künste in jeder Hinsicht. Wenn, wie Ende der 90er Jahre in Basel, die Stadt kein Geld für einen Theaterneubau locker macht, legen ein paar reiche Damen ohne großes Getue zusammen und lassen den Neubau hinstellen. Weil das keine große Sache ist, bleiben sie anonym. In Zürich gehört es in der besseren Gesellschaft dazu, Verbindungen zum Verwaltungsrat des Schauspielhauses zu haben. Falls man nicht selbst drinsitzt. Künstler durch den Ankauf ihrer Werke zu fördern ist für viele wohlhabende Leute im Land ganz selbstverständlich; auch das Mäzenatentum der gut situierten Bürger in den Städten gehört dazu. Der Basler Ernst Beyeler war einer der renommiertesten Galeristen und Kunstsammler der Welt. Als Mitinitiator rief er 1970 in seiner Heimatstadt die »ART« ins Leben, heute die weltgrößte Kunstmesse. Im Tessin findet jedes Jahr das internationale Filmfestival von Locarno statt. Im Zürcher Diogenes Verlag erscheinen nicht nur die Bücher der bekanntesten Schweizer Autoren, sondern auch die ihrer deutschen Kollegen sowie Übersetzungen internationaler Literatur. Ingrid Noll, Donna Leon, John Irving, sogar Loriot – sie alle werden hier verlegt. Der Schweizer Schriftsteller Adolf Muschg war bis 2006 Präsident der Berliner Akademie der Künste. In der modernen Grafik sind die Schweizer führend. Einheimische Architekten bauen in der ganzen Welt: Mario Botta, Peter Zumthor, Jacques Herzog und Pierre de Meuron. Aus der Schweiz kommen Musiker, Schauspieler, Schriftsteller, bildende Künstler, die es in der ganzen Welt zu Ruhm bringen. Yello, Pippilotti Rist, HR Giger,

Erich von Däniken. DJ Bobo. Der Schweizer Schauspieler Bruno Ganz hat den Hitler gespielt. Für jeden, der in der Welt berühmt geworden ist, gibt es zu Hause noch ein Dutzend Kulturschaffende für den Eigenbedarf. Die nationale Ergänzungsnahrung. Denn hauptsächlich liest man in der Schweiz die gleichen Bücher wie in Deutschland, schaut die gleichen Filme, betrachtet die gleichen Kunstwerke. Das ergibt einen komplizierten Zwiespalt.

Die Schweiz bietet ihren Künstlern einiges. Die Kulturförderung ist solide, die Produktionsbedingungen erscheinen im internationalen Vergleich luxuriös. Es gibt nationale Kulturstiftungen, kantonale Förderinstitutionen, private Initiativen, die die Kultur im Großen und im ganz Kleinen unterstützen. Aber es ist trotzdem nicht einfach, ein Schweizer Künstler zu sein. Wie soll man in der Konsensgesellschaft etwas wirklich Eigenständiges schaffen? Sich selbst befreien und dann noch Leute finden, die dafür Geld bezahlen? Einer der stärksten Antriebe der Schweizer, der tief verankerte Wunsch nach Ausbruch, kann nur zum Teil genutzt werden, weil die Gesellschaft ihn verdrängt hat. Das Publikum verlangt messbare Leistung. Theateraufführungen, die man auch als normaler Mensch versteht, gute Bücher, schöne Filme, anspruchsvolle Werke. Denn das Schweizer Publikum leistet sich den Luxus, an das Gute in der Kunst zu glauben, an das Erbauliche. Das Adjektiv »gut« ist fast immer ein Kriterium, wenn über Kunst oder Kultur gesprochen wird, im Kollegenkreis und in den Medien. Über die Bedeutung von »gut« wird nicht diskutiert. Gut ist, wenn es die anderen auch gut finden. An Experimenten haben durchschnittliche Schweizer kein großes Interesse. Sie mögen es nicht, wenn man hinterher nicht weiß, wie man etwas beurteilen soll. Je schneller man sieht, ob etwas »gut« ist oder nicht, desto besser war der Abend. Ganz schlecht ist, wenn sich jemand provoziert fühlt. Im Winter 2004 stellte der Berner Künstler Thomas Hirschhorn in Paris unter dem Titel »Swiss Swiss Democrazy« aus, finanziert von der schweizerischen Kulturstiftung Pro Helvetia. Weil Hirschhorn in einer Kunstaktion unter anderem ein Bild von Bundesrat Blocher anpinkeln ließ, kürzte der Ständerat der Pro Helvetia die jährlichen Mittel um eine Million Franken.

Für Schweizer Künstler, die dem Anspruch des »Guten« nicht gerecht werden können oder wollen, bedeutet das: Entweder sie brechen völlig aus der Identität der Heimat aus und gehen weit weg, um sich freizustrampeln, oder es gelingt ihnen, die schweizerische Hemmung zu einer eigenen Kunstform zu verdichten. Mit oder ohne Selbstverspottung. Dann ist die Ausstrahlung manchmal so stark, dass gerade dadurch das Publikum im Ausland berührt wird. Musiker wie Stefan Eicher haben das geschafft, Theaterleute wie Christoph Marthaler, Kabarettisten wie Emil Steinberger, Schriftsteller wie Robert Walser oder Friedrich Glauser.

Ein Schweizer Schriftsteller lebt seit vielen Jahren im Ausland, doch für Lesungen ist er regelmäßig in der Schweiz unterwegs; meistens mit der Bahn. Vor kurzem saß er im Abteil einem Gymnasiasten gegenüber. Dieser las in einem Buch von Christa Wolf, das man in der Schule gerade durchnahm. Dem Schriftsteller war ein bisschen langweilig, und er sprach den Gymnasiasten auf das Buch an. Es entstand ein Gespräch, und angeregt von dem offensichtlichen Interesse des Gymnasiasten begann der Schriftsteller immer leidenschaftlicher zu argumentieren. Er mochte das Buch von Christa Wolf nicht, über die Gründe hatte er lange nachgedacht. Der Gymnasiast nickte und schien seiner Argumentation folgen zu können. Selbst sagte er nicht viel. Der Schriftsteller, der sich als solcher zu erkennen gegeben hatte, sah darin eine gewisse Ehrfurcht des Gymnasiasten. Schließlich fanden die beiden noch heraus, dass sie am Wohnort des Gymnasiasten gemeinsame Bekannte hatten. Nach der Lesereise fuhr der Schriftsteller wieder nach Hause. Ein Jahr später hörte er über die gemeinsamen Bekannten durch Zufall wieder von dem Gymnasiasten. Dieser habe sich sehr negativ über den Schriftsteller geäußert. Er habe es vollkommen danebengefunden, wie der damals über das Buch von Christa Wolf gesprochen habe. Richtig abgestoßen habe es ihn, wie der Schriftsteller sich ereifert habe. Zur Kunst könne ja jeder seine Meinung haben, aber es sei doch nicht nötig, sie den andern derart aufzudrängen.

Die Schweizer Literaturszene ist, gemessen an der Anzahl der Einwohner, sehr reich. 2007 fiel die Buchpreisbindung, die Wiedereinführung wurde 2012 abgelehnt. Jede Sprachregion hat eigene Verlage, eigene Protagonisten, ein eigenes Publikum. In der Deutschschweiz gibt es ein paar tote – Frisch, Dürrenmatt – und eine Hand voll lebender Autoren, die es auch im Ausland zu

Ansehen brachten: Peter Bichsel, Urs Widmer, Martin Suter, Melinda Nadj Abonji. Als die DDR noch existierte, bestand auch dort ein Interesse an Schweizer Autoren. Hugo Loetscher, Walter Matthias Diggelmann erschienen in speziellen Ausgaben. Die Bedeutung des deutschen Auslands ist für Schweizer Kulturschaffende sehr groß. Nicht nur wegen des viel größeren Marktes. Darüber wird gern mit der Abkürzung »iDg« gespöttelt – »in Deutschland gewesen«. Wenn einer in Deutschland wahrgenommen wird oder sogar in einem deutschen Verlag veröffentlicht, muss er einfach gut sein. Am besten bringt ein Schweizer Autor sein erstes Werk in der Schweiz heraus, geht dann unter Anteilnahme der Öffentlichkeit für einige Zeit ins Ausland, berichtet in den heimatlichen Zeitungen regelmäßig von seinen Erfahrungen in der Fremde und kommt dann zügig zurück. Wenn er zu lange wegbleibt, kann es passieren, dass er den Stallgeruch verliert. Das hängt davon ab, wie sehr er sich im Ausland mit der Schweiz beschäftigt und als Schweizer erkennbar bleibt. Die Schweizer Literaturszene legt großen Wert darauf, dass ihre Protagonisten nicht übermütig werden. Wenn einer denkt, er könne sich auf den Erfolg etwas einbilden, wird er von der einheimischen Kritik schnell wieder auf seinen Platz verwiesen. Zoé Jenny war ein solches Beispiel. Nach dem überragenden Erfolg ihres ersten Romans ließ sich die blutjunge Baslerin gern umringt von den grauhaarigen Freunden ihres Frankfurter Verlegers fotografieren. Sie berief sich auf Frisch und Dürrenmatt und sagte, in New York würde es ihr besser gefallen. Ihr zweiter Roman wurde von der Schweizer Kritik zerstampft, bevor er in den Buchhandlungen war.

Schweizer Schriftsteller, die vor allem im Inland wirken, müssen trotz des winzigen Marktes nicht um ihr Dasein fürchten. Wenn sie es in die Liga der »guten« Schriftsteller schaffen, können sie von Stipendien, Zeitungsaufträgen und Lesungen meist angenehm leben. Natürlich nicht zu angenehm, weil eine gewisse Beschränkung der Kunst gut tut. Das wissen auch die Schweizer Kulturförderer. Aber auch nicht so schlecht, dass sie sich durch andere Arbeit von der Kunst ablenken lassen müssten. Damit es für die einheimischen Autoren nicht allzu bequem wird, gönnt sich der Betrieb ein paar im Land ansässige Schriftsteller aus dem Ausland; aus dem ehemaligen Ostblock oder aus Deutschland. Sie dienen als Vorbilder: Die sind nicht einmal von hier und schreiben trotzdem gute Bücher, also strengt euch ein bisschen an.

Ein bisschen unzufrieden sind viele Schweizer, wenn es ums Theater geht. Man darf nicht vergessen, dass es im ganzen Land etwa so viele größere Bühnen gibt wie in einer mittleren deutschen Stadt. In einem gesamtschweizerischen Kulturkalender brauchen sie zusammen nicht einmal eine ganze Zeitungsseite. Immerhin hat das Land in Bern und Zürich zwei renommierte Schauspielschulen. Dass es mit der Unzufriedenheit so weit gekommen ist, hängt indirekt mit den vielen Deutschen zusammen, die an den Schweizer Theatern arbeiten. Heute ist es üblich, dass Intendanten, Dramaturgen und Regisseure in ihrer Karriere durch den gesamten deutschen Sprachraum ziehen, um an verschiedenen Theatern ihre Erfahrungen zu machen, auch an Schweizer Theatern. Weil es viel mehr Deutsche als Schweizer gibt, sind einheimische Schauspieler und Regisseure auch zu Hause meist in der Minderheit. Das Problem ist, dass die Deutschen nach Ansicht vieler einheimischer Zuschauer zu wenig Fingerspitzengefühl haben und keine Rücksicht auf die Empfindlichkeiten des Publikums nehmen. Zum Glück gibt es seit den 80er Jahren die Alternativkultur. Daran kann man sich halbwegs orientieren. Wer bürgerlich ist, geht in die Stadttheater. Die Intellektuellen bevorzugen die Spielstätten der Alternativkultur, wo die vielen freien Gruppen auftreten, die es im Land gibt. An einen solchen Ort würden die Bürgerlichen niemals einen Fuß setzen. Bei der Alternativkultur kann man davon ausgehen, dass man nachher verwirrt oder verärgert ist. Leider halten sich die Stadttheater immer weniger an diese Unterscheidung. Das hat den Bürgerlichen schon manchen Theaterabend verdorben.

In den letzten Jahren vor der Matur (dem Abitur) war ein neuer Intendant von Deutschland ans Stadttheater Basel gekommen, Frank Baumbauer. Unser Deutschlehrer war begeistert; praktisch jede zweite Woche verlegte er den Unterricht ins Theater. Ein paar Mal lud er auch die neuen Dramaturgen zu uns in die Klasse ein, um über ihre Arbeit zu sprechen. Die neuen Leute am Theater verwirrten uns. Sie waren noch ziemlich jung, ein bisschen ungepflegt, und wenn sie mit uns redeten, wirkten sie im gleichen Moment kühl, sogar missmutig und sehr leidenschaftlich. Sie waren arrogant und sexy. Einer der neuen Regisseure, Frank Castorf, sollte ausgerechnet den »Wilhelm Tell« von Schiller inszenieren. Dabei war Castorf ein Deutscher, sogar ein Ost-

deutscher. Man merkt, dass die älteren Basler misstrauisch wurden. Auch die Zeitung war skeptisch. Mit dem Deutschlehrer schauten wir uns dann eine Vorstellung an. Viel verstand ich nicht, obwohl wir das Stück natürlich vorher besprochen haben. Es war ein Höllentreiben auf der Bühne. Ein Schauspieler hüpfte in verlumpten Ritterkleidern aus Wolle ungefähr eine Viertelstunde lang auf einem Bein auf der Bühne herum und schrie wie besessen. Als der Hut von Gessler auf die Stange gehängt werden sollte, sah man auf der Bühne nur den Hut. Die Stange war darunter – eine »Stange« im schweizerischen Sinn. Ein Glas Bier. Ich hatte nicht gewusst, dass man im Theater so etwas machen darf. Ich hatte auch keine Ahnung, dass es möglich ist, gleichzeitig intellektuell und albern zu sein. Die meisten Leute in meiner Klasse fanden das zu viel. Aber ein paar bekamen plötzlich ein verschwommenes Gefühl, dass die Deutschen uns etwas voraus haben. Das Beste und Erschreckendste für uns alle war aber, dass mitten in der Vorstellung ein paar ältere Basler Bürger laut schimpfend aufstanden und hinausstampften, und dabei sogar noch die Tür mit aller Kraft ins Schloss knallen ließen.

Als Frank Baumbauer in den 80er Jahren Intendant am Basler Stadttheater wurde, interessierte sich plötzlich die deutsche Fachwelt für das Dreispartenhaus. Bisher war es bei den Einheimischen vor allem wegen des Balletts beliebt. Der langjährige Basler Ballettdirektor Heinz Spörli hatte mit seinen Choreographien und einem Maximum an Tänzerinnen in Tüll-Tutus den Publikumsgeschmack geprägt. In Oper und Schauspiel wurden sanft modernisierte Klassiker und hin und wieder etwas Zeitgenössisches gezeigt. Der letzte Skandal lag lange zurück. 1963 war »Der Stellvertreter« von Rolf Hochhuth aufgeführt worden und am Bühnenrand mussten Polizisten die Schauspieler vor den Prügeln der Zuschauer schützen. Baumbauer zog jetzt auch einen jungen Schweizer Regisseur heran, Christoph Marthaler. Dieser inszenierte Liederabende, in denen gejodelt wurde. Die Basler sind keine Bergler. Sie spürten, dass hier Spott dabei war. Was vielen entging, war, dass hier ein Schweizer der jungen Generation versuchte, sich auf eine neue Art mit den fadenscheinig gewordenen Mythen seiner Heimat auseinander zu setzen. Spott musste man sich als langjähriger Freund und Förderer des Basler Kulturlebens nicht bieten lassen. Die Abonnenten griffen zum Äußersten. Sie kündigten ihr Abonnement. Aber das ließ Baumbauers Leute kalt. Es kamen immer mehr Junge ins Theater. Und das Haus wurde zum Berliner Theatertreffen eingeladen, eine der höchsten Ehren in der Branche. Nach einigen Spielzeiten hatte sich Baumbauer ausgetobt, er zog weiter nach Hamburg, die Besten seiner Leute nahm er mit, und viele Basler atmeten auf. Ein paar Jahre lang ging es im Theater jetzt so zu wie früher. Aber das war plötzlich auch wieder zu langweilig. 1996 versuchte man es mit dem neuen Intendanten Michael Schindhelm. Von ihm wusste man nicht viel, außer dass er aus der DDR kam, gelernter Physiker war und bisher das Theater in Gera geleitet hatte, wo immer das liegen mochte. Leibhaftige Ostdeutsche hatte man in Basel noch nicht viele gesehen, und der erste Eindruck von Schindhelm war nicht schlecht. Aus den Leserbrief- und Podiumsdiskussionsschlachten der Basler über die Zukunft ihres Theaters hielt er sich heraus. Wenn Schindhelm sich überhaupt öffentlich äußerte, dann nur in sachlicher, zurückhaltender Weise. Bald verkündete er sachlich und zurückhaltend, dass er die Ballettkompagnie mitsamt ihrer Tüllröckchen streichen werde. Die Stadt Basel hatte dem ganzen Kulturbetrieb das Budget gekürzt und Schindhelm setzte beim Ballett an. Stattdessen werde es in Zukunft modernes Tanztheater mit wenigen Tänzern geben. Tanztheater konnten die Basler noch nie leiden. Die Ballettfreunde veranstalteten jede Woche eine Mahnwache für die Erhaltung des Basler Balletts. Leider ließ sich gerade ein Ostdeutscher so kurz nach dem Untergang der DDR davon nicht beeindrucken. Seither gibt es in Basel moderneren Tanz, moderneres Schauspiel, modernere Oper. Wenn eine Inszenierung zu unverständlich ist, regen sich die Basler auf und schreiben Leserbriefe, aber im großen Ganzen haben sie sich mit allem abgefunden. Schindhelm zog über Berlin nach Dubai weiter.

Als junger Mann hatte der Schweizer Dramatiker G. einmal gewollt, dass sein neues Stück in Zürich aufgeführt würde. Er ging zum Intendanten eines Theaters und reichte es ein. Der Intendant lehnte ab. Frustriert erzählte G. es seinem Freund M., ebenfalls Schweizer Dramatiker, dessen Stücke regelmäßig aufgeführt wurden. »Du hättest nicht zum Intendanten gehen müssen«, sagte dieser. »Du hättest es mir sagen können, ich hätte es der XY gesagt, deren Mann sitzt im Verwaltungsrat.« Das hatte G. nicht gewusst. Er kannte auch den Begriff »Züriberg« nicht, den M. erwähnte. Dort, am noblen Hang über der Stadt, wohnen die einflussreichen Bürger. Sie verstehen sich. Wenn M., ein anerkannter »Guter«, zur XY vom Züriberg sagt, »Das neue Stück vom G. ist gut«, dann sagt die XY zu ihrem Mann: »Das neue Stück vom G. soll ja gut sein.« Wenn bei der nächsten Verwaltungsratssitzung der Spielplan angesprochen wird, und es fehlt ein Stück von einem Schweizer, sagt XY: »Das Neue vom G. ist gut.« Dann wird es dem Intendanten gesagt, und der will sich einem guten Vorschlag aus dem Verwaltungsrat nicht verschließen. Einmal hat es funktioniert. Leider kamen in dem Stück von G. mehrere riesige Abfalleimer vor, das hatte dramatische Gründe und war auf der Bühne nicht unappetitlich. Aber der Züriberg sagte: »Das mit den Kübeln wäre nicht nötig gewesen.« Wie alle Schweizer fühlt G. sich manchmal von unsichtbaren Mächten bedroht. Das muss nicht unbedingt der Züriberg sein. In einer Demokratie wie der Schweiz sind keine Eliten vorgesehen. Weil es sie trotzdem gibt, bleiben sie unsichtbar. Jeder rechnet mit ihnen, aber man kann sich nichts Richtiges darunter vorstellen. Angsteinflößende, unfassbare Phantome, die nach Gutdünken in den Lauf der Dinge eingreifen. Dann fragt sich G. wieder, wie die meisten Schweizer, ob er nicht einfach nur ein bisschen paranoid ist. Ein Stück von ihm wurde seither in Zürich jedenfalls nicht mehr aufgeführt.

In den 90er Jahren entschlossen sich die Zürcher, wieder einmal etwas für ihre internationale Ausstrahlung zu tun. Sie gewannen dafür einen Sohn der Stadt, Christoph Marthaler, der sich im Ausland einen grandiosen Ruf als Regisseur erarbeitet hatte. Man versprach ihm ein neues Theaterhaus, das er nach Gusto bespielen dürfe – er sollte künstlerischer Direktor des renommierten Zürcher Schauspielhauses werden. Im Herbst 2000 brachte Marthaler seine erste Premiere auf die Bühne der völlig neu gestalteten Schiffbauhalle, die jetzt sein Theater war: der »Schiffbau«. Marthaler machte Spektakel, wie er es in Deutschland perfektioniert hatte – laut, subversiv und jenseits von »Gut« und »Schlecht«. Keiner von seinen Mitstreitern hatte einen Schimmer von Betriebsführung an einem Stadttheater; es interessierte auch niemanden. Marthaler holte Leute wie den Aktionskünstler Christoph Schlingensief als Regisseur nach Zürich, und die einheimische Presse hielt das erwartungsgemäß für einen Skandal. Zunächst waren die Zürcher sehr neugierig auf das neue Theater. Aber bald fanden weite Teile der bürgerlichen Bevölkerung alles scheußlich, was Marthalers Crew ablieferte. Dafür hatte man ihm nicht den teuren Neubau hingestellt. Die Zuschauer blieben daheim, und es kam nicht genügend Geld herein. In der ersten Spielzeit wurde das Haus zum »Theater des Jahres« gewählt, die größte Auszeichnung der deutschsprachigen Szene, aber das beeindruckte den Verwaltungsrat und den kaufmännischen Direktor des Hauses nicht. Das Verhältnis zu den Künstlern wurde so mies, dass sie Marthalers Vertrag 2002 vorzeitig auflösten. Das war jetzt aber doch nicht im Sinn des Zürcher Publikums. Offenbar war bei ihnen etwas in Bewegung gekommen; überraschend stellte sich die Bevölkerung in einer Bürgerinitiative hinter Marthaler, sogar unterstützt von den Medien. Er wurde wieder ins Amt gesetzt. Nur hatte er bald keine Lust mehr. Kurz darauf kündigte er seinen vorzeitigen Abgang an – nach Deutschland. Eine doppelte Schlappe für den Züriberg, aber eine gelungene Vorstellung für die ganze kulturinteressierte Schweiz.

Noch viel lieber als ins Theater gehen die Schweizer ins Kino. Internationale Blockbuster sind oft früher zu sehen als in Deutschland, weil die Verleiher bei den Eidgenossen den Markt testen. Anspruchsvolle Filme aus der ganzen Welt laufen vor allem in den zahlreichen Studiokinos der größeren Städte. Schweizer sind fremdsprachige Filme mit Untertiteln gewohnt. Allerdings wurden 2007 erstmals gleich viele Billette für synchronisierte Fassungen wie für »OmU« verkauft. Das Land hat auch eine eigene Filmszene mit engagierten Filmschaffenden. Aber von Regisseuren wie Dany Levy oder dem verstorbenen Daniel Schmid abgesehen – die für Jahrzehnte teilweise oder ganz im Ausland leben und arbeiten – wird kaum je einer außerhalb der Landesgrenze bekannt. Oft haben Schweizer Filmemacher nicht einmal Gelegenheit, ihre Werke außerhalb ihrer Heimatstadt ins Programm zu bringen. Der Markt ist einfach zu klein. Trotzdem kann man das Filmhandwerk in mehreren Institutionen des Landes auf hohem Niveau erlernen. Wer fertig ausgebildet ist und als Filmemacher kein Auskommen findet, gibt halt Unterricht. An einer der schweizerischen Filmschulen. Als erfolgreichster Schweizer Film aller Zeiten gilt »Die Schweizermacher« von Rolf Lyssy aus dem Jahr

Die Schweizer mögen Kultur. Im Jahr 2000 leisteten sich die Zürcher ein neues Theater – den Schiffbau (o.) – und holten den im Ausland gefeierten Regisseur Christoph Marthaler zurück in die Heimat. Der dankte es seinen Landsleuten auf seine Weise und arbeitete mit Künstlern wie Christoph Schlingensief (u.r.), der 2001 auf Straßenaktionen in Zürich zum Verbot der Schweizer Volkspartei aufrief.

1978. Darin geht es um zwei Einbürgerungsbeamte, die Ausländer prüfen müssen, um herauszufinden, ob sie gut genug sind, Schweizer zu werden.

1999 kam »Beresina oder die letzten Tage der Schweiz« von Daniel Schmid heraus. Der Film spielt in der Gegenwart und erzählt von ein paar alten Männern in Machtpositionen, die sich im Zweiten Weltkrieg verschworen haben. Seither warten sie auf den Befehl ihres Anführers, die Macht im Land zu übernehmen und die Schweiz in eine Monarchie zu verwandeln. »Beresina« ist eine Groteske, die alle Klischees der Aktivdienstgeneration vorführt. Ab einem bestimmten Alter hätte man mit »Beresina« Eltern und Großeltern auf die Palme bringen können. Die Jüngeren haben den Film verrissen. »Vor 40 Jahren mögen Patriotismus und Mittelaltermythen angemessene Zielscheiben von Gesellschaftskritik gewesen sein. Aber nach der erfolgreichen »VerDRS3isierung« des Schweizer Volkes wäre es Zeit, dass sich die gescheiten Leute einmal ein neues Set Feindbilder zulegen«, schrieb ein Journalist in einer Kritik des Filmes. Vom Radiosender DRS 3 wird noch die Rede sein.

Warum syt dir so truurig? Wohl, me gseht nech's doch aa. / Söttet emal öiji Gsichter gseh, wenn der sitzet im Büro / Söttet emal öiji Gsichter gseh, wenn der fahret im Tram // Warum syt dir so truurig? S'geit doch so wi der's weit / Frou u Chind sy doch zwäg, im Pruef geit's geng e chly vorwärts / S'längt doch ou hie und da / Scho für nes chlys Drübery // Warum syt dir so truurig? Förchtet der das, wo chönnt cho? / Aber dir syt doch versicheret gäge die mügleche Zuefäll / Und wenn ds Alter de chunnt heit der e rächtig Pension // Warum syt dir so truurig? Nei, dir wüsset ke Grund // Vilicht, wenn der e Grund hättet wäret der weniger truurig / Mänge, wenn ds Läben ihm wetuet / bsinnt sech derdür wieder dra.

(Warum seid ihr so traurig? Doch, man sieht es euch doch an. / Ihr solltet einmal eure Gesichter sehen, wenn ihr im Büro sitzt / Ihr solltet einmal eure Gesichter sehen, wenn ihr im Tram fahrt // Warum seid ihr so traurig? Es läuft doch so, wie ihr es wollt / Frau und Kinder sind wohlauf, im Beruf geht es immer ein bisschen voran / Es reicht doch auch hie und da / schon für ein kleines Extra // Warum seid ihr so traurig? Fürchtet ihr das, was kommen

könnte? / Aber ihr seid doch versichert gegen mögliche Zufälle / Und wenn dann das Alter kommt, habt ihr eine anständige Pension // Warum seid ihr so traurig? Nein, ihr wisst keinen Grund. Vielleicht, wenn ihr einen Grund hättet, wärt ihr weniger traurig / Mancher, wenn das Leben ihm wehtut, besinnt sich dadurch wieder darauf.)

(Mani Matter: Warum syt dir so truurig?)

Es gibt nur eine Möglichkeit, wie Schweizer Kulturschaffende dem Diktat des Guten und Erbaulichen entkommen können: die Dialektkultur. Dialekt ist immer gut. Nur ein paar Intellektuelle finden die Dialektkultur peinlich. Der Dialekt ist ja ein Grund, warum man als Schweizer im Ausland nicht richtig ernst genommen wird. Das ewige Heidi-Image. Aber Wurzeln im Schweizerdeutsch hat jeder und kann sie nicht leugnen. Darum hat man noch von keinem Intellektuellen gehört, der zum Beispiel Mani Matter nicht gut findet. Mani Matter war Ende der 60er Jahre Mitbegründer der »Berner Troubadours«: eine Gruppe von Liedermachern mit pointierten, poetischen Texten, die sie zur Gitarre vortrugen. Mani Matter war eine Art schweizerischer Reinhard Mey. 1972 kam er, noch keine 40 Jahre alt, bei einem Autounfall ums Leben. Schon früher sind Strömungen der internationalen Unterhaltungsmusik von Schweizer Künstlern aufgenommen worden. In den 30er Jahren gab es eine hartnäckige einheimische Jazz-Szene. In den 60ern war Hazy Osterwald, in den 70ern das »Pepe Lienhard-Orchester« international erfolgreich. In den letzten Jahren fanden Musikerinnen wie Sophie Hunger oder Stefanie Heizmann ein internationales Publikum. Aber musikalisch fallen Schweizer Künstler nur selten durch Originalität auf. Eine Stärke der einheimischen Musiker liegt im Schweizerdeutschen. Musiker, die in ihrem Dialekt singen, klingen stärker und authentischer, als wenn sie es auf Englisch versuchen. Es gab und gibt in der Schweiz Dialekt-Punk, Dialekt-HipHop, Dialekt-Soul. Besonders geeignet ist Schweizerdeutsch aber für Rock. Seit den 70er Jahren beschallte Polo Hofer aus Interlaken das Land mit schweizerdeutschem Bluesrock, bis er 2003 sein Abschiedskonzert gab. In den 80er und 90er Jahren sind Dialektbands wie »Züri West« oder »Patent Ochsner« zu nationalen Superstars geworden.

Beim Radio gab es in der deutschen Schweiz lange nur die öffentlich-rechtliche Anstalt »Schweizer Radio DRS« mit ihren zwei Programmen. DRS 1 war solide und volksnah, DRS 2 solide und hoch kulturell. Wer in der Nähe der deutschen Grenze wohnte, konnte auf SWF 3 Popmusik und flapsige Moderatoren kennen lernen. Als in den 80er Jahren das erste Schweizer Privatradio – initiiert vom späteren Sat1-Chef Roger Schawinski – aufkam, zog DRS in den Kampf um die jungen Hörer. 1983 ging DRS 3 auf Sendung und war eine Sensation. Die Schweizerdeutschen Moderatoren waren dynamisch und witzig, und es wurde Pop- und Rockmusik gespielt. Die Titel auf DRS 3 waren handverlesen, jeden Abend gab es mehrstündige Musiksendungen zu den verschiedenen Sparten. DRS 3 war cool. Das Publikum wurde mit dem Sender älter und die Macher von DRS 3 verloren die Nerven. Panisch fuhrwerkten sie im Programm herum, um jüngere Hörer zu gewinnen. Es wurde nur noch Mainstream-Musik gespielt und die Wortsendungen wurden oberflächlicher oder ganz gestrichen. Die DRS 3-Hörer der ersten Generation sind heute Mitte 40, ihre Wut auf den Verrat ist nie verraucht. Da gibt es in der Schweiz einmal etwas mit Kontur, und dann wird es gleich wieder planiert. Als öffentlich-rechtlicher Dudelfunk hechelt DRS 3 seither den Privaten hinterher. Ab Ende 2012 werden die Radio- und Fernsehanstalten übrigens zusammengelegt: als »SRF« – Schweizer Radio und Fernsehen.

Die Meinungsführerschaft in der Frage, was »gut« ist, beanspruchen aber die Printmedien. Dabei müssen sie gleichzeitig den Ansprüchen der bürgerlichen Hochkultur, den Intellektuellen und der Dialektmentalität gerecht werden. Meist im selben Blatt, oft sogar im selben Artikel. Denn so viele verschiedene Medien gibt es schon zahlenmäßig nicht. Jede Schweizer Stadt und Region hat ihre Tageszeitung, mit der »Neuen Zürcher Zeitung«, dem Berner »Bund« und dem Zürcher »Tages-Anzeiger« sind noch ein paar Überregionale mitsamt Wochenendmagazin »NZZ Folio« beziehungsweise »Tagi-Magi« (Tagesanzeiger-Magazin) auf dem Markt. Ihnen machen seit einigen Jahren Gratiszeitungen wie »20 Minuten« und »Blick am Abend« schwer zu schaffen. Anders als in Deutschland haben sich die dünnen Blättchen, die gratis an die Benutzer des Öffentlichen Nahverkehrs verteilt werden, in der Schweiz durchgesetzt und sind heute die meistgelesenen Zeitungen im Land. Neben den regionalen Tageszeitungen gibt es noch den »Blick« – die Schweizer Bild-Zeitung –, ein paar Wirtschaftstitel, mehrere Sonntagszeitungen und eine Handvoll »Heftli« (Illustrierte). Am beliebtesten ist die »Schweizer Illustrierte«. Hier erfährt man, wie es bei der einheimischen »Cervelatprominenz« zu Hause aussieht. Mit »Cervelatprominenz« werden Schweizer des öffentlichen Lebens bezeichnet, die sich von den Journalisten beim Bad in der Menge beobachten lassen und für die Fotografen auch gern in ein Cervelat – eine beliebte einheimische Wurst – beißen. Das soll ihre Bodenständigkeit beweisen. Ein wichtiger Punkt, wenn man die Sympathien seiner Landsleute braucht. Die Cervelatprominenz setzt sich aus Politikern, Moderatoren des Schweizer Fernsehens und Seriendarstellern zusammen. Ähnlich wie die Mundartkultur dient auch sie als Ergänzung zum Geschehen in Deutschland. An allem, was »im großen Kanton« geschieht, nehmen die Medien regen Anteil, Illustrierte wie »Stern«, »Spiegel« und »Brigitte« sind weit verbreitet.

Dann gibt es noch die Wochenzeitung »WoZ«, das Organ der Schweizer Gegenöffentlichkeit. Die WoZ ist eine Art »taz« im Wochenrhythmus. Die unabhängige Zeitung hat mit der taz nicht nur die chronische Geldnot gemeinsam: Auch die WoZ funktioniert in der Schweizer Medienszene unfreiwillig als Ausbildungsstätte für kritische und hartgesottene Journalistinnen und Journalisten. Sobald sie sich in der linken Zeitung die Wut von der Seele geschrieben haben, lassen sich manche WoZ-Journalisten von bürgerlichen Blättern abwerben. Eine Zeit lang wanderten sie besonders gern zur »Weltwoche« ab. Das wäre heute nicht mehr denkbar.

Die »Weltwoche« wurde 1933 als humanistisch orientierte Wochenzeitung gegründet. Sie war jahrzehntelang der Stolz des Schweizer Journalismus; eine hochkarätige Autorenzeitung mit internationalem Ruf, die schweizerische »Zeit«. In den 80er Jahren verlor sie langsam die Richtung. In den 90ern waren Bedeutung und Abonnentenstamm fast weggeschmolzen. 2002 erlebte das Blatt einen dramatischen Relaunch. Aus der klassischen Wochenzeitung wurde ein modern designtes Magazin. Vor Überraschung bemerkte die Öffentlichkeit nicht, dass die »WeWo« ihre liberale Ausrichtung dabei komplett aufgegeben hatte. Der neue Chefredakteur Roger Köppel, damals Mitte 30, machte etwas sehr Subversives: Er verweigerte sich dem liberalen Konsens seiner Journalistengeneration und vor allem dem Glaubenssatz, der die Intellektuellen des Landes seit über 20 Jahren zusammenhält, nämlich dass der größte Feind einer modernen Schweiz der Politiker Christoph Blocher von der rechtspopulistischen Schweizer Volkspartei (SVP) sei. Köppel wagte es, als Chefredakteur der »Weltwoche« kein Linker, nicht einmal mehr liberal zu sein, und machte sich offen für Blocher stark. Niemand war sich sicher, ob er das aus Überzeugung oder als Provokation tat. Die Schweizer Medienszene erschauerte. Die bisherigen Redaktionsmitglieder und Autoren, die zum Teil mehrere Jahrzehnte lang für das Blatt geschrieben hatten, flüchteten gruppenweise. Die anderen bekamen vom Chef persönlich einen Tritt. Etwas Vergleichbares hatte es noch nie gegeben. Köppel sah aus wie der Redakteur einer Schülerzeitung, aber er benahm sich wie ein Terminator. Er sortierte die neue, rechtskonservative Ausrichtung so geschickt zwischen die »WeWo«-typischen, leicht arroganten Kultur- und Gesellschaftsgeschichten – alles im retrocoolen, klassischen Layout –, dass die Leser wie hypnotisiert dabeiblieben, selbst als sie den Richtungswechsel bemerkten. Neue Leser kamen in Scharen dazu. Vor allem den jungen, städtischen Schweizern erschien sie eine Weile als das Modernste, was der Journalismus jemals hervorgebracht hat. Ein einfacher journalistischer Kunstgriff – so bisher in der Schweiz nicht angewendet – verhalf Köppel zu seinem Erfolg. Wenn alle sagten »Der Himmel ist blau«, fragte er nicht nur »Ist der Himmel eigentlich wirklich blau?«, sondern auch »Wozu brauchen wir eigentlich noch einen blauen Himmel?« Die Freiheit, solche Dinge laut zu denken, war genau das, wonach die jüngeren Schweizer in den Jahren der Verunsicherung lechzten, Leser und Journalisten gleichermaßen. 2004 wechselte Köppel als Chefredakteur zur »Welt« nach Berlin. Dort beeindruckte er niemanden und ging 2006 in die Schweiz zurück. Er erwarb die Aktienmehrheit an der »Weltwoche«, der er seither als Chefredakteur und Verleger vorsteht. In dieser Position versucht er mit Hilfe einiger verbliebener Mitstreiter den endgültigen journalistischen Beweis anzutreten, dass die Schweizer Frauen am besten im Kinderzimmer, die Schweizer Männer am besten in der Schweizerischen Volkspartei und die Ausländer am besten jenseits der Schweizer Landesgrenzen aufgehoben sind. Mit Ausnahme der Deutschen übrigens.

2011 heuerten mehrere ehemalige, rechtskonservativ eingestellte Redakteure der »Weltwoche« bei der vor sich hindümpelnden, lokalen »Basler Zeitung« an. Die Bevölkerung war schockiert. Das Monopolblatt hatte zuvor mehrere Besitzerwechsel erlebt und es gab Hinweise, dass Christoph Blocher finanziell an dem Unternehmen beteiligt sei. Das bestritt der Politiker vehement. Bis er eine finanzielle Beteiligung über seine Tochter 2011 schließlich eingestand – gleich darauf verkaufte er. Das Schicksal des ehemals bürgerlich-liberalen Blatts ist seither offen. Womöglich führen die Auseinandersetzungen über die politische Ausrichtung zu einer stärkeren Profilierung auch im Basler Medienmarkt. Fast gleichzeitig wurde nämlich mit der linksliberalen »Tageswoche« nach über 30 Jahren erstmals eine neue Qualitätszeitung in der zweitgrößten Schweizer Stadt gegründet.

Aber Zeitungen und Zeitschriften als Meinungsmedien sind auch in der Schweiz auf dem Rückzug. Wenn etwas wirklich wichtig ist, liest man es im Internet. Oder es kommt am Abend im Fernsehen. Die Schweiz ist fast vollständig verkabelt oder mit Satellitenfernsehen versorgt. Man guckt dieselben Sendungen wie die Deutschen: auf RTL, Sat 1, Pro 7. Nur manchmal bleiben die Schweizer beim Zappen bei inländischen Programmen hängen. Bei den Privatsendern oder beim öffentlich-rechtlichen Schweizer Fernsehen »SF DRS«. Die Anstalt müht sich in drei deutschsprachigen und je zwei französisch- und italienischsprachigen Programmen sowie einer Anzahl rhätoromanischen Sendungen im deutschsprachigen Programm ab. Mit Information und familienfreundlicher Unterhaltung erfüllt sie ihren Bildungsanspruch. Aber die Schweizer meckern meist, entweder über das Programm oder über die Sprache. Es gibt viele Zuschauer, die in den einheimischen Medien Schweizerdeutsch hören wollen. Aber es gibt genauso viele, denen es extrem auf die Nerven geht, wenn im Fernsehen Dialekt gesprochen wird. Vor allem, wenn es nicht ihr eigener ist. Bei allem, was irgendwie seriös sein soll, wird sowieso Hochdeutsch erwartet. Aber bitte nach Schweizer Art: Zwanzig wird als »zwanzik«, traurig als »traurik« ausgesprochen. Immer wieder beklagen sich Zuschauer in Leserbriefen, wenn sich die elektronischen Medien nicht daran halten. »Die überzeichneten ›-ich‹-Endungen (sechzich, traurich etc.) nerven mich. Ich empfinde sie als penetrant und gekünstelt und absolut unpassend zum Rest, der halt meistens immer noch schweizerdeutsch-hochdeutsch klingt«, schrieb eine Hörerin aus Basel 2002 an eine Programmzeitschrift.

Aber die Zeit ist nicht stehen geblieben im Schweizer Fernsehen, auch wenn Ausländer diesen Eindruck bekommen könnten, wenn sie zufällig in den »Samschtig-Jass« zappen. Seit 40 Jahren überträgt das Schweizer Fernsehen regelmäßig ein Kartenspielturnier, bei dem vier Menschen stundenlang gegeneinander jassen. Der »Samschtig-Jass« ist eine der quotenstärksten Sendungen des Schweizer Fernsehens. Andererseits war auch ein Moderator wie Jörg Kachelmann ein Zögling der Anstalt. Bevor der Meteorologe 2010 wegen des Vorwurfs der Vergewaltigung monatelang in Untersuchungshaft saß, gehörte er zu den beliebtesten Gesichtern. Kachelmann brachte das Infotainment in die Wettervorhersage. Vor allem aber gab er dem Bild der Schweizer in den Medien eine neue Facette. In Deutschland bekam er als Talkmaster eine eigene Show und konnte sich darauf verlassen, dass ihm wegen seines Akzents alles verziehen wird. Bald ging er mit fettigen Haaren und verfilztem Dreitagebart vor die Kamera. Das hätte sich ein Kurt Felix nie getraut. Dieser hätte sich auch nie die Frechheit und den Witz eines Kachelmann erlauben können. Felix stand für die alte Generation, Kachelmann war der moderne Schweizer. Zwischen all den geschliffenen Teutonen stand er als Ausnahme da und hatte Spaß daran. Sich als Ausnahme zu fühlen, daran war man als Schweizer gewöhnt. Man nahm diese Besonderheit sogar mit ein wenig Stolz. Gleichzeitig schämte man sich dafür aber auch ein bisschen. Das hat Kachelmann überwunden. Nach einem monatelangen Gerichtsverfahren, in dem ihm keine Schuld nachgewiesen werden konnte, wurde er aus der Haft entlassen. Aber seine Fernsehkarriere ist beendet und sein Bild des Schweizer Fernsehrebellen wurde von den Geschehnissen weitgehend ausgelöscht. Dennoch war Kachelmann für ein paar Jahre eine Symbolgestalt. Ihre Kultur- und Medienschaffenden wird die Schweiz nämlich noch eine ganze Weile brauchen: als Helfer im Ringen um die Frage, wie man sein Schweizer-Sein ertragen kann in einer Welt, die nicht Schweiz ist.

Vom richtigen Dessert und den falschen Flaschen – Zu Hause in der Schweiz

»Schön, zuhause zu sein«
Motto von Möbel Pfister

Das Leben zu Hause ist in der Schweiz von drei Dingen geprägt. Von der Fähigkeit, es sich schön zu machen, von der Hausordnung und von der Migros. Fremde werden davon vielleicht nie etwas erfahren. Als Schweizer lässt man sie nicht ohne Weiteres ins Haus.

Die Fähigkeit, es sich zu Hause schön zu machen, ist im ganzen Land sehr verbreitet. Die Schweizer geben 1,5 Milliarden Franken im Jahr – etwa 990 Millionen Euro – für die Verschönerung ihrer privaten Umgebung aus. Statistisch gesehen verbrachten sie im Jahr 2003 mehr als die Hälfte ihrer Freizeit mit »Basteln, Handwerken, Werken und Gartenarbeit«. Natürlich hilft das viele Geld bei der Verschönerung. Aber die Freude am Guten und das Talent, Stil zu zeigen, ohne protzig zu wirken, sitzt tiefer. Es hat etwas mit dem Ausdruck »The Beauty of Duty« zu tun – die Schönheit der Pflichterfüllung. Das ist protestantisch: Man erfüllt sein Tagwerk und ist fleißig, dann darf man nachher auch die Früchte genießen. Die Hausordnung schafft die Eckpunkte des häuslichen Tagesablaufs. Sie ist Herzstück eines Mietsverhältnisses und schreibt praktisch alles vor, was in einer Wohnung stattfinden kann. Vor 6 Uhr morgens und nach 10 Uhr abends darf man auf keinen Fall irgendwelche Geräusche verursachen, die der Nachbar hören könnte. Die Schweizer hassen Lärm. Unter Lärm fällt in einem durchschnittlichen Mietshaus auch, wenn einer abends nach zehn noch badet. Das Ein- und Auslaufen des Wassers hört man noch im nächsten Stock – falls man sich zufällig im Badezimmer aufhält und hinhört. Es kommt auch vor, dass Nachbarn darauf hingewiesen werden müssen, die Toilettenspülung in der Nacht bitte nur in Notfällen zu betätigen. Das Rauschen weckt sensible Schläfer auf. Meist ist in der Hausordnung auch noch eine zweistündige Mittagsruhe vorgeschrieben, in der ebenfalls kein Lärm gemacht werden darf – also auch nicht Staub gesaugt oder Klavier geübt. Prinzipiell sind diese Einschränkungen sinnvoll, weil die Häuser oft sehr »ringhörig« (hellhörig) gebaut sind. Wegen der Hausordnung ist frühes Schlafengehen und zeitiges Aufstehen für Schweizer am praktischsten. Dann hat man schon morgens Zeit, sich an der sauber geputzten Wohnung, den schönen Möbeln, den prallen Zimmerpflanzen zu erfreuen. Eventuell kann man auch schon eine Ladung Wäsche »ob tun« (aufsetzen). Falls man mit dem Waschtag dran ist.

Jedes Mehrfamilienhaus im Land hat eine Waschküche. Das hat den Vorteil, dass man als Mieter keine eigene Waschmaschine zu kaufen braucht. Meist hätte sie im Badezimmer sowieso keinen Platz und keine Anschlüsse. Es hat den Nachteil, dass man zum Waschen jedes Mal in den Keller gehen muss. Zur Waschküche gehört ein Trockenraum. Manchmal ist er ein wenig muffig. Er stammt aus der Zeit, als es noch keine »Tömbler« (Tumbler – Wäschetrockner) gab. Es herrscht die Waschküchenordnung. Sie ist die strenge Schwester der Hausordnung. Die Waschküchenordnung ist eine festgelegte Reihenfolge, nach der die Mietparteien die Waschküche und den Trockenraum nutzen können. Es ist möglich, dass man in größeren Häusern nur alle drei Wochen drankommt. Aber da muss man halt organisieren. Den freien Tag auf den Waschtag legen, wenn man viel Wäsche hat. In moderneren Häusern gilt manchmal auch die Kalendermethode: Jeder Bewohner kann sich ein paar Tage im Voraus eintragen. Das ist wichtig, damit man immer weiß, wo der Waschküchenschlüssel ist, und wo man ihn abliefern muss. Und auch, damit man eine Ahnung hat, wem die Wäsche gehört, die eine Viertelstunde nach Beendigung des Waschprogramms noch nicht aus der Maschine genommen worden ist. In der Regel wird sie vorwurfsvoll auf die Maschine gehäuft, wo sie bald staubig und klamm wird. Engagierte Nachbarn werfen die nassen Sachen auch in den bereitstehenden Korb und stellen sie dem Besitzer kommentarlos vor die Wohnungstür.

Dass das Leben zu Hause in geordneten Bahnen verläuft, dazu trägt die Migros viel bei. »Migros« (ausgesprochen: Miigroo) ist eine Schweizer Supermarktkette. Dank der Migros haben Schweizer jederzeit die Möglichkeit, ihre Körper nach neuesten Erkenntnissen der Industrie zu ernähren, sich, ihre Wäsche und ihre Umwelt zu pflegen und die Wohnung mit modernsten Hilfsmitteln blank zu putzen. Die Migros hilft sogar, die Freizeit sinnvoll zu gestalten. 1925 begann der Zürcher Kaufmann Gottlieb Duttweiler, mit ein paar Verkaufswagen in die Dörfer der Umgebung zu fahren, um den vom Sparen erschöpften Hausfrauen Grundnahrungsmittel um etwa ein Drittel billiger zu verkaufen. Das war die Geburt der Migros. Die günstigen Preise waren möglich, weil Duttweiler den teuren Zwischenhandel umging, seine Gewinnspanne auf ein Minimum beschränkte und seine Gewinne durch die Masse zu machen versuchte. Aus den Migros-Verkaufswagen wurden genossenschaftlich organisierte Geschäfte in fast jeder Ortschaft. Heute ist die Migros die größte Einzelhandelskette des Landes. Je nach Größe der Filiale ist das Angebot gestaffelt, vom Dorflädchen mit einem »M« bis zu den großstädtischen Riesenzentren mit drei »M«s. Aber schon die kleinste Filiale sichert eine Grundversorgung mit frischem, meist einheimischem Gemüse, fair gehandeltem Kaffee, vielen Sorten ständig ofenfrischen Brotes und diversem sonstigen Haushaltsbedarf in bester Qualität und ökologischer Unbedenklichkeit. Die größeren Läden führen auch Kleider, Schuhe, Fahrräder, Haushaltselektronik, Sportausrüstung und Bürobedarf. Es gibt auch eine Migros-Bank, Migros-Tankstellen und eine Migros-Clubschule. Dort kann man Fremdsprachen, Blumenstecken oder Rhetorik lernen. Was Duttweiler den Schweizern aber vor allem gebracht hat, ist die im Unterbewusstsein verankerte Überzeugung, dass jeder ordentlich arbeitende Mensch – also jeder Schweizer – das Recht auf eine Grundversorgung mit Luxus hat. Dieser Ausdruck ist natürlich verpönt. Für Schweizer sind das normale Bedürfnisse. Was die Migros nicht führt sind Alkoholika und Zigaretten. Der »Sozialkapitalist« Duttweiler wollte auch erzieherisch wirken. Abgesehen von einzelnen Filialen nahe der Schweizer Grenze hat die Migros nie ins Ausland expandiert. Ihr Erfolgsrezept ist zu schweizerisch, um im Europa der Discounter eine Chance zu haben: Die Migros ist nicht billig. Die Migros ist preiswert. Obwohl sich in den letzten Jahren viele Gewohnheiten verändert haben, sind die Schweizer mental noch keine Schnäppchenjäger geworden. »Ein Produkt für zehn Franken gilt noch immer als fünfmal besser als ein Produkt für zwei Franken«, drückte es ein Schweizer Wirtschaftsfachmann aus. Im Oktober

2005 hat Aldi die ersten vier Filialen in der Schweiz eröffnet. Im März 2009 setzte Lidl mit 13 Filialen nach. Bei beiden unterscheiden sich Läden und Sortiment aber von denen in Deutschland. Wegen der Schweizer Gesetze und Zölle sind Aldi suisse und Lidl auch nicht ganz so billig wie in Deutschland und bieten viele Produkte aus einheimischer Herstellung an. Bisher waren die Konsumenten mit brutal kalkulierten Dumpingpreisen aber nicht richtig zu ködern. Im Grunde wollen Schweizer nicht billig. Sie wollen »reelle Preise«. Und sie wollen profitieren. »Profitieren Sie!«, ist eine häufige Formulierung in der einheimischen Werbung. Die verbreitetste Form von Sonderangeboten sieht so aus, dass man sechs Liter Orangensaft zum Preis von vier Litern oder zehn Kilo »Teigwaren« (Nudeln) für den Preis von sieben Kilo bekommt. Das ist typisch Migros. Damit werden zwei eidgenössische Instinkte angesprochen: Man hat kein Geld zum Fenster hinausgeworfen, und man hat »etwas Rechtes« gekauft. Dass der Großverteiler Qualität bietet, bezweifelt niemand. Zwar tragen fast alle Produkte migros-typische Eigennamen. Aber jeder weiß, dass es meist Markenprodukte großer Hersteller sind, die nur ein anderes Etikett bekommen haben. Mit seinem Konzept sagte Gottlieb Duttweiler seinerzeit den Markenkartellen den Kampf an. Statt »Kaffee Hag« gibt es in der Migros »Zaun«. Das ist lustig, weil »Gartenzaun« auf Schweizerdeutsch »Gartenhag« heißt.

Manchmal fehlt mir das Migros-Gefühl: Es ist alles da, und ich kann alles bezahlen. Die Regale sind immer aufgefüllt, nie ist etwas durcheinander geworfen oder zerfleddert, auch zehn Minuten vor Feierabend gibt es noch warmes Brot. Das Licht ist hell, aber nicht kalt. In der Migros hetzen die Kunden nicht gierig durch die Gänge. Es gibt 20 Sorten verschiedene Teigwaren, Nudeln, Hörnli, Spaghetti, Spiralen, Röhrchen, Stäbchen. Es gibt zehn, fünfzehn verschiedene Joghurts, immer wieder eine neue Sorte, die ich noch nicht kenne, mit Ahornsirup oder Mandarinen, ein Becher kostet nicht einmal einen Franken (0,83 Euro). Die Reisverpackung aus Karton hat an der Seite ein Sichtfenster mit einer Skala, damit ich zu Hause bequem erkenne, wieviel Reis noch in der Schachtel ist. Einschlaftee, der nach Süßholz duftet, die kleinen Salami mit der schwarzen Hülle. Alles zu ganz normalen Preisen. Ich packe die Sachen in die steifen, braunen

Papiertüten, die es in Deutschland nicht gibt, und hole mir an der »Gourmessa«-Theke ein Stück Käsewähe (Quiche) und ein Schinkengipfeli (Blätterteighörnchen mit Schinkenfüllung), beides direkt aus dem Ofen. So günstig bekommt man nirgendwo sonst in der Schweiz einen so guten Imbiss. Ich nehme immer das Gleiche. Mit dem heißen Gebäck im Mund stehe ich den anderen Kunden im Weg herum, weil es keine Tische gibt, und denke, dass die Migros mich versorgt, ohne mich zu bevormunden; bei jedem Produkt kann ich zwischen mehreren Varianten auswählen. Ein Schlaraffenland. Wenn ich nach langer Zeit einen Laden betrete, bekomme ich das Migros-Gefühl sofort. Nach kurzer Zeit kippt es in Überdruss, aber das vergesse ich jedes Mal wieder.

Neuerungen der Lebensmittelindustrie, Erkenntnisse der Ernährungswissenschaft, Innovationen der Verpackungsdesigner finden die Schweizer nach kürzester Zeit in den Migros-Regalen. Ganz unauffällig hat das Unternehmen die Eidgenossen zu professionellen Konsumenten erzogen und gleichzeitig ihr ökologisches Gewissen geformt. Wenn es etwas in der Migros nicht gibt, ist es entweder ungesund, überholt oder deutlich zu affektiert für den Durchschnittsschweizer. Die Migros versorgt das Volk, vor ihr sind alle gleich. Wenn sich der Erfolg des Unternehmens in ein Staatswesen übersetzen ließe, wäre die DDR vielleicht nicht untergegangen. Aber für die Schweizer ist die Migros nichts Besonderes. Dass der Großverteiler sich auch noch kulturell engagiert und jedes Jahr ein Prozent des Gesamtumsatzes via »Migros-Kulturprozent« zur einheimischen Kulturförderung verwendet, nehmen sie mit einem Schulterzucken zur Kenntnis. Lieber meckern sie darüber, dass die Kassiererinnen nur den Mindestlohn bekommen. Die Schweizer geben heute so wenig für Essenseinkäufe aus wie noch nie: 1960 waren es noch 27 Prozent der Haushaltsausgaben; 1999 nur noch sieben Prozent, dazu hat die Migros beigetragen.

Es gibt nur zwei Bevölkerungsgruppen, die nicht wenigstens teilweise in der Migros einkaufen: diejenigen, denen sie zu teuer ist, und diejenigen, denen sie zu billig ist. Die ersteren müssen in die Läden von Discountern wie Denner und Aldi ausweichen. Denner-Läden waren lange trostlos vollgestapelte, von müden Neonröhren knapp erhellte Räume, neben denen ein deutscher Aldi heiter wirkte. Es gab fast ausschließlich Lebensmittel und

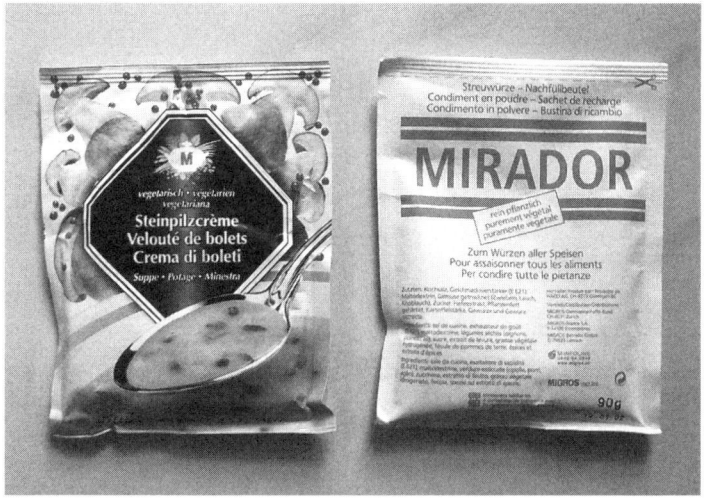

Die Supermarktkette Migros hat die Schweizer ganz unauffällig zu professionellen Konsumenten erzogen. Was es in der Migros nicht gibt, ist entweder ungesund, überholt oder deutlich zu affektiert für den Durchschnittsschweizer. Mit der Migros können sich die Schweizer nach den neusten Erkenntnissen der Industrie ernähren – das »M« garantiert Qualität.

Haushaltswaren unbekannter Marken und nachgemachte Zigarettensorten. Das hat sich in den letzten Jahren etwas geändert. Aber immer schon sah man auch gut angezogene Schweizer mit Denner-»Guggen« (Tüten). Denn der Discounter führt auch eine riesige Auswahl an Alkoholika zu wesentlich günstigeren Preisen als Coop. Coop ist direkter Konkurrent der Migros, verkauft aber auch Markenartikel, Tabak und Alkohol. Denner wurde 2007 von der Migros übernommen. Den Snobs, die lieber öffentlich ihre Kontoauszüge vorlesen würden, als in der Migros oder im Coop gesehen zu werden, bleiben zum »poschte« (einkaufen) nur noch die Feinschmeckerabteilungen der gehobenen Warenhäuser wie Globus – der ebenfalls zum Migros-Konzern gehört – oder Manor. Nordwestschweizer, die in der Nähe der deutschen und französischen Grenze wohnen, können noch ins Elsass fahren, um bei den dortigen Bauern preisgünstiges Fleisch zu kaufen.

Zu Hause verstauen die Schweizer ihre Einkäufe dann in Designschubladen und hochwertigen Einbauschränken. In einer bestimmten, städtischen Schicht werden moderne Möbel gern mit Second-Hand-Teilen ergänzt. Fast in jedem Schweizer Städtchen gibt es ein »Brocki«, ein Brockenhaus. Häufig wird es von einem wohltätigen Verein oder der Heilsarmee betrieben. Schon dadurch unterscheidet es sich von kommerziellen Trödlern in Deutschland. Im Brocki landet vor allem Ware aus Haushaltsauflösungen – oft aus großbürgerlichen Haushalten. Zwischen Plastikramsch und 70er-Jahre-Trash findet man echtes Porzellan, maßgefertigte Herrenhemden, wunderbare Jugendstillampen und ausgefallene Dekorationsgegenstände. Weil der Einkauf von gebrauchter Ware in der Schweiz nur für eine sehr begrenzte Gesellschaftsschicht in Frage kommt, sind die Preise eher symbolisch. Aber auch bei Schweizern, die mit dem Stil der intellektuellen Bohème sympathisieren, darf nur ein Bruchteil der Einrichtung Second Hand sein. Die Grundfesten haben immer Markenqualität: Italienisches Design, Schweizer Handwerk. Teile der Einrichtung selbst herzustellen wagen nur Leute, die es wirklich können. Den Charme des Selbstzusammengehämmerten schätzt man nicht besonders hoch. Kaufen können die Heimwerker ihr Material im »Duidjuself« (»Do-it-yourself« – Baumarkt).

Auch für die Grundversorgung schweizerischer Wohnungen mit Mikrowellen, luxuriösen Espressomaschinen, Entsaftern und

Waffeleisen ist gesorgt. Ständig gibt es irgendwo eine Gelegenheit, beim Kauf eines Haushaltsgeräts zu profitieren. Und sonst ist ja bald wieder »Ausverkauf« (Schlussverkauf). Sehr beliebt sind neuerdings wieder Rabattmarken- und Punktesysteme, mit denen Haushaltsgegenstände zu reduzierten Preisen gekauft werden können. Eine Sammelmarkenaktion von »Coop«, bei der die Kunden hochwertige »Pfannen« (Töpfe) eines angesehenen einheimischen Herstellers günstiger bekamen, führten im Winter 2003/2004 im ganzen Land zu fast tumultuösen Zuständen an den Ladenkassen. Wirtschaftsprofis wollen herausgefunden haben, dass der Markt für Töpfe in der Schweiz auf Jahre hinaus ausgetrocknet ist.

Als ich zur Schule ging, wohnte neben uns eine junge Frau aus Deutschland, mit der ich mich anfreundete. Sie erzählte mir von ihren Männergeschichten, dass einer nicht von ihr loskomme – »Klar, ich kann ja auch gut kochen.« In der Küche warf sie Speckwürfel in einen Topf voll Rahm, ohne sie vorher auszubraten. Die weißen Zwischenwände der Peperoni (Paprika) schnitt sie nicht heraus und den Holzlöffel ließ sie im Topf mitköcheln. Und sie machte tatsächlich das, was man sich gruselnd von den Deutschen erzählte: eine Prise Zucker in die Salatsauce. Sie ärgerte sich, dass man in der Schweiz den abgepackten Käse nicht in entrindeten Scheiben kaufen kann, und aufs Brot strich sie die günstigere Kochbutter, die es in großen Blöcken gab, anstatt die feinere Streichbutter mit der blauen Blume auf dem Papier. »Die ist doch genauso gut.« Das kam mir alles irgendwie barbarisch vor. In meinen Augen hatte sie überhaupt keinen Lebensstil.

Kochen können die meisten Schweizer und Schweizerinnen gut. Bis in die 80er Jahre hinein gab es in vielen Schulen Haushaltsunterricht mindestens als Wahlfach. Eine Schweizer Hausfrau hat ihren Stolz und sie gibt ihn weiter. Wenn sie schon einen Großteil des Tages mit Kochen und Putzen verbringt, dann will sie gute Resultate. Fertiggerichte und Tiefkühlprodukte haben sich in den letzten Jahrzehnten natürlich auch durchgesetzt. Aber die Schweizer legen immer noch großen Wert auf frische, saisongerechte Ware. Die Wege sind im Alltag meist nicht so lang, dass man sich an einer Imbissbude verpflegen müsste. Schweizer essen am liebsten zu Hause. Dort wartet Betty Bossi.

»Betty Bossi« ist eine imaginäre Hausfrau, die 1956 in den Schweizer Alltag trat. Der Nahrungsmittelkonzern »Unilever« wollte eine Margarine und ein Speiseöl in die Läden bringen und erfand für die Reklame eine Kunstfigur, die Haushaltstipps gab. Aus dem Gratisblättchen mit Kochtipps wurde in den 70er Jahren eine Zeitung mit Rezepten, die schnell den Ruf hatten, »idiotensicher« zu sein. Es kamen Betty Bossi-Kochschulen und jährlich mehrere Kochbücher dazu. Heute hat jeder dritte Schweizer Haushalt ein Abonnement der Betty Bossi-Kochzeitschrift. Betty Bossi lehrte die Schweizer, dass man zu Erdbeeren eine Spur Pfeffer geben und pikante Saucen mit einer Prise Zucker raffinierter machen kann. Betty Bossi verdankt man das einfachste und unübertrefflichste Rezept für Engadiner Nusstorte. 2001 stieg der Coop-Konzern bei Betty Bossi ein. Seither werden auch Fertigprodukte unter diesem Namen angeboten. Aber Fertigprodukte passen nicht ins Bild von Betty Bossi. Viele Schweizer fühlen sich von ihr verraten. In Einzelfällen kippte die Popularität auch vorher schon ins Gegenteil: Wenn Schweizer füreinander kochten, und man konnte sich bei jedem Gericht die Seitenzahl zuflüstern, auf der das Rezept steht.

Auswärts essen hat in der Schweiz einen etwas anderen Stellenwert als in Deutschland. Es gibt auch in größeren Orten kaum einfachere Lokale wie Lieblingsgriechen oder -italiener, wo man formlos einkehren kann. Wenn man in der Schweiz essen geht, wird es richtig teuer. Volkstümliche Lokale werben manchmal mit Speisen »à discretion«. Das bedeutet, dass man sich zum Festpreis so oft nachnehmen darf, wie man will, zum Beispiel Fondue Chinoise. Für Käsefondue wurde vor Jahrzehnten in vielen Lokalen mit dem Wort »Figugegl« auf Pappaufstellern geworben. Es bedeutet »Fondue isch guet und git e gueti Luune« (Fondue ist lecker und macht gute Laune) und gilt bis heute. Beliebt ist in urigen Lokalen auch das »Poulet im Chörbli« – ein Grillhähnchen, das auf einer fettigen Papierserviette in einem kleinen Körbchen serviert wird. Das allerschönste daran: Man darf es mit den Fingern essen. Ansonsten legen Schweizer Wert auf Tischmanieren. Dazu gehört auch, dass man in einer Runde erst zu essen anfängt, wenn alle am Tisch einen vollen Teller vor sich haben. Dann wünscht man sich »En Guete«, und es kann losgehen. Wenn es schmeckt, sagt man »Es isch guet«.

Die Schweizer Küche ist »wärschaft« (kräftig) und gesund. Die

Spuren der Armut, in der das Land die meiste Zeit lebte, sind darin wesentlich tiefer als die des neuen Reichtums. Typische Alltagsgerichte sind voller Kohlehydrate: Röschti, Wähen (süße oder salzige Quiches), Gerichte, die je nach Region von Kartoffeln, Nudeln, Reis, Mais oder Kastanien dominiert werden. Auch Gemüse nimmt viel Platz ein, es wird schonend gedünstet und mit Kräutern liebevoll gewürzt. Käse spielt natürlich eine große Rolle. Man kauft ihn offen oder eingeschweißt, aber meist am Stück. Fleisch ist nicht jeden Tag nötig. Es ist fast doppelt so teuer wie in Deutschland. An Werktagen kann es zum Beispiel Geschnetzeltes in Sauce oder ein »Spiessli« sein – ein Holzstäbchen, auf das je ein kleines Stück Schweine-, Rind- und Kalbfleisch, eine zusammengefaltete Scheibe Speck und ein Miniaturbratwürstchen aufgespießt sind. Aus »Cervelats« – kurzen, rosaroten Dampfwürsten – wird mit Zwiebeln und »Cornichons« (Essiggürkchen) »Wurschtsalat« gemacht. Das »Znacht« (Abendessen) besteht auf dem Land manchmal auch aus einem »Café Complet« – (Milchkaffee mit Brot), »Anke« (Butter) und Konfitüre; statt Brot können es zur Abwechslung auch »Gschwellti« (Pellkartoffeln) mit Käse sein. Und am Sonntag gibt es zum »Zmorge« (Frühstück) »Züpfe«: einen zarten, goldenen Butterzopf.

David Merz ist in der Schweiz aufgewachsen, seine Mutter ist eine nordafrikanische Jüdin. Bei seiner Arbeit verliebt sich David in Sonja und sie sich in ihn. Spontan beschließen sie zu heiraten. Sonja stammt aus einer alteingesessenen Familie aus dem Kanton Thurgau. Glücklich über die Nachricht lädt Davids Mutter die Eltern von Sonja zu einem ersten Kennenlernen zu sich nach Hause ein. Mehrere Tage lang bereitet sie zusammen mit ihrer Tochter das Essen vor, ihr Mann kauft guten Wein, um den Anlass zu feiern. Aber Sonjas Eltern sind den ganzen Abend über reserviert, erzählen kaum etwas von sich und scheinen sich sehr unwohl zu fühlen. Jetzt haben Davids Eltern ein komisches Gefühl für die Hochzeit. Erst nach vielen Gesprächen – und nach der Hochzeit – findet Davids Schwester heraus, dass Sonjas Eltern sich von der Einladung völlig überrumpelt gefühlt haben. Das erste Zusammentreffen mit den fremden Leuten hätte ihrer Meinung nach an einem neutralen Ort stattfinden müssen, sie hatten auch schon ein gutes Restaurant in der Nähe ihres Wohnortes im Blick. Aber der Anstand verbot es ihnen, die-

sen Vorschlag zu machen, nachdem Davids Familie ihre Einladung ausgesprochen hatte. Sie fühlten sich in die Enge getrieben. Als Davids Mutter dann auch noch ankündigte, am Tag der Hochzeit den Apéro für die Gäste in ihrem Haus ausrichten zu wollen, platzte Sonjas Eltern der Kragen. Unter einem Vorwand sagten sie ab und stießen erst auf dem Standesamt zu der Festgesellschaft.

Bis für einen Schweizer der richtige Zeitpunkt kommt, jemanden in die Intimität seines Zuhauses einzuladen, kann es Jahre dauern. Deshalb sollte man sie auch auf gar keinen Fall unüberlegt zu sich bitten. Noch schlimmer ist es nur, unangemeldet vor ihrer Tür zu stehen. Das kann ihnen so peinlich sein, dass sie einem nachher aus dem Weg gehen. In manchen Gegenden ist es üblich, dass sich neu Zugezogene den Nachbarn persönlich vorstellen. Wenn diese traditionell eingestellt sind, werden sie es wohlwollend zur Kenntnis nehmen und einen mit Handschlag und Namensnennung willkommen heißen. Aber es ist sehr unwahrscheinlich, dass man auf ein Begrüßungsgläschen spontan in die Wohnung gebeten wird. Hat man es im Haus ausschließlich mit jüngeren Leuten zu tun und zeichnet sich von Anfang an ein gutes Verhältnis ab, könnte man es eventuell mit einem Begrüßungsapéro versuchen – einem kleinen Stehempfang für alle Hausbewohner. Solche Anlässe sollte man aber eine Woche im Voraus ankündigen. Und die Zeit bis dahin nutzen, seine Wohnung blitzblank zu putzen. Es ist auf jeden Fall sinnvoll, mit den Nachbarn gut auszukommen. Das Leben können sie einem überall zur Hölle machen. Aber in der Schweiz haben sie meistens die Hausordnung auf ihrer Seite.

Hans Haldimann kann es nicht leiden, wenn es in seiner Wohnung stinkt. An diesem Abend hat seine Frau Forelle gemacht und die Abfälle in den Kehrichtsack geworfen – Fischgräten gehören nicht in den Kompost. Der Sack war sowieso voll, und obwohl die Müllabfuhr erst übermorgen kommt, entschließt sich Hans Haldimann, den Sack jetzt schon hinunterzustellen. In dem Mäuerchen vom Vorgarten gibt es extra eine geräumige Nische für die Abfallsäcke, damit sie nicht auf dem Trottoir (Bürgersteig) herumstehen. Als er am nächsten Morgen aus seiner Wohnung kommt, stolpert Hans Haldimann über einen Abfallsack.

Über seinen Abfallsack. Den Abfallsack, den er gestern Abend heruntergestellt hat. »Kehrichtabfuhr immer Mittwoch und Freitag – Stocker« steht auf dem Zettel. Die Hauswartsfrau hat den Sack mit dem Lift wieder hochgefahren. Hans Haldimann ist kein Querulant. Aber auf diese Weise muss man ihm nicht kommen. Der Sack riecht schon ein bisschen. Haldimann stellt ihn wieder in die Nische vor das Haus. Am Nachmittag findet ihn Verena Haldimann erneut auf ihrer Fußmatte. Insgesamt wiederholt sich das Spiel dreimal. Jedes Mal schreibt die Hauswartin einen neuen Zettel, auf den dritten Zettel sind mit rotem Filzstift drei Ausrufezeichen dazugemalt.

Die Abfallbeseitigung nimmt in der Schweiz einen festen Platz im täglichen Leben ein. In den 90er Jahren haben die Kantone nach und nach Abfallsackgebühren eingeführt. Kehricht darf seither nur noch in den amtlichen Müllsäcken am Vorabend der Abfuhrtage bereitgestellt werden. Die Säcke kann man überall kaufen. Je nach Größe kostet einer zwischen einem und etwa zehn Franken (0,85 bis 8,50 Euro). In anderen Tüten wird der Abfall von der Müllabfuhr nicht mitgenommen. Das steht auf dem vorgedruckten Zettel, den die Müllmänner auf die zurückbleibenden falschen Säcke kleben. Sinn der Schweizer Abfallpolitik ist, dass jeder Einwohner möglichst wenig Müll macht und das, was anfällt, gründlich trennt. Für Weißblechdosen stehen an praktisch jeder Straßenecke riesige Behälter mit integrierter Dosenpresse bereit. Dort kann man die gereinigten Dosen flachwalzen und kostenfrei entsorgen. Auch für Glas, PET-Flaschen, Karton (Pappe) und Papier sowie Kompost (organische Abfälle) gibt es überall Container, oder die Abfälle werden unentgeltlich abgeholt. Aber nur, wenn sie vorschriftsgemäß bereitstehen. Altpapier und Karton müssen getrennt in genormten Häufchen straff verschnürt am richtigen Tag auf die Straße gestellt werden. Wer den falschen erwischt, muss seinen Packen wieder wegräumen. Den richtigen Termin entnimmt man einem speziellen Kalender. Zur Erleichterung kann man kleine Gestelle kaufen, in denen man die Häufchen ganz einfach zusammenbinden kann. Wer dabei erwischt wird, wie er seinen Abfall in öffentlichen Papierkörben loswerden will, kann mit erbosten Passanten rechnen. Wenn einen die Polizei erwischt, gibt es eine Buße. Im großen Ganzen funktioniert dieses System gut. Die Schweizer sind seit Jahren Weltmeister im

Sammeln und Recyclen von Aludosen, 2005 lag ihre Sammelquote bei 88 Prozent. Ohne Dosenpfand.

Das Bedürfnis nach Ordnung beschränkt sich nicht auf Menschen. Auch für Haustiere gelten Regeln. In vielen Gemeinden riskiert man eine Buße, wenn man seinen Hund auf öffentlichen Grund kacken lässt. An Spazierwegen stehen meist kleine Metallkästen, so genannte Robidogs. Wenn der Hund sich versäubert hat, entnimmt man dem Robidog ein Plastiktütchen, wickelt den Hundekot hinein und wirft das Ganze in den integrierten Eimer.

Die Schweizer legen Wert auf ein gepflegtes Zuhause und eine ordentliche Umgebung, weil sie auf ihr privates Rückzugsgebiet angewiesen sind. Vom alltäglichen Harmonisieren erschöpft, können sie hier einmal wirklich die Tür hinter sich zumachen. Und hoffen, dass nicht wieder Werbeanrufe für Versicherungen oder Zeitungsabonnements die Entspannung stören. Schweizer Haushalte werden in den letzten Jahren unverhältnismäßig stark mit Telefonwerbung traktiert. Wenn die Schweizer dann doch einmal die Kraft haben, Besucher hereinzulassen, wird alles generalstabsmäßig geplant. Man will den Gästen nicht Migros-Ware und Betty Bossi-Rezepte vorsetzen, sondern gibt sich richtig Mühe. Eventuell hat der Eingeladene gefragt »Söllet mir de Dessert mache?« (Sollen wir den Nachtisch machen?). Dann wird es noch komplizierter. Man kann natürlich nicht nein sagen. Aber man kann auch nicht gut fragen, was der andere mitbringen wird. Also muss man sich eine Speisefolge ausdenken, die zu allem passt.

Wenn der Besuch da ist, geht meist alles Schlag auf Schlag. Apéro, Vorspeise, Hauptgang, Dessert, Café, Sali zäme (Tschüss). In der Schweiz wird häufig früh gegessen. Einladungen um 19 Uhr sind keine Seltenheit. Für den Besucher bedeutet das, er kann zwischen 18.58 und 19.03 Uhr klingeln. Gemeinsames Kochen ist eher unüblich. Zu Beginn eines Besuchs werden den Gästen in einer freudigen, aber umständlichen Begrüßungszeremonie zunächst die Mäntel abgenommen und dabei das Gastgeschenk gekonnt übersehen. Dann wird man ins Wohnzimmer gebeten. Jetzt ist der Moment, sein Geschenk zu überreichen. Blumen oder eine Flasche Wein sind Standard, je nachdem auch beides. Bei der Auswahl des Weines ist es völlig unerheblich, ob er zum Essen passt. Wichtig ist, dass er weder zu billig noch zu teuer war. Sobald die Flasche dem Gastgeber übergeben wurde und dieser einen – hoffentlich – beifälligen Blick auf das Etikett geworfen hat, wird der Wein irgendwo verstaut. Unter keinen Umständen werden die Gastgeber ihn an diesem Abend auftischen. Man könnte ja sonst meinen, sie hätten selbst nicht genug eingekauft. Der Wein, den man mitbringt, sollte nicht »Wochen-Hit« beim Coop oder gar aus dem Denner sein. Man kann sich darauf verlassen, dass die Gastgeber die Sonderangebote kennen. Mit süßen Präsenten verhält es sich ähnlich, sie werden an diesem Abend nicht gemeinsam verzehrt. Ausnahme: Die Gäste haben den Nachtisch mitgebracht. Falls man nicht miteinander verwandt oder eng befreundet ist – und nicht in Studentenkreisen verkehrt –, sollte man auf keinen Fall ein selbstgemachtes Dessert dabeihaben. Woher sollen die Gastgeber wissen, ob die Schüssel, in der der Fruchtsalat oder das Tiramisu gebracht wird, sauber war oder ob der andere die Hände gewaschen hat, bevor er die Zutaten für den Kuchen zusammengerührt hat? Sicherer fährt man mit Gebäck aus der teuersten Confiserie in der Gegend oder einer verpackten, aus den Ferien mitgebrachten Spezialität.

Der Abend war eine Katastrophe. Meine Studentenwohnung war so klein, dass der Esstisch nur in der Küche Platz hatte. Die Glasform, in der ich die Lasagne gemacht hatte, zerbrach in zwei Teile, als ich sie aus dem Ofen nahm. Schon beim Salat hatte Jeannine starke Kopfschmerzen. Während des Hauptgerichts – die Lasagne ließ sich gerade noch retten – wurde daraus ein so schlimmer Migräneanfall, dass sie sich auf mein Bett legen musste. Ich saß mit ihrem Freund Peter allein in der Küche und saugte mir ein Gesprächsthema nach dem anderen aus den Fingern. Er meinte zu allem, was ich sagte, das sei »interessant« oder »witzig«, aber er trug kaum etwas zu dem Gespräch bei. Während ich redete, musterte er verstohlen die Plastikfronten der Einbauschränke und die Barbiepuppen, die von meiner Mitbewohnerin an die Kühlschranktür geklebt worden waren. Nachdem wir uns bis zum Dessert gequält hatten – Peter stand immer wieder auf, um nach Jeannine zu sehen – brachen die beiden auf. Das Ganze hatte keine zwei Stunden gedauert. Jeannine entschuldigte sich mit fahlem Gesicht, »ich hätte wohl besser vorher abgesagt«, sie habe schon am Nachmittag Kopfschmerzen gehabt. Als Peter mir zum Abschied die Hand gab, sagte er »Viele Dank, es isch toll gsi« (Vielen Dank, es war toll). Darin war kein Ton

Ironie. Sonst hätte man später vielleicht darüber lachen können. Seit diesem Abend ging Peter mir aus dem Weg. Er wollte nicht an den Reinfall erinnert werden, dem er als Gast ausgesetzt war.

Die Dramaturgie des Abends wird von den Gastgebern Punkt um Punkt abgearbeitet. Schweizer mit Lebensstil werden das diskret und präzise tun. Zwischen den Gängen ist genug Zeit eingeplant, um sich zu unterhalten, das Essen und den wahrscheinlich mit viel Liebe und Geschmack geschmückten Tisch zu loben (Gäste) und die Komplimente abzuwehren (Gastgeber). Als Besucher kann man einiges dazu beitragen, dass sich der Gastgeber im Laufe des Abends entspannt. Indem man rechtzeitig kommt. Indem man rechtzeitig wieder geht. Indem man auf die Aperitif-Frage »Was darf ich euch offeriere?« keine außergewöhnlichen Wünsche äußert, sondern antwortet »Was nehmt ihr?«. Höchstwahrscheinlich ist irgendetwas Besonderes vorgesehen. Außer, wenn man wirklich befreundet oder verwandt ist, sollte man als Gast auf keinen Fall seine Hilfe beim Hinaustragen des Geschirrs oder Auftun der Speisen auf die Teller aufdrängen. Einem pingeligen Schweizer kann es den ganzen Abend verderben, wenn ein Besucher bei ihm dreckige Töpfe und Pfannen gesehen hat. Andere könnten neugierige Blicke als Kontrollversuch missverstehen. Warum will der wissen, wie es bei uns aussieht? Natürlich gibt es auch moderne Bohemiens, die, wenn die Gäste klingeln, noch lässig Gemüse schnippeln und ankündigen »Mer machets hüt ganz en famille« (Wir machen es heute ganz familiär). Aber bei denen ist sowieso fast alles anders.

Wenn man als Schweizer die Mühe einmal auf sich genommen hat, Besuch einzuladen, macht man gern eine kleine Wohnungsführung für die Gäste; vor allem, wenn man in einem eigenen Haus wohnt. Vorsichtshalber entschuldigt man sich vor jedem der piccobello aufgeräumten Zimmer für die Unordnung. Als Besucher reagiert man darauf nicht, sondern lobt stattdessen die Wohnung. Wenn man ein gutes Verhältnis zueinander hat, kann man auch anerkennend nach dem »Zins« (der Miete) fragen. Eine Tür wird höchstwahrscheinlich geschlossen bleiben: die zum »Puffzimmer«. Puff bedeutet in der Schweiz neben Bordell auch »Sauordnung«. Das Puffzimmer ist vor allem in städtischen Wohnungen häufig der Raum, in dem das alte Sofa, der Wäscheständer, das Geschenkpapier und ein paar beim letzten Umzug nicht ausgepackte Kartons stehen.

Nachdem der Punkt »Wohnungsführung« abgehakt ist, gibt es wahrscheinlich den Kaffee. Schweizer Kaffee ist ein Genuss, weil jeder Einwohner über eine hervorragende Espressomaschine verfügt, die ein perfektes »Schümli« (Schaumkrönchen) garantiert. Zum »Kaffi« gibt es einen Grappa oder einen Cointreau, man redet noch ein bisschen, aber dann ist auch schon bald Schluss. Zunächst kaum wahrnehmbar werden die Gastgeber zu verstehen geben, dass der offizielle Teil des Abends für sie jetzt zu Ende ist: ein leichtes Herumrutschen auf dem Sofa, ein unterdrücktes Gähnen, ein spontaner Wechsel des Themas hin zur Arbeit, die bald wieder getan werden muss. Und es wird nicht mehr nachgeschenkt. Gute Gäste sagen jetzt: »Wir müssen jetzt dann gehen.« Die Gastgeber werden beteuern, dass es so überhaupt nicht gemeint gewesen sei. Auf keinen Fall sollte man das missverstehen und sagen, »Gut, dann nähme ich noch einen Kaffee«, sondern zügig aufbrechen. Wahrscheinlich müssen einen die Gastgeber zur Haustür hinunterbringen, weil eine Schweizer Haustür in aller Regel ab 21 Uhr abgeschlossen wird. So steht es in der Hausordnung und oft auch mit mehreren Ausrufezeichen an der Tür selber. An der Tür sollten sich die Gäste noch einmal für den Abend bedanken. Egal, wie er war, man kann sich drauf verlassen, dass die Gastgeber sich größte Mühe gegeben haben. Zurück in der Wohnung haben sie jetzt Gelegenheit, die mitgebrachte Weinflasche in Ruhe zu begutachten und zu kommentieren. Dann werden die Spuren des Abends beseitigt, was das Lüften einschließt. Gelüftet wird in Schweizer Wohnungen auch ohne Besucher mindestens einmal am Tag. In der Zeit, in der das Fenster offen ist, kann man die Geschirrspülmaschine einräumen. Und wenn alles gut läuft, ist sie sogar vor 22 Uhr fertig. Morgen ist wieder ein langer Tag. Man freut sich jetzt schon aufs Nachhausekommen.

I ha di gärn und andere Ekstasen –
Männer und Frauen in der Schweiz

> »Analog zur Situation bei den Frauen ähnelt das Heiratsverhalten der Männer in der Gegenwart weit mehr demjenigen der Männer in der zweiten Hälfte des 19. Jahrhunderts als demjenigen der 68er Generation.«
> *Bundesamt für Statistik, Neuenburg, 1998*

Sein wahres Gesicht zeigt ein Schweizer Mann dann, wenn er in festen Händen ist. Irgendwann fängt er an, seine Freundin in der Öffentlichkeit »Schatz« oder »Müsli« (Mäuschen) zu nennen. Nicht nur die »Bünzli«, die Spießer, tun das. Bei denen kann es allerdings vorkommen, dass sie Ehepartner als »Männli« und »Fraueli« bezeichnen – »Grüess dis Männli vo mir« (Grüß dein Männlein von mir). Soweit geht es nicht bei den coolen Jungen. Aber das Müsli zischt den »Schätzu« auch nicht an. Im internationalen Vergleich machen Schweizer Frauen wohl überhaupt recht selten Szenen. Die Männer könnten damit auch nicht viel anfangen. Leidenschaft ist nicht ihre Art.

Das Schweizerische sieht man Schweizer Männern nicht auf den ersten Blick an. Sie sehen modern aus, gepflegt und gut angezogen. Wenn überhaupt ein Unterschied erkennbar ist, zum Beispiel zu den deutschen Männern, dann am ehesten an der Art, wie sie schauen. Mit aufmerksamen Gesichtern, die nicht von Misstrauen zerfurcht sind. Auf Deutsche wirken Schweizer manchmal auffallend offen, sogar treuherzig. Es geht etwas Braves, Grundgutes von ihnen aus. Oft sogar von denjenigen, die sich Mühe geben, verwegen zu wirken. Zum Beispiel die Generation, die heute Ende 30 ist. Um sie geht es später. Bei vielen Schweizer Männern waren seit jeher Koteletten oder Bärte beliebt, männliches Aussehen überhaupt. Und zwar lange, bevor es in den Metropolen der Welt in Mode kam. Bei den Jüngeren sind die gestylten, windschnittigen Kreationen oft mit einer modischen Brille kombiniert; Gestelle, die aussehen wie aus den fünfziger oder sechziger Jahren. Dieser urbane Schweizerstil, der gleichzeitig modisch und altertümlich ist, sagt: »Wir wissen, dass wir aussehen wie unsere Väter früher. Aber das ist ironisch gemeint.« Aber warum? Richtige Männer sind in der Schweiz nie aus der Mode gekommen. Ebenso wenig wie die Frauen, mit denen sie Pferde stehlen können. Zwar hat 2003 sogar die brave »CoopZeitung« ihren Lesern den »metrosexuellen« Mann vorgestellt. Aber dieser neue Typ, der mit Mascara und langen Haaren seine weiblichen Seiten hervorhebt, wird sich in der Schweiz nie durchsetzen. Er passt einfach nicht zu den Frauen.

Verglichen mit den deutschen Frauen wirken Schweizerinnen manchmal sehr lieb. Vor ihnen muss sich kein Mann fürchten. Sie gucken nicht wie Emanzen. Im Sommer 2003 brachte der »Blick« ein großes Interview mit der damaligen Bundesrätin Micheline Calmy-Rey. Titel: »Die Männer haben Angst vor mir.« Selbstsichere Frauen sind immer noch ein Thema. Um einander zu gefallen, legt man in der Schweiz Wert auf Mäßigung, im Ausdruck und in den Äußerlichkeiten. Man geht regelmäßig zum »Coiffeur« (Friseur) und kleidet sich geschmackvoll und dezent. Die Sachen können günstig oder teuer, flippig oder sportlich sein. Hauptsache, die Gesamterscheinung ist aus einem Guss. Je nach sozialer Schicht darf es bei den Frauen manchmal ein bisschen mehr sein; wer es nötig hat, zeigt halt mehr Farbe, mehr Schmuck, mehr Bein. Aber die Furcht, ordinär auszusehen, bildet eine Grenze. »Primitiv« ist eines der vernichtendsten Attribute, das die Schweizer – und Schweizerinnen – einander anhängen. Wo bei jungen deutschen Frauen eine Weile »Zicke« oder »Luder« auf dem Sommerhemdchen stand, trugen die Schweizerinnen lieber die Aufschrift »Luusmeitli« (Schlingel) oder »Häxli« (Hexchen). Beim andern Geschlecht kommt man in der Schweiz an, wenn man »zwäg« ist. Das bedeutet ungefähr »wohlauf«. Munter, fröhlich und gesund. Wenn man einander »härzig« (niedlich) findet, kann es schon der erste Schritt zu etwas Ernsterem sein.

Das Verhältnis zwischen den Geschlechtern besteht in der Schweiz zur Hälfte aus lockerer Kameradschaft und zur Hälfte aus traditioneller Rollenverteilung. Es wird, zumindest außerhalb der Großstädte, selten vorkommen, dass ein Mann keine Anstalten macht, einer Frau, mit der er unterwegs ist, die Tür aufzuhalten und ihr in den Mantel zu helfen. Wenn sich eine gemischte Runde eine Flasche Wein oder Wasser teilt, wird immer ein Mann die Gläser der Damen nachfüllen. Den einheimischen Frauen wird das nicht besonders auffallen. Und es wird sich sehr selten eine finden, die damit ein emanzipatorisches Problem hat.

Von den Schweizerinnen wird im Gegenzug nicht erwartet, dass sie sich besonders damenhaft oder gar kokett benehmen. Es reicht, wenn sie das normale Maß an Umgangsformen einhalten: nicht vorlaut und nicht kompliziert sein. Im Herbst 2005 hat die »SonntagsZeitung« in städtischen Stilbilderkreisen allerdings mit Entsetzen ein neues Verhaltensmuster von Frauen registriert: »Außen nett und adrett, innen Domina. Sie kommandieren, zicken, nörgeln und stänkern, am meisten über ihre Männer«. Als abschreckendes Resultat wird der 42-jährige Mann einer solchen »Dominette« mit den Worten »Ich putze jeden Samstag die ganze Wohnung« zitiert.

Die Kölner Journalistin Ina Wecker telefonierte bei einer Recherche mehrmals mit dem Tourismusdirektor eines Schweizer Ferienortes. Dabei entstand vor ihrem inneren Auge das Bild eines förmlichen und vielleicht etwas schwerfälligen Mannes in mittleren Jahren. Er lud sie ein, am Tag nach ihrer Ankunft mit ihm zu Mittag zu essen. Am verabredeten Ort hielt Ina Ausschau nach ihrem Gesprächspartner. Zweimal sprach sie stattliche Männer mit Schnauzbärten an, die so aussahen, als könnten sie Tourismusdirektor sein. Beide winkten etwas pikiert ab. Nach einer Viertelstunde kam ein Mann auf sie zu, der schon da gewesen war, als Ina hereinkam. Er war höchstens Ende 30, ein gutaussehender Mann mit modischer Frisur und urbaner Lässigkeit. Er stellte sich als derjenige vor, auf den Ina wartete. Niemals hätte sie diesen windschnittigen jungen Mann mit ihrer behäbigen Telefonbekanntschaft in Verbindung gebracht. Ähnliche Erfahrungen hat sie noch mehrmals gemacht. Es ist für sie immer noch ein Rätsel, warum die Schweizer am Telefon schon in jungen Jahren oft wie ältere Herren klingen.

Mit 16 haben Schweizer Jugendliche den »Jagdschein«: Sexuelle Handlungen sind nicht mehr strafbar. Jetzt wird über den Pimmel, das Schnäbi, das Pfiffli – das weibliche Gegenstück hat auf dieser Sprachebene keinen Namen – nicht mehr nur gekichert, sondern es darf damit das getan werden, was in Schweizer Kontaktanzeigen manchmal »sexle« genannt wird. »Ehe, Sex & Liebesmüh« heißt ein Report, den der Berner Paarberater Klaus Heer 1995 veröffentlichte. Darin ließ er knapp zwei Dutzend Schweizer detailliert ihr Sexualverhalten referieren, eine Art eidgenössischer »Kinsey«-Report. So etwas gab es bis dahin noch nicht. Die Buchhändler trauten sich zuerst nicht, das Buch anzubieten. Erst als die »Schweizer Illustrierte« den Autor mit einer Homestory vorstellte, brach der Damm und sein Buch wurde zu einem Bestseller. Natürlich kamen böse Leserbriefe, weil das Buch so pornographisch sei. Was man darin erfuhr? Beim Sex mögen es die Schweizer urig, aber mit Herz. Und ein bisschen Romantik schadet auch nicht. Die Romantik wünschen sich vor allem die Frauen. Leider sagen sie es den Männern meistens nicht. Auch Schweizer sind in dieser Hinsicht empfindlich. Und gut erzogene Frauen sind es gewohnt, nicht alles »uusezpralaake« (herauszuposaunen).

Myrna ist 29 Jahre alt und lebt in Hamburg. Sie hat einen kleinen Sohn, den sie allein erzieht. Viel Zeit zum Ausgehen bleibt ihr nicht. Als ihre Mutter den Enkel für eine ganze Woche in Obhut nimmt, nutzt Myrna die Gelegenheit und fährt zu Freunden in die Schweiz, nach Aarau. Am ersten Abend lernt sie den Schauspieler Pascal kennen. Ein schlanker, dunkler Typ in ihrem Alter, er gefällt ihr. Myrna hat nicht viel Zeit, sie beginnt, auf Teufel komm raus zu flirten. Pascal steigt ein. Er ist fasziniert von der Direktheit, mit der Myrna – die auch noch sehr hübsch ist – sich für ihn interessiert. Zwei Abende später zieht Myrna sich besonders schön an, stellt eine Flasche Champagner und zwei Gläser in ihrem Zimmer bereit und setzt sich beim Abendessen in der Wohnküche neben Pascal. Es prickelt auf beiden Seiten. Irgendwann, als die große Runde sich langsam auflöst, lädt Myrna Pascal auf ein Gläschen in ihr Zimmer ein. Pascal lässt sich nicht zweimal bitten. »Dann sitze ich da oben, wir stoßen an, ich traue mich und gebe ihm einen zarten Kuss. Er wehrt sich nicht, da berühre ich unter dem T-Shirt seinen Arm. Plötzlich erstarrt er total, stellt sein Glas ab und sagt ›Du, ich finde dich toll, aber ich kann das nicht so schnell.‹« Myrna ist noch immer fassungslos. »Meine Zeichen waren doch deutlich, und er hat mitgemacht.« In ihrer Umgebung ist der Fall klar; wenn man sich mit jemandem aus einer großen Runde zurückzieht, wird es intimer. Für Pascal bedeutete es lediglich, dass er Myrna näher kennen lernen wollte. Dass sie den ersten Schritt machte – und in seinen Augen auch noch viel zu früh – hat Pascal derart erschreckt, dass er sogar seine Höflichkeit vergessen und eine deutliche Ablehnung ausgesprochen hat. Das ist für ihn das Schlimmste an der ganzen Situation.

Schweizer Paare gehen förmlich miteinander um. Jede kleine Alltagsentscheidung wird freundlich hin und her diskutiert. Wollen wir den Aperitif hier nehmen oder lieber woanders, Schatz? Was hättest du gern für eine Sauce zum Salat, Müsli? Ist es dir recht, wenn wir hier parkieren oder möchtest lieber dort drüben? Schweizer Männer sind meistens loyal und aufmerksam. Sie wollen nicht als grobe Klötze dastehen, die den Frauen ihren Willen aufzwingen. Das würde ihnen ein mieses Gefühl geben. Die Frauen verzichten ebenfalls auf Machtspielchen. Es gibt auch in der älteren Generation auffallend viele Männer, die ihre Frauen unterstützen, wo sie können, die ihnen zuhören und sie ernst nehmen – und das gleiche für sich erwarten. Es wäre ein völlig falscher Rückschluss aus der ewigen Geschichte mit dem Frauenstimmrecht – die Schweizerinnen haben es erst sehr spät bekommen (siehe Kapitel »Die vereinigten Kantone von Helvetien ...«) –, dass die Schweizer Männer sich den Frauen grundsätzlich überlegen fühlen. Das hat damit gar nichts zu tun. Es geht nicht um Überlegenheit, es geht um unterschiedliche Aufgaben und Pflichten, die man nach Meinung der traditionellen Schweizer nicht vermischen soll. Die galanten Umgangsformen der Männer enthalten deshalb auch nichts von der unterschwelligen Verachtung des Weiblichen, wie sie in Machokulturen spürbar ist. Schweizer Männer geben den Ton in der Gesellschaft an, weil sie es als ihre Pflicht ansehen. Die Frauen zu beschützen und höflich zu ihnen sein ist ihr Teil der unausgesprochenen Abmachung. Dafür sind die Frauen lieb, ordentlich und unkompliziert. Das funktioniert seit Jahrhunderten. Schon die bäurischen Eidgenossen des Mittelalters wussten, dass sie ohne das Weibervolk nicht weit kommen auf ihren Höfen. Also ist es angebracht, sich den Frauen gegenüber halbwegs gesittet zu benehmen. Dafür konnten sie sich darauf verlassen, dass diese nicht als nutzlose Zicken oder aufmüpfige Luder Haus und Hof vernachlässigen. Zupacken musste eine können, dann war sie interessant. Wenn sie dabei nett und fröhlich war und nicht ständig »uusrüefte« (schimpfte), um so besser. Am besten läuft es halt schon immer, wenn Männer und Frauen am selben Strang ziehen. Das schafft Vertrauen. Denn dort, wo es ernst wird, gibt es für

Ob Hansjoggeli auf der nostalgischen Postkarte seine Freundin auch schon »Schatz« oder »Müsli« (»Mäuschen«) genannt hat, wie das heute üblich ist, bleibt sein Geheimnis. Belegt ist, dass das Heiratsverhalten der Schweizer Männer laut Bundesamt für Statistik heute »weit mehr demjenigen der Männer in der zweiten Hälfte des 19. Jahrhunderts entspricht als demjenigen der 68er Generation«.

Schweizer keine Worte. Über Gefühle redet man nicht. »Ich liebe dich« kann man im Dialekt nicht sagen. »I ha di gärn« (ich habe dich gern) ist das Maximum, was das Schweizerdeutsch in dieser Hinsicht hergibt. »Ich lieb di«, die hilflose Helvetisierung der hochdeutschen Wendung, klingt falsch und nicht von Herzen.

Knapp 70 Prozent der Schweizerinnen sind mit 30 verheiratet. Fast zwei Drittel leben vor ihrem 25. Geburtstag mit einem Partner zusammen. Bei Männern ist das im Durchschnitt zwei Jahre später der Fall. 2005 lag das Durchschnittsalter der Männer bei der ersten Heirat bei 31 Jahren. Mittlerweile wird mehr als jede zweite Ehe wieder geschieden. Davon ist noch die Rede.

Heiraten hängt in der Schweiz noch immer eng mit dem Kinderkriegen zusammen. Und Kinderkriegen hängt eng mit den beruflichen Chancen der Frauen zusammen. Wenn eine Frau ein Kind hat, kann sie die nächsten Jahre für die Karriere praktisch abschreiben. Wenn sie überhaupt arbeiten kann, dann nur Teilzeit. Mit Teilzeit kommt man auch in der Schweiz nicht vorwärts. Also verzichtet sie entweder auf die Karriere oder auf Kinder. Wenn ein Kind kommt, wird geheiratet. Während in Deutschland jedes dritte Kind unehelich geboren wird, ist es in der Schweiz nur jedes zehnte. Wenn das Kind da ist, bleibt die Mutter meistens zu Hause. Mindestens für ein paar Jahre, manchmal für immer. Jetzt ist sie finanziell völlig vom Mann abhängig. Es ist nicht leicht zu verstehen, warum sich Schweizerinnen nicht mehr für ihre berufliche Gleichstellung einsetzen. Vielleicht hat es damit zu tun, dass in einer Gesellschaft wie der schweizerischen »Gleichberechtigung« automatisch immer für beide Geschlechter gilt. Es kommt vielen Frauen komisch vor, sich jetzt derart für die Frauen einzusetzen. Damit sind doch die Männer wieder benachteiligt.

1981 haben die Schweizer für »Gleiche Rechte für Mann und Frau« gestimmt, seit 1989 wacht darüber das »Eidgenössische Büro für Gleichstellung«. Gewalt in der Ehe ist seit 2003 ein Offizialdelikt. In jedem Kanton gibt es Gleichstellungsbeauftragte, diese Stellen können gerechterweise auch mit Männern besetzt werden. Seit 1988 existiert auch ein neues Eherecht. Dort wurde unter anderem die Frage der Namensgebung nach einer Heirat geregelt. Wenn früher Doris Schläpfer den Heini Sonderegger geheiratet hat, hieß sie Doris Sonderegger. Auf dem Papier hieß das Paar Doris und Heini Sonderegger-Schläpfer. Mit dem neuen

Recht konnte das Ehepaar auswählen, wie jeder heißen soll. Selbstbewusste, verheiratete Schweizerinnen bevorzugten die neue Form: Doris Schläpfer Sonderegger. Ohne Bindestrich und bitte beide Namen aussprechen. Heini blieb Heini Sonderegger. Im Herbst 2011 beschloss das Parlament eine neue Regelung: In Zukunft hat ein Ehepaar entweder einen gemeinsamen Familiennamen oder beide Partner heißen weiter so wie als Ledige.

Melanie Gerber ist 34 Jahre alt. Als Gymnasiastin in Basel besuchte sie Kunstkurse, nach der Matur machte sie an mehreren Kunstschulen die Aufnahmeprüfung, ohne Erfolg. Sie beginnt ein Germanistikstudium und hofft, dabei etwas Klarheit über sich selbst zu bekommen. In den Semesterferien macht sie lange Reisen nach Indien und Afrika. Nach dem Abschluss findet sie eine Stelle in der PR-Abteilung eines großen Reisekonzerns. Es ist nicht ihr Traumjob, aber immerhin eine Beschäftigung, und der Lohn ist in Ordnung. In ihrer Freizeit absolviert Melanie auf eigene Kosten eine Weiterbildung in Kunstpädagogik mit der vagen Vorstellung, sich später damit einmal selbstständig zu machen. Seit einiger Zeit lebt sie mit Christoph zusammen, den sie aus dem Gymnasium kennt. Melanie hat mit 32 eine Sinnkrise: Sie kann sich nicht vorstellen, immer weiter so zu leben, aber sie weiß nicht, was sie ändern soll. Den Job im Reisekonzern aufzugeben ist bei der gegenwärtigen Wirtschaftslage riskant. Auch Christoph rät ihr ab. Er versteht ihr Problem nicht richtig. Er kommt gut voran, er hat schon während des Studiums berufliche Beziehungen aufgebaut. Schließlich wird ihm eine Stelle an einer renommierten Wissenschaftsinstitution angeboten. Bei Melanie geht der Rolladen herunter. Ihr ist klar, dass sie mit ihrer bescheidenen Motivation bei einer solchen Karriere nicht mithalten kann. Sie setzt die Pille ab, nach wenigen Monaten ist sie schwanger. Prinzipiell hat sie sich ihre Zukunft immer mit Kindern vorgestellt. Aber trotzdem geht das blöde Gefühl nicht weg, dass sie es nicht geschafft hat, den richtigen Platz für sich zu finden. Christoph ist mit dem Kind einverstanden. Mit der neuen Stelle ist es finanziell kein Problem, wenn Melanie erst einmal ein paar Jahre zu Hause bleibt. Seit das Kind da ist, haben sie häufig Streit. Wenn der Kleine schreit, muss sie manchmal stundenlang mit ihm durch ihr Wohnviertel laufen. Dann bekommt sie eine riesige Wut auf Christoph, weil er den ganzen Tag interes-

sante Menschen trifft. Am Abend ist sie oft völlig leer, und die Wörter bleiben ihr im Hals stecken. Christoph nervt es, wenn sie so einsilbig ist. »*Du hast das Kind doch gewollt, warum beklagst du dich jetzt die ganze Zeit?*«*, fragt er. Immerhin kann sie den ganzen Tag daheim bleiben und hat Zeit für ihre Interessen. Irgendwie hat er sich sein Leben mit Melanie auch anders vorgestellt.*

Die Generation der Schweizer, die um 1970 geboren wurden, macht die größte Bevölkerungsgruppe des Landes aus. Ein überdurchschnittlich großer Teil davon lebt in den Städten, vor allem in Zürich. Es sind die Kinder der 68er. Die Umbrüche der Gesellschaft haben diese Generation lange kaum interessiert. Sie haben sich auch nie richtig mit der Gesellschaft identifiziert, in der sie leben. Das hatten sie nicht nötig, weil es genügend Ablenkung gab. Die New Economy schien eine schmerzfreie Revolution des Alltags ermöglicht zu haben: Alltag und Freizeit sahen plötzlich gleich aus, man konnte leben wie ein Kind und verdiente wie ein Erwachsener. Das Lebensgefühl war cool. Wenn sie jemand fragte, als was sie sich sähen, sagten die Schweizer dieser Generation gern »Europäer«. Das klang modern und verwegen. Es bedeutete, dass sie in London genauso gern einkaufen wie in Paris oder in Mailand. Nach dem Ende dieser Utopie ist das Hauptproblem der heutigen 40jährigen, dass alle Veränderungen auf einmal gekommen sind. Die Haare fallen aus, die Kosmetikerin teilte plötzlich Pröbchen »für die reife Haut« aus, gerade, als man allmählich mal sesshaft werden wollte, eine Stelle suchen, bei der man das Gefühl hat, sie sei kein Kompromiss, und vielleicht eine coole Familie gründen. Mit einem Schlag war man nicht mehr richtig jung, auch wenn man sich immer noch so anzog. Irgendwie hatte man alles versäumt, was früher mit 35 längst erledigt war: sich zu einem Beruf bekennen, für oder gegen eine Familie entscheiden, ein paar Werte aussuchen, mit denen man sich in Zukunft identifizieren will. Einen Partner finden. Jetzt musste alles Schlag auf Schlag gehen: schwanger werden, Job aufgeben, sich wie ein Erwachsener benehmen. Ohne eine selbstentwickelte Vorstellung vom Erwachsenenleben mussten die urbanen Enddreißiger auf das zurückgreifen, was sie noch aus der Kindheit im Hinterkopf hatten. Von Eltern, Großeltern und den anderen Bünzli. Sie fingen an, sich in der Öffentlichkeit »Schatz« und »Müsli« zu nennen, der

Mann bringt das Geld nach Hause und die Frau kümmert sich um den Haushalt. Die Turnschuhsammlung veraltet langsam im Bastelraum. Aus der In-Crowd wurden Neobünzli. Die Schweiz der Eltern hat sie eingeholt, und sie haben es nicht einmal gemerkt. Den anderen geht es ja genauso.

In den privaten Beziehungen wird die Zerrissenheit der Schweizer Gesellschaft im Moment sehr deutlich. Über die Hälfte aller Ehen geht kaputt. Offenbar fühlen sich die Schweizer in ihren Gesellschaftsstrukturen nicht mehr wohl. Aber sie kommen nicht dazu, etwas Neues an deren Stelle zu setzen. In einer Gesellschaft, die sich darauf geeinigt hat, dass Konflikte schlecht sind, kann man auch nicht viel experimentieren. Es existieren in der Schweiz gegenwärtig kaum Vorstellungen, wie das Verhältnis der Geschlechter in Zukunft aussehen könnte. Niemand weiß, wo man die modernen, gut ausgebildeten Frauen – und auch die Männer, die offen für etwas Neues wären – zusammen unterbringen könnte. So, dass auch Kinder Platz haben. Das Idealbild von Familie, das immer noch gilt, stammt aus einer völlig anderen Zeit. Ende 2003 brachte die »NZZ am Sonntag« einen Artikel über die Ehen der damaligen Schweizer Bundesräte. Wie ihre heutigen Kollegen sind diese praktisch ausnahmslos seit jungen Jahren mit dem gleichen Partner verheiratet, manchmal mehr als 30 Jahre. Politiker wie Gerhard Schröder oder Joschka Fischer, die schon x-mal geschieden sind, würden die Schweizer nicht wählen, heißt es in dem Artikel. Politiker sollen Vorbilder sein. Die Schweizer Vorbilder leben wie die Eltern oder Großeltern der Enddreißiger. Solche Vorbilder sagen: Wenn eine Frau 30 Jahre im Hintergrund ackert und dem Mann den Rücken freihält, dann funktioniert es eben. Die jungen, gut ausgebildeten Frauen haben ein schlechtes Gewissen, weil sie arbeiten oder sind frustriert, weil sie zu Hause bleiben. Die Männer sind genervt und fühlen sich als Versager, wenn die Ehe zerbricht.

Der Kompromiss sieht im Moment so aus, dass die Schweizer Mütter, falls sie nicht ganz zu Hause bleiben, Teilzeit arbeiten. Damit haben sie ihre Ausbildung nicht umsonst gemacht, vernachlässigen die Kinder nicht und fahren den Männern karrieremäßig nicht an den Karren. In den letzten Jahren ist vor allem das Selbstbewusstsein derjenigen gewachsen, die gerne zu Hause bleiben. Sie wehren sich gegen ihre Abwertung als unemanzipierte Hausmütterchen, die manche in der Gesellschaft wittern.

Moderne Schweizer Hausfrauen sehen sich als »Familienmanagerinnen« und wollen in diesem Beruf auch anerkannt werden. Aber die Sache mit der Gleichberechtigung kommt nicht richtig voran. Der »Dritte Bericht zur Gleichstellung von Mann und Frau«, den das Bundesamt für Statistik Ende 2003 herausgegeben hat, zeigt, dass Frauen in der Schweiz gerade mal in zwei Bereichen statistisch nicht im Nachteil sind: Sie werden älter, und sie kommen seltener mit dem Gesetz in Konflikt.

Es ist nicht so, dass die Schweizer gern Neobünzli sind. Auch die Älteren lieben das Brave und Biedere meistens nicht. Wenn Schweizer unter sich sind, spotten sie obsessiv über das »Bünzlitum«. Aber die Beziehungen zwischen Mann und Frau sind kein Thema für die Öffentlichkeit. Wenn etwas nicht funktioniert, ist das Privatsache.

Im Geheimen sehnen sich viele Schweizer nach etwas ganz anderem, nach einem Leben voller Glamour und Weite, nach Nervenkitzel und Unvernunft, vielleicht auch nach einem Partner, der einen in Bestform bringt. Vielleicht ein bisschen wie Thomas Borer, der 1999 als Schweizer Botschafter in Berlin anfing und Schlagzeilen machte: Seine Frau Shawne Borer-Fielding trat in bunten Roben auf Empfängen und Bällen auf, und er schritt solidarisch hinter ihr her. So bekam er genügend von ihrem Glanz ab. Für die Schweizer musste das aussehen, als ob er seine Männerpflicht vernachlässigt. Er ließ zu, dass die Frau sein Bild in der Öffentlichkeit dominierte. Viele Schweizer hätten von Anfang an sagen können, dass das nicht gut geht mit dem Borer und seiner Shawne, die heute in Scheidung leben und sich im Rechtsstreit um die Kinder massakrierten. Ein Schweizer Ehepaar verbreitet keinen Glamour, schon gar nicht in einem öffentlichen Amt. Und wenn doch, dann muss es doch nicht gerade eine amerikanische Schönheitsprinzessin sein, oder? Es geht doch auch ein paar Nummern kleiner. Warum nicht zum Beispiel – eine Deutsche?

Schweizer Männer haben recht gute Karten bei deutschen Frauen. Ihr Understatement, die Zurückhaltung, die Umgangsformen machen sie für manche fast so anziehend wie Engländer. Diese unwiderstehliche Schüchternheit beim Sprechen. Und der naturgegebene Reichtum stört ja auch nicht. Umgekehrt hält sich die Faszination in Grenzen. Eine Frau, die perfekt Hochdeutsch spricht, wirkt an sich schon auf viele Schweizer abschreckend.

Sichtbares Selbstbewusstsein aphrodisiert sie meistens auch nicht besonders. Etwas leichter haben es vielleicht noch die Bayerinnen mit ihrem Dialekt und die Frauen aus Sachsen und Thüringen. Doch dazu später. Die Libido der Schweizerinnen geht manchmal einen anderen Weg. Zwar sind auch sie im Alltagsleben eher abgestoßen von Typen, die als Draufgänger auftreten. Aber es kann vorkommen, dass sie einen Deutschen im Geheimen ziemlich erotisch finden. Die Selbstsicherheit, das Zupackende gefällt ihnen. Dahinter stehen keine devoten Phantasien. Es ist eine nette Abwechslung zu der braven Kameradschaft mit den Landsmännern. Wenn ein Deutscher dann auch noch groß ist und teutonisch aussieht, kann er unter Umständen auf den Exotenbonus setzen. Ob daraus etwas Ernstes wird, ist eine andere Frage. Denn eine Frau, die sich mit einem »Schwoob« einlässt, kann je nach persönlichem Umfeld starken Erklärungsbedarf bekommen. Wenigstens wenn es sich um einen herkömmlichen Westdeutschen handelt. Seit Jahren lässt sich aber ein neues Phänomen beobachten: In der Liebe läuft es gut zwischen Schweizern und Ostdeutschen.

Es ist auffällig, wie viele Schweizerinnen und Schweizer sich mit einem Partner aus der ehemaligen DDR zusammengetan haben. Das kann kein Zufall sein. Vielleicht spielte es eine Rolle, dass die Ostdeutschen genau wie die Schweizer darauf geeicht sind, sich in soziale Gruppen zu integrieren. Beide sind in einem kleinen Land mit engen Regeln aufgewachsen. Dass die einen freiwillig brav sind und die anderen sich einer Diktatur gebeugt haben, ist nebensächlich. Wichtiger ist das Feindbild, das sie lange verband: der »Sauschwoob« alias »Besserwessi«. Jetzt stillen die Ostdeutschen den Schweizern das Fernweh, weil sie aus einem fernen, vergangenen Land kommen. Die Schweizer sind für die Ostdeutschen Wesen aus dem Paradies; sie verkörpern ein überschaubares, sicheres Land, wo man gleichzeitig frei ist und alles funktioniert. Zu der gefühlten Ähnlichkeit kommen die erotischen Gegensätze. Die Einfühlsamkeit und Ausdauer, die den Ostmännern beim Sex nachgesagt wird – und dass sie trotzdem zupackend sind –, kommt den bodenständig-romantischen Schweizerinnen entgegen. Die Unverkrampftheit und Lockerheit, die die Ostfrauen im Bett haben sollen, ermutigt die Schweizer Männer. Schweizer und Ossis, das muss einfach passen.

Martin und Raik lernten sich im Internet kennen. Beide waren auf ein kurzes Abenteuer aus. Aus dem virtuellen Date wurde schnell eine Freundschaft und schließlich eine große Liebe. Raik stammt aus Eberswalde und war direkt nach der Wende in die Schweiz gekommen, wo er in einem Museum Arbeit gefunden hat. Martin war nach Jahren im Ausland wieder in seine Heimatstadt Bern zurückgekehrt. Dort haben sie zusammen eine Wohnung bezogen. Die Schweiz hat Raik von Anfang an gefallen. Zuerst ist er sich zwar oft dumm vorgekommen, weil es für ihn so aussah, »als ob jede Klofrau drei Sprachen spricht«. Aber er hat auch gemerkt, dass die Leute ihm gegenüber keine Vorurteile hatten wie die Westdeutschen. Raiks Freund Martin mag die Deutschen nicht besonders, er fühlt sich von ihnen immer schnell bevormundet. Er steht gern im Mittelpunkt mit seinen Geschichten, und wenn ein Deutscher in der Runde dabei ist, hat er immer das Gefühl, der versucht, ihm das Wasser abzugraben. Du bist natürlich eine Ausnahme, sagt er immer zu Raik – du bist ja kein richtiger Deutscher. Raik lächelt dann. Er muss nicht immer zu allem seinen Kommentar abgeben.

Für Homosexuelle war die Schweiz einmal eine Oase. Während im Deutschland der Nazizeit die Schwulen in den Konzentrationslagern ermordet wurden, schuf die Schweizer Regierung 1942 nach schweren Diskussionen den Strafrechtsparagraphen ab, der gleichgeschlechtliche sexuelle Beziehungen generell unter Strafe stellte. In den Jahren des Zweiten Weltkrieges war Zürich deshalb ein Fluchtpunkt für Schwule aus ganz Europa. 1943 gründete der St. Galler Schauspieler Karl Meier in Zürich den »Kreis«. Damit hatte die Schweiz die erste homosexuelle Organisation Europas. Der »Kreis« traf sich zu kulturellen Anlässen und Kostümfesten und war von enormer Bedeutung für die Szene. Von einer Sache war Karl Meier besonders überzeugt: Wollen Homosexuelle gesellschaftliche Akzeptanz erlangen, müssen sie »recht tun«: sich unauffällig verhalten und keine Angriffsfläche bieten. Darauf legte er größten Wert. Es ist der Kern der Schweizer Toleranz.

Heute leben in der Schweiz ungefähr 50 000 homosexuelle Paare. Jedes Jahr finden Umzüge zum »Christopher Street Day« statt. Im Alltag verhalten sich die Schwulen und Lesben so dezent wie ihre heterosexuellen Nachbarn. Hand in Hand auf der Straße gehen – ja; feuchte Küsse in der Öffentlichkeit – nein. Am 5. Juni 2005 haben knapp 60 Prozent der Schweizer Stimmbürger dafür gestimmt, dass homosexuelle Paare eine »Registrierte Partnerschaft« eingehen können. Kinder dürfen schwule oder lesbische Paare aber nicht adoptieren.

Die Schweizer sind dem Neuen gegenüber nicht verschlossen, auch in der Liebe nicht. Weder der Emanzipation von Frauen noch der Gleichstellung von Minderheiten. Es ist nur so, dass es sehr viel Geduld braucht und gute Argumente, wenn man etwas ändern will, auch im Privaten. Und man muss in Kauf nehmen, dass man sich unbeliebt macht. Aber ist den Eidgenossen eine Sache einmal in den »Grind« (Schädel) gegangen, halten sie sich daran und sind dann auch bereit, etwas Neues auszuprobieren. Egal wie abwegig es ihnen früher vielleicht einmal erschienen ist, dass Frauen wählen gehen, Männer einander heiraten oder Väter zu Hause auf die Kinder aufpassen. Alles das ist in der Schweiz in letzter Zeit möglich geworden. Das kann man doch wirklich nicht altmodisch nennen.

Schweizer für immer

Die vereinigten Kantone von Helvetien – Schweizer als politische Wesen und was Deutsche damit zu tun haben können

> »Nie zur Sprache kam hingegen, das Kollegium durch eine einzige Person zu ersetzen, weil die Schweiz eine tiefe Abneigung gegen eine personifizierte Regierungsgewalt hat.«
> *Aus der Selbstdarstellung des Bundesrates*

Wenn in netter Runde über die Schweiz gesprochen wird, kann man sich fast darauf verlassen, dass einer mit dieser Geschichte kommt: Bei den Eidgenossen haben die Frauen das Stimmrecht erst 1991 bekommen. Und zwar musste man die Männer von ganz oben zwingen, es ihnen zu geben. Nein, diese Hinterwäldler, denken dann alle und schütteln amüsiert die Köpfe. Gute Geschichte, aber sie stimmt nicht ganz. Abstimmen können die Frauen in der Schweiz seit 1971. Zumindest auf Bundesebene. Bei Abstimmungen, die die Kantone oder Gemeinden betreffen, haben sie das Stimmrecht je nach Kanton seit spätestens 1983. Nur in einem Fall stimmt 1991, im Kanton Appenzell Innerrhoden. Da mussten die Männer tatsächlich vom Bundesgericht gezwungen werden, den Frauen das Stimmrecht zu geben. Das mit dem Abstimmen ist eben alles nicht so einfach in der Schweiz.

Seit der Gründung des Bundesstaates im Jahr 1848 erhält prinzipiell jeder Schweizer mit 18 das allgemeine Stimm- und Wahlrecht. Schweizerinnen waren in den ersten 123 Jahren davon natürlich nicht betroffen. Mit dem allgemeinen Stimm- und Wahlrecht können die Schweizer – heute sind damit auch die Frauen gemeint – auf sämtliche Fragen des öffentlichen Lebens direkten Einfluss nehmen. Wie es in Demokratien üblich ist, können sie auch diejenigen Personen wählen, von denen sie im Parlament vertreten werden wollen. Die Schweizer haben zusätzlich noch die Möglichkeit, jene Fragen zu formulieren, von denen sie wollen, dass ihre Vertreter sie diskutieren. Das nennt sich – je nachdem, ob es sich dabei um eine Verfassungsänderung, eine Anregung oder um Protest gegen einen Parlamentsbeschluss handelt – Initiative, Petition oder Referendum. Alles zusammen ergibt das politische System der Schweiz: die direkte Demokratie.

Seit der Gründung des Bundesstaates ist sie praktisch unverändert geblieben. Denn auch die Schweiz ist in ihrer Form unverändert geblieben. Lediglich der Jura hat sich 1978 von Bern abgelöst und ist ein eigenständiger Kanton geworden.

Sechsundzwanzig kantonale Gliederstaaten, Kantone genannt, bilden zusammen den Staat »Schweiz«. In dieser Hinsicht unterscheidet sich das Land nicht von den USA, und man könnte die Schweiz auch »Vereinigte Kantone von Helvetien« nennen. Diese Kantone können praktisch alles selbst bestimmen, solange sie damit nicht den Bundesgesetzen widersprechen. Jeder Kanton hat eine eigene Verfassung, eigene Gesetze, ein eigenes Erziehungs- und ein eigenes Gesundheitswesen. Und eine eigene Steuergesetzgebung. In jedem dieser Bereiche kann es zwischen den Kantonen große Unterschiede geben. Wer verstanden hat, welche große Rolle diese Eigenständigkeit der Kantone im Selbstverständnis der Schweiz spielt, hat viel vom Wesen des Landes begriffen. Auch wenn immer mehr Kompetenzen freiwillig dem Bund abgetreten werden. Jeder Schweizer verbringt extrem viel Zeit mit Ämterverkehr. Zum Beispiel, wenn er auf die Idee kommt, in einen anderen Kanton zu ziehen oder auswärts eine Arbeitsstelle anzunehmen. Diese Mühen potenzieren sich noch, sobald schulpflichtige Kinder im Spiel sind. Gut möglich, dass Schuljahre wiederholt, Abschlüsse nicht anerkannt oder Beitragsjahre nach komplizierten Schlüsseln umgerechnet werden müssen. Aber so ist das eben in der Schweiz. Man nennt es »Kantönligeist«.

Die Stärke der Kantone spiegelt sich in der Bundesregierung. Sie hat ihren Sitz im Bundeshaus in Bern. Die Schweizer Regierung besteht aus den beiden Kammern des Parlaments und dem siebenköpfigen Bundesrat. Die 200 Sitze des Nationalrats – der Volkskammer – sind so auf die Kantone verteilt, dass sie die tatsächlichen Bevölkerungsverhältnisse widerspiegeln. Der große und dicht besiedelte Kanton Zürich kann ungefähr 35 Abgeordnete in den Nationalrat schicken, das kleine, bergige Glarus nur einen. Die Sitzverteilung wird nach zehn Jahren neu festgelegt, die Abgeordneten werden alle vier Jahre vom Volk gewählt. Der Ständerat – die kleine Kammer – hat lediglich 46 Sitze, für die 20 Vollkantone je zwei, für jeden der sechs Halbkantone einen. Beide Kammern haben die gleichen Befugnisse und Aufgaben. Unter anderem erlassen sie die Bundesgesetze und berufen die Mitglieder des Bundesgerichts. Und alle vier Jahre wählen sie den Bundesrat.

Der Bundesrat ist ein Mythos der Schweiz und nicht zu vergleichen mit dem gleichnamigen Regierungsorgan in Deutschland. Die sieben Bundesräte der Schweiz bilden zusammen die Landesregierung und sind Regierungsoberhäupter. Von 1959 bis 2003 hielt man im Bundesrat an der immer gleichen Parteienkonstellation fest, und niemand hatte bis dahin damit gerechnet, dass diese »Zauberformel« jemals zerstört werden würde.

Es gibt in der Eidgenossenschaft ungefähr ein Dutzend Parteien. Neben den Sozialdemokraten (SP), den Christdemokraten (CVP) und den Freisinnigen (FDP) – die in der Schweiz erst langsam an Bedeutung verliert – hatte die Schweizerische Volkspartei (SVP) immer einen verhältnismäßig starken Einfluss. Sie ist in den 70er Jahren aus der Bauernpartei hervorgegangen und vertritt vehement die konservativen Interessen der Bauern und des Kleingewerbes. Einen gewissen Einfluss haben noch die Grünen. Links wird das Spektrum von der kommunistischen Partei der Arbeit (PdA) begrenzt, rechts von den Schweizer Demokraten (SD), ehemals »Nationale Aktion« und der »Auto-Partei«. Dazwischen tummeln sich noch einige unbedeutendere Gruppierungen. Parteien spielen in der Schweiz traditionell eine kleinere Rolle als in Deutschland. Wenn bei den Nationalratswahlen eine Partei fünf Sitze dazugewinnt, ist in den Medien schon von einem Erdrutsch die Rede. Ändern wird sich dadurch aber kaum etwas, weil verschobene Machtverhältnisse in der Schweiz nicht automatisch einen politischen Richtungswechsel nach sich ziehen. Denn die Eidgenossen praktizieren etwas, das »Konkordanzdemokratie« heißt. Seitdem die Zauberformel im Bundesrat eingeführt worden war, hatten SP, FDP und CVP darin immer je zwei Sitze, die SVP einen; die Schweiz wurde also ständig von einer Großen Koalition regiert. Spannend an den Bundesratswahlen war bisher allenfalls die Frage, aus welchem Kanton die gewählte Person kommt und ob es ein Mann oder eine Frau ist. Vielleicht bewegte auch noch der Punkt, welches Departement – Ministerium – er oder sie übernimmt. Und dann kam Christoph Blocher, im Herbst 2003. Beziehungsweise war er schon lange da. Aber jetzt wurde er plötzlich gebraucht. Blocher ist ein schmächtiger Mann mit einem braven Bubengesicht, der zu Beginn des 21. Jahrhunderts plötzlich die Rolle der Schicksalsfigur in der Schweizer

Politik besetzte. Blocher ist Pfarrerssohn und besitzt mehrere Milliarden Franken, die er mit seinem Chemieunternehmen EMS Chemie verdient hat. Seit den 70er Jahren ist er politisch aktiv, immer ganz rechts außen.

Extreme Positionen und Konflikte waren in der schweizerischen Politik lange unüblich. Es gälte auch als unnötige Dramatisierung, würde die Regierung zurücktreten, falls sie einmal vom Parlament überstimmt wird. Auch Misstrauensanträge, um sie abzuwählen, sind nicht vorgesehen. Wenn ein Parlamentarier Fehler gemacht hat, wird er bei der nächsten Wahl einfach nicht mehr berücksichtigt. Die Profilierungsmassaker der deutschen Politiker im Bundestag jedenfalls, die Zwischenrufe und rhetorischen Schlachten, sind für die Schweizer im Grunde immer noch ein rätselhaftes und unwürdiges Spektakel. So führen sich wirklich nur die Schwaben auf. In der Schweiz sind die Politiker Volksvertreter und sonst nichts. Aufspielen sollen sie sich nicht.

Christoph Blocher spielte sich von Anfang an auf, als Populist. Die Schweizer Politik hat einen eher hemdsärmligen Charakter; es geht nicht um Rhetorik und Eloquenz, sondern um die Lösung eines Problems, und zwar schnell. Auch Blocher war kein begnadeter Redner. Aber er beherrschte ein paar einfache, rhetorische Tricks, die eindrücklich wirken, wenn ein Publikum selbst nicht besonders redegewandt ist. Außerdem wusste man immer, dass Blocher durch eigene Arbeit schwerreich geworden ist. Das zählt etwas in der Schweiz. Obwohl er zu den Oberen gehört, rollte er – bildlich gesprochen – seine Ärmel nie herunter. Damit erwarb sich der Politiker früh eine kleine, aber stabile Anhängerschaft und wurde zum Aushängeschild der SVP. Und zum perfekten Feindbild für diejenigen Schweizer, die von Anfang an keine Angst vor der europäischen Zukunft hatten. Blocher beschwor seit den 90er Jahren immer vehementer eine Welt, die man je nach Ausrichtung endlich hinter sich lassen oder unbedingt wiederhaben wollte. Besonders gern wetterte Blocher gegen »die Linken und die Netten«, die den Schweizer Karren seiner Meinung nach in den Dreck gefahren haben. Er meinte damit, dass Asylbewerber unter bestimmten Bedingungen ins Land kommen können, er meinte damit das langsame Entstehen der Europäischen Gemeinschaft, das die Schweiz zunehmend in Zugzwang bringt und er meinte wohl vor allem den Zustand der modernen Welt an sich, die nach und nach weniger bereit ist, auf den »Sonderfall

Schweiz« Rücksicht zu nehmen. Seine Gegner betonten gern, dass »Blocher« auch ein Begriff aus dem Putzschrank ist. »Blochen« bedeutet »den Boden gründlich einwachsen«.

In dem Maß, wie die Schweiz von den Veränderungen in Europa betroffen wurde, fuhr Blocher seiner SVP Erfolge im Parlament ein. Eine Hauptforderung der Partei bestand darin, die schweizerische »Kooperation mit dem Ausland auf das Notwendige zu beschränken«. Vor den Gesamterneuerungswahlen des Parlaments im Herbst 2003 lud er seine Parteifreunde mit einem Schreiben zum Parteitag ein, das scherzhaft die Sprache des Militärs in den Kriegsjahren aufnahm: »Antreten zur Allgemeinen Mobilmachung.« Bei den Parlamentswahlen im Oktober 2003 wurde die SVP mit knapp 28 Prozent die stärkste Fraktion. Die Schweizer stöhnten auf. Wie hatte das passieren können? Ihnen war selbst nicht klar gewesen, wie sehr sie die Veränderungen der letzten Jahre erschöpft und durcheinandergebracht hatten. Die bisher üblichen Kompromisse konnten dem äußeren und inneren Druck, den man spürte, nicht mehr standhalten. Man hat ganz automatisch Position bezogen. Ihren Wahlerfolg hatte die SVP nicht nur denjenigen zu verdanken, die von der ganzen Modernität die Nase voll hatten. Sondern auch vielen Jüngeren in den Städten. Die hatten jetzt nämlich auch genug; und zwar von dem Stillstand und dem orientierungslosen Hin- und Herschaukeln der Politik im Allgemeinen. Die großen Volksparteien CVP, FDP und SP hatten in den Jahrzehnten der Konkordanz derart an Konturen verloren, dass es bald egal war, wen man wählte. Das nahm das Schweizer Stimmvolk nicht so schulterzuckend hin wie die Deutschen. Viele Schweizer wollten ihren Volksparteien mit der Stimme für die SVP einen Denkzettel verpassen.

Politiker ist man in der Schweiz im Nebenberuf. Viermal im Jahr findet in Bern eine dreiwöchige »Session« (sprich: Sess-ioon) statt, dann gibt es noch ein paar Sondersessionen, ansonsten gehen die Volksvertreter zivilen Berufen nach. Zum Beispiel sitzen sie gut entschädigt in allen möglichen Verwaltungsräten, was den linksorientierten Eidgenossen ein ständiger Anlass zur Verbitterung ist. Alle sieben Bundesräte sind einander gleichgestellt, in der Position des Bundespräsidenten wechseln sie sich nach Amtsalter jedes Jahr ab. Selbstverständlich gibt derjenige Bundesrat, der gerade an der Reihe ist, keinen politischen Kurs vor, sondern hat vor allem administrative Aufgaben. Denn die Schweizer, das

Im Jahre 2003 wählten die Schweizer Christoph Blocher in den Bundesrat, den er allerdings 2007 wieder verlassen musste. Blocher trat schon Mitte der 90er Jahre für eine Abschottung der Schweiz nach außen ein. Er demonstrierte mit Gleichgesinnten gegen eine enge Bindung der Schweiz an die Europäische Union und andere supranationale Organisationen und tritt mit einer populistischen Kampagne für eine Verschärfung des Asylrechts ein (Foto oben mit Nationalrat Toni Brunner).

sollte mittlerweile klar geworden sein, wollen keinen König. Sie sind Demokraten bis auf die Knochen, und so ein Brimborium, wie anderswo um Regierungschefs gemacht wird, mit Personenschutz, Wagenkonvois und Maßanzügen, brauchen sie nicht – vor allem wollen sie es nicht mit ihren Steuergeldern bezahlen. Wenn die Bundesrätin Ruth Dreifuss in den 90er Jahren während der Session mit einer Migros-Tüte in der Straßenbahn gesehen wurde, registrierte das die populistische Presse mit Wohlwollen.

Lust zum Aufstehen hatte ich überhaupt keine. Aber irgendwie wollte ich den Abstimmungssonntag auch nicht verstreichen lassen. Meist hatte ich am Samstagnachmittag die Unterlagen zum ersten Mal überhaupt angeschaut. Alles war sehr genau erklärt, aber die einzelnen Vorlagen musste man manchmal drei oder vier Mal langsam lesen, um zu verstehen, wie sie gemeint waren. Dann schrieb ich »ja« oder »nein« in das Kästchen und kam mir bereits etwas feierlich vor. Wenn ich am Sonntag dann müde zu dem Schulhaus ging, das am nächsten zu meiner Wohnung lag, läuteten meist schon die Mittagsglocken, und ich musste mich beeilen. Innen zeigte ein dünner Wegweiser, in welchem Schulzimmer das Wahllokal diesmal war. Verschiedene Metallurnen waren auf den Pulten aufgebaut. Während ich die bunten Zettel einwarf, schauten die Frauen und Männer dahinter ernst, und es wurde kaum geredet. Wenn ich das Wahllokal dann nach kaum fünf Minuten wieder verließ, fühlte ich etwas Feierliches in mir, ein spezielles Gefühl, das ich in keiner anderen Situation hatte. Etwas Rechtschaffenes, das aus der zerknitterten Studentin, der die wenigen Stunden Schlaf an diesem Morgen nicht gereicht hatten, um den Alkohol von der Party am Vorabend abzubauen, etwas Besonderes machte, eine Angehörige des Schweizer Volkes, die soeben allen Widrigkeiten getrotzt hatte, um ihre demokratische Pflicht zu erfüllen. Dieser kurze, pathetische Schauder war mir stets peinlich, und ich habe nie mit jemandem darüber gesprochen.

Die direkte Demokratie bringt es mit sich, dass die Bürger alle paar Wochen aufgefordert werden müssten, ihre Meinung zu irgend etwas kundzutun. Der Einfachheit halber legt der Bundesrat jedes Jahr drei bis vier Abstimmungssonntage fest, an denen jeweils über etwa drei Fragen entschieden wird. Einige Wochen vorher bekommt jeder der 5 Millionen Schweizer Stimmberechtigten einen Umschlag mit seinen Stimmunterlagen, inklusive Erläuterungen des Bundesrates und einer Empfehlung, ob man dafür oder dagegen stimmen soll. In wichtigen Fragen sind zusätzlich die Für- und Gegenargumente großer Organisationen und Verbände aufgeführt, die zuvor in einem Verfahren namens »Vernehmlassung« ihre Stellungnahmen abgeben konnten.

Am Abstimmungssonntag kommen nicht nur Fragen zur Entscheidung, die das ganze Land betreffen, sondern jeweils noch eine oder mehrere Vorlagen von kantonaler Tragweite, eventuell auch noch solche, die nur einzelne Gemeinden betreffen. Das überfordert die Entscheidungsfreudigkeit der Schweizer, und die Stimmbeteiligung liegt selten über 50 Prozent. Häufig gibt nur ein Drittel der Berechtigten die Stimmzettel ab. Die niederschmetternd geringe Beteiligung erklären Fachleute damit, dass die Vorlagen oft derart kompliziert formuliert und die unzähligen Abstimmungen für viele Schweizer so abschreckend seien, dass sie sich lieber verweigern. Manche rechtfertigen ihre Stimmfaulheit mit der Phrase »Die da oben machen sowieso, was sie wollen« – was in der Schweiz besonders einfältig und besonders falsch ist.

Was stimmt, ist, dass direkte Demokratie anstrengend und manchmal lästig ist. Der Weg dazu führt immer über eine Unterschrift. Bis zu 100 000 gültige Unterschriften brauchen die Initiativen, Referenden und Petitionen, damit eine Volksabstimmung gefordert werden kann. Etwa 200 Initiativen wurden seit dem 19. Jahrhundert eingereicht, ungefähr 160 kamen zur Abstimmung. Davon wurden etwa 15 angenommen, den Rest schickte das Stimmvolk »bachab« – den Bach runter. Dennoch stehen die Unterschriftensammler an den Abstimmungssonntagen unverdrossen vor den Wahllokalen, um beim Stimmvolk für Unterstützung zu werben. Diejenigen Schweizer, die lieber die Briefwahl nutzen, treffen sie in den Fußgängerzonen, wo praktisch immer irgendwo für eine Vorlage geworben und gesammelt wird. Abstimmungsparolen und Wahlplakate zwischen der normalen Werbung gehören selbstverständlich ins Straßenbild. Seit einiger Zeit engagieren sich wieder immer mehr Schweizer in Nichtregierungsorganisationen, auch die Globalisierungsgegner wurden in den letzten Jahren im Land stärker.

Christoph Blocher wäre nicht Christoph Blocher, wenn er es nach dem ersten Wahlsieg seiner Partei 2003 bei der stärksten

Fraktion im Parlament belassen hätte. Sofort forderte er einen zweiten Bundesratssitz für die SVP. Bis dahin hatte sie in der Zauberformel immer nur einen Platz eingenommen. Und Blocher kam gleich mit Drohungen. Wenn er den Sitz nicht bekomme, gäbe die SVP auch den anderen Platz auf und gehe in die Opposition. Ein Horrorszenario. In der Opposition hätte die SVP jeden einzelnen Entscheid des Regierungskollegiums mit allen Mitteln boykottiert. Bei den umständlichen Verfahren, die in der direkten Demokratie zu Entscheidungen führen, hätte sie die Regierung damit immer wieder für längere Phasen praktisch handlungsunfähig machen können. Also freundete man sich mit dem Gedanken an, dass die Zauberformel bei den nächsten Bundesratswahlen aufs Spiel gesetzt würde. Die Frage war nur: Welcher Partei jagt die SVP einen Bundesratssitz ab?

Am 10. Dezember 2003 wurde Christoph Blocher vom Parlament im dritten Wahlgang in den Bundesrat gewählt. Die Appenzeller CVP-Bundesrätin Ruth Metzler verlor ihren Sitz. Es kam Bewegung in die Schweiz. Innenpolitisch bedeutete das am Anfang für viele eine Katastrophe. Aber der Schweizer Demokratie kann nicht einmal ein deutlicher Rechtsruck wirklich etwas anhaben. Das Schweizer System ist auf Totalitarismus nicht eingerichtet. Blocher war immer nur einer von sieben Bundesräten. Die Konkordanzdemokratie hat den Vorteil, dass am Ende jeder Debatte ein Kompromiss stehen muss. Im Großen und Ganzen halten sich die Bundesräte an das Prinzip der Kollegialität und treten in wichtigen Fragen einstimmig vors Volk.

Aus den nächsten Gesamterneuerungswahlen im Oktober 2007 ging die SVP noch stärker hervor. Mit fast einem Drittel aller Stimmen wurde sie stärkste Partei im Parlament. Die Schweizer waren offenbar auf den Geschmack der Polemik gekommen. Vorausgegangen war ein Wahlkampf, der als der schmutzigste seit der Erfindung der Eidgenossenschaft gilt. Auf einem Wahlplakat der SVP kickte ein gezeichnetes weißes Schaf ein schwarzes Schaf von der Schweizerfahne. Ein freisinniger Bundesratskollege bezeichnete den SVP-Bundesrat Blocher als »Duce«. Gesellschaften, die Erfahrungen mit Totalitarismus haben, erschraken über solche Vorfälle in der Schweiz. Die Schweizer selber waren vor allem entsetzt über die Personalisierung des Wahlkampfes. Personalisierungen und Emotionen sind in der Schweizer Politik noch neu. An der Vehemenz, mit der sich die Bevölkerung in diesen Kampf stürzte, sieht man, warum der Konsens der Mäßigung ansonsten eine so große Rolle spielt. Die Schweizer ahnen, dass schnell Blut fließt, wenn sie erst einmal in Rage kommen. Über die Straßenschlachten mit Tränengas und Gummigeschossen, in die eine Wahlveranstaltung der SVP in Bern 2007 mündete, berichteten Medien in der ganzen Welt.

Bundesrat Blocher selbst hatte Ende 2007 seine Schuldigkeit getan. Bei der Gesamterneuerungswahl des Bundesrates, zwei Monate nach dem zweiten überragenden Sieg der SVP, wurde er vom Parlament abgewählt. An seine Stelle trat eine bis dahin unbekannte, zurückhaltend auftretende Parteikollegin aus dem entlegenen Graubünden. Das politische Getöse war den Volksvertretern zu laut geworden. Bei den Nationalratswahlen 2011 verlor die SVP an Stimmen, blieb aber stärkste Partei im Parlament.

Lange Zeit hatten nur wenige politische Fragen die Leidenschaft der Eidgenossen wirklich zum Auflodern bringen können. Neben Blocher und der EU war es vor allem das Frauenstimmrecht. 1912 forderten die Schweizer Sozialdemokraten auf Druck der Frauen das Frauenstimmrecht, ohne Erfolg. Die Frage kam immer wieder auf, geriet angesichts der äußeren Weltlage – Landesstreik 1918, Rechtsruck in den 30er Jahren – aber immer wieder in den Hintergrund. 1945 gründete sich in der Schweiz ein »Aktionskomitee für das Frauenstimmrecht«. Zeitgleich konterte ein »Frauenkreis gegen das Frauenstimmrecht«. Es ist eine politische Besonderheit der Eidgenossen, dass immer dann, wenn es um neue Rechte und Freiheiten geht, die Begünstigten besonders stark dagegen sind. Das war bis vor kurzem beim Mutterschutz und ist heute noch bei der Reduzierung der Regelarbeitszeit so. Es war auch beim Frauenstimmrecht so. Wenn es sinnlos ist, der Staatsmacht etwas abzutrotzen, weil man sich selbst als Teil von ihr versteht – und weiß, dass man die Folgen selbst ausbaden muss –, fährt man mit aggressiver Bescheidenheit besser. Daraus ist der Konservatismus der Schweizer beschaffen.

Nina Niklaus ist keine Emanze. Sie hat keinen Hass auf die Männer, und eigentlich ist sie ganz froh, dass ihr Mann Ernst ihr manchmal Dinge erläutert, die die Politik betreffen. Sie hat einfach keine Zeit, sich stundenlang mit solchen theoretischen Fragen zu beschäftigen. Dass Elisabeth Kopp, die erste Bundesrätin der Schweiz, 1989 zurückgetreten ist, fand Nina damals einerseits richtig, aber andererseits auch schade. Die Kopp von der FDP hatte in ihrem Amt zufällig erfahren, dass gegen die Firma ihres Mannes wegen Geldwäscherei ermittelt wird. Spontan hat sie ihn am Telefon darüber informiert. Das haben die Kollegen mitbekommen und öffentlich gemacht. Natürlich geht es nicht, dass eine Politikerin amtliche Informationen für private Zwecke benutzt, und es ist richtig, dass sie zurückgetreten ist. Aber dass es Männer gab, die sagten »Seht Ihr, die Weiber taugen eben nichts in der Politik«, das ärgerte Nina Niklaus. Genauso gut hätte es einen Mann treffen können. Irgendwie fand es Nina auch nicht gerecht, dass der Nachfolger der Kopp wieder ein Mann war. Sie hatte sich daran gewöhnt, dass die Schweiz eine Bundesrätin hatte. Als 1993 dann ein anderer Bundesrat aufhörte, wurde endlich wieder eine Frau vorgeschlagen: Christiane Brunner von der SP in Genf. Eigentlich nicht Ninas Fall, denn die Brunner war definitiv eine Linke, jahrelang Gewerkschaftspräsidentin, geschieden, sie hat mehrere Kinder von verschiedenen Männern. Und sie sagte von sich ganz offen, sie sei Feministin. Sie kommt auch ganz anders daher als die seriöse Elisabeth Kopp, die immer dunkle Kostüme trug und eine geföhnte Frisur bevorzugte. Aber Nina Niklaus fand es ungerecht, dass einige Leute sagten, die Brunner mit ihren blondierten Haaren sehe aus wie eine Serviertochter und so eine könne doch nicht Bundesrätin werden. Mit ihren Kolleginnen sprach sie darüber, auch die fanden das nicht in Ordnung. Als im ersten Wahlgang dann Christiane Brunners männlicher Gegenkandidat gewann, wurden große Demonstrationen veranstaltet, in Basel, Bern und in anderen Städten, man forderte eine Frau im Bundesrat. Nina und ihre Kolleginnen beschlossen, dass man da ja mal hingehen könne. Ernst hatte nichts dagegen. »Aber nicht dass du mir als Emanze wiederkommst«, lachte er. Die Demonstration in Bern war dann ganz lustig, viele Frauen hielten Reden, es waren Tausende da, Männer natürlich auch, und so viele Emanzen hat Nina gar nicht gesehen. Sie und ihre Kolleginnen kauften sich je eine kleine goldfarbene Anstecknadel in Sonnenform. Christiane Brunner trug solche immer bei ihren Auftritten, und das »Sünneli« (Sönnchen) wurde zu einem Symbol. Als wenige Tage später der zweite Wahlgang stattfand, musste der männliche Kandidat verzichten, dafür hat die Partei eine zweite Frau aufgestellt, Ruth Dreifuss. Wie eine Serviertochter sah diese wirklich nicht aus, sie trug graue Kostüme wie damals Elisabeth Kopp. Aber sie sagte von sich, sie sei ein politischer Zwilling von Christiane Brunner. Insider meinten, sie sei sogar noch radikaler, auf jeden Fall eine Linke und Feministin. Aber, und das ist das Entscheidende, sie sah eben nicht so aus. Ruth Dreifuss wurde am 10. März 1993 in den Bundesrat gewählt. Die Männer sagten dann nicht mehr viel dazu, außer: »Wenn die Schweizer sich schon von einer Frau regieren lassen, dann wenigstens von einer, die nicht aussieht wie eine Emanze.«

1959 war das Frauenstimmrecht in der Schweiz einmal mehr mit knapp 70 Prozent bachab geschickt worden. Aber der Westschweizer Kanton Waadt führte es am selben Tag in Kanton und Gemeinden ein, womit er sich sehr unbeliebt machte. Als die Schweiz 1963 dem Europarat beitrat, weigerten sich die Eidgenossen, die europäische Menschenrechtskonvention zu unterzeichnen. Und zwar, weil darin die Forderung nach dem Frauenstimmrecht enthalten war. Denn, das sollte man inzwischen verstanden haben, zwingen lässt sich ein Schweizer nicht gern. Erst im Februar 1971 stimmten 66 Prozent der Stimmbürger für das Frauenstimmrecht. Die UNO-Menschenrechtskonvention hat die Schweiz erst 1992 unterschrieben. Die sieben Kantone, die beim »Nein« gegen das Frauenstimmrecht blieben, liegen alle in der Inner- und der Ostschweiz, Appenzell ist einer von ihnen.

Danach haben die Männer des kleinen Halbkantons Appenzell Innerrhoden das Frauenstimmrecht im »Ring« – bei ihrer jährlichen Landsgemeinde auf dem Dorfplatz des Hauptortes Appenzell – noch dreimal abgelehnt, zum letzten Mal im Jahr 1990. Abgesehen vom Prinzip, um das es ging, spielten vor allem praktische Erwägungen eine Rolle. Da in der Schweiz das Stimmrecht jahrhundertelang an die Waffenpflicht gebunden war, bekam in Appenzell noch immer jeder Junge als Zeichen seiner Mündigkeit einen Degen, oft wunderschöne Stücke, die von Generation zu Generation weitergegeben werden. Dieser Degen war im Kanton gleichzeitig Stimmrechtsausweis. Jeweils am letzten Samstag im April zog die Landsgemeinde in einer feierlichen Prozession mit Musik und bunten Bannern auf den geschmückten Landsgemeindeplatz. Wie seit alters her wurden sämtliche Belange, die den Kanton betreffen, hier öffentlich diskutiert. Jeder Stimmbürger hatte das Recht, sich zur Kantonsregierung auf die Tribüne zu stellen und sein Anliegen vorzubringen. Zum Schluss wurde abgestimmt: durch das Heben der rechten Hand. Nur wenn die Mehrheit von der Tribüne herab nicht geschätzt werden konnte, wurde einzeln ausgezählt. Da das Weibervolk nun aber bekanntermaßen über keine Degen verfügt, wie soll es abstimmen können? Die Appenzellerinnen selbst, auf die sich die Presse nach der Landsgemeinde 1990 natürlich stürzte, brachten Gegenargumente vor. »Die Männer stimmen ja sowieso für das, was wir ihnen sagen«, meinten sie, und dass sie weiß Gott anderes im Sinn hätten. Zum Beispiel einmal einen Tag Ruhe zu Hause, wenn die Männer zur Landsgemeinde ziehen und nachher die Politik begießen. Dennoch gingen einige von ihnen anschließend nach Bern und reichten beim Bundesgericht eine staatsrechtliche Beschwerde wegen Benachteiligung ein. Natürlich bekamen sie Recht, und seit der Landsgemeinde 1991 können auch Frauen in den Ring. Als Stimmrechtsausweis dient ihnen die neu eingeführte Stimmkarte. Die Männer können entscheiden, ob sie die Karte oder den Degen vorweisen.

Es ist leicht, die Appenzeller nach dieser Geschichte zu belächeln. Aber damit ist nichts gewonnen. Subjektiv – und auch objektiv – geht mit der modernen Zeit sehr viel von dem, womit man sich als Schweizer bisher identifiziert hat, verloren. Ein Gefühl geht verloren. Wenn alles durchlässiger wird, wird irgendwann auch einer kommen, der etwas durchlassen will. Fremde Menschen, neue Bauprojekte, ein anderes Straßenbild. Kleine Veränderungen, die stark verunsichern. Auswärtige, die einmal die Gelegenheit haben, ein paar Minuten auf dem schönen, seit Jahrhunderten fast unverändert gebliebenen, blumengeschmückten Landsgemeindeplatz von Appenzell stehen zu bleiben, bekommen vielleicht einen Eindruck davon. Das, was man hier sieht, ist keine Folklore, und es ist auch nicht für Touristen gepflegt – oder wieder aufgebaut – worden. Es ist das, was die Einwohner, und ihre Eltern und ihre Großeltern seit der Kindheit kennen. Es ist Heimat, ganz ohne bösen Beiklang. Wenn man die Häme weglässt, ist es eigentlich ganz einfach zu verstehen, warum die Appenzeller Angst hatten, das alles preisgeben zu müssen, wenn die moderne Zeit Einzug hält.

Aber die neuen Zeiten sind angebrochen, auch in anderen Fragen. Am 1. Juni 2002 ist ein Personenfreizügigkeitsabkommen zwischen der Schweiz und der EU in Kraft getreten. Seither können Deutsche fast ohne Probleme bei den Eidgenossen leben. Problemlos einreisen darf zunächst einmal jeder EU-Bürger für drei Monate. In dieser Zeit kann er Urlaub machen, sich in Land und Leute verlieben und sich am gigantischen Warenangebot der Migros berauschen. Oder er kann die Zeit zur Arbeitssuche nutzen. Seit dem 1. Juni 2004 gilt die volle Personenfreizügigkeit für die 15 »alten« EU-Staaten, und Deutsche können in der Schweiz wie Inländer arbeiten. Allerdings brauchen sie immer noch eine Bewilligung, die sie aber problemlos bekommen. Mit der Absicht, die Löhne der Einheimischen zu unterbieten, um leichter eine Stelle zu finden, sollte niemand kommen. Damit rechnet die Schweiz und hat strikte Kontrollen gegen Lohndumping eingeführt. Wenn ein EU-Bürger in der Schweiz eine Arbeitsstelle gefunden hat, muss er sich selbst um die Bewilligung bemühen. Je nach Wohnort geschieht das auf der Gemeindeverwaltung oder bei der kantonalen Fremdenpolizei. Falls man die Stelle, aber noch nicht die Arbeitsbewilligung hat, kann man schon vor der Einreise bei den Schweizer Behörden eine Zusicherung anfordern. Trotz gültiger Papiere sollte man aber nicht mit überschäumender Begeisterung der zuständigen Beamten rechnen. Neu ist, dass bei der Arbeitssuche Bewerber aus der EU die gleichen Chancen haben wie die Schweizer.

Wenn die ersten drei Monate nicht reichen, um eine Stelle zu finden, kann man sich eine »Bewilligung zur Stellensuche« für weitere drei Monate erteilen lassen. Diese lässt sich bis zu einem Jahr verlängern, wenn man den Schweizer Behörden glaubhaft machen kann, dass man wirklich sucht und Aussicht auf eine Anstellung besteht. Dann hat man auch Anspruch darauf, dass die regionalen Arbeitsämter bei der Suche helfen.

Auf keinen Fall sollte man als Ausländer in der Schweiz eine Stelle antreten, wenn man noch keine Bewilligung hat. Und wer wirklich bleiben will, sollte auch nicht vergessen, sich innerhalb von acht Tagen nach der Einreise in seiner Wohnortgemeinde anzumelden. Alles andere kann von den Behörden leicht als fragwürdige Einstellung zu den Schweizer Gepflogenheiten angesehen werden. Das wäre ein schlechter Anfang.

Grenzgänger, die in Deutschland wohnen und in der Schweiz nur arbeiten wollen, brauchen eine Grenzgängerbewilligung. Anders als früher müssen sie nicht mehr täglich an ihren Wohnort in der EU zurückkehren. Einmal pro Woche reicht. Allerdings muss diese Bewilligung nach wie vor vom Arbeitgeber beantragt werden. Deutsche, die sich in der Schweiz selbständig machen wollen, müssen bei den Behörden des Kantons, in dem sie ihre Tätigkeit aufnehmen wollen, für eine sechsmonatige »Einrichtungsphase« ebenfalls eine Erlaubnis beantragen. Danach müssen sie nachweisen, dass sie genug verdienen und keine staatlichen Leistungen in Anspruch zu nehmen brauchen. Wenn das gelingt, bekommen sie danach eine Bewilligung für fünf Jahre. Wenn sie in dieser Zeit von der schweizerischen Fürsorge abhängig werden, verlieren sie ihr Aufenthaltsrecht.

Auch deutsche Rentner und Studenten können eine Aufenthaltsbewilligung bekommen: Aber auch sie müssen nachweisen, dass sie genug Geld haben und auf keinen Fall dem Schweizer Staat auf der Tasche liegen. Zudem müssen sie eine Kranken- und Unfallversicherung bei einer schweizerischen Krankenkasse abschließen. Dazu ist übrigens jeder Ausländer verpflichtet, der sich länger als drei Monate im Land aufhält.

Wer fünf Jahre ununterbrochen seinen Hauptwohnsitz in der Schweiz hat, kann die Niederlassungsbewilligung (»Bewilligung C«) beantragen. Sie verleiht das unbeschränkte Aufenthaltsrecht und ist an keine Bedingung mehr geknüpft. Auch sie wird vom Wohnkanton erteilt. Jedoch legt der Bund den frühesten Zeitpunkt fest.

Das Interessanteste an dem neuen Personenfreizügigkeitsabkommen ist aber, dass Deutsche, die eine Aufenthaltsbewilligung für die Schweiz bekommen haben, nicht nur ihren ausgeübten Beruf, sondern auch ihre Arbeitsstelle wechseln dürfen, sogar zwischen den Kantonen. Und sie müssen nicht mehr in dem Kanton wohnen, in dem sie arbeiten. Wer darüber nachdenkt, für immer zu bleiben – sich vielleicht sogar einbürgern zu lassen – sollte jetzt jeden Fehler vermeiden. Prinzipiell kann jeder EU-Bürger eingebürgert werden, der seit zwölf Jahren in der Schweiz wohnt, mit den helvetischen Gepflogenheiten vertraut und in die Gesellschaft integriert ist, die schweizerische Rechtsordnung beachtet und die innere und äußere Sicherheit nicht gefährdet. Zunächst muss beim Bund aber ein Gesuch um die Erteilung der eidgenössischen Einbürgerungsbewilligung eingereicht werden. Diese stellt dann sicher, dass einer Einbürgerung nichts Grundsätzliches entgegensteht. Und das bringen die Beamten vor allem im Austausch mit Kanton und Wohngemeinde in Erfahrung.

Über das genaue Vorgehen gibt der Film »Die Schweizermacher« von 1978 einen detaillierten Überblick. Nur, wer nie mit den Schweizer Einbürgerungsbehörden zu tun hatte, hält ihn für eine Satire.

Falls diese ersten Voraussetzungen erfüllt sind, erteilt das Bundesamt für Ausländerfragen die Einbürgerungsbewilligung. Wenn sie ausbleibt, hilft nichts: Ein Beschwerderecht besteht nicht, und man kann das rote Büchlein mit dem Aufdruck »Schweizer Pass« vergessen. Ansonsten sind jetzt die Kantone an der Reihe. »Schweizer Bürger wird erst, wer auch in der Gemeinde und im Kanton eingebürgert wurde«, heißt es im Gesetz. Und wenn das Verfahren bisher langwierig und nervzerrend war, wird es erst jetzt kompliziert. Denn selbstverständlich hat jeder Kanton ganz eigene Bedingungen. Diese betreffen zum einen die Aufenthaltsdauer, aber auch die materiellen Verhältnisse des Einbürgerungswilligen. Es gibt Kantone wie Bern oder Genf, die sich mit einer ununterbrochenen Aufenthaltsdauer von zwei Jahren im Kanton begnügen. Luzern wiederum will, dass Ausländer, die sich einbürgern lassen, schon mindestens drei Jahre in derselben Gemeinde gelebt haben. Wer in Nidwalden eingebürgert werden will, muss seit zwölf Jahren im Kanton leben und seit mindestens drei Jahren in der Einbürgerungsgemeinde. Und so weiter. Genaue Auskünfte erteilen die jeweiligen Kantone. Natürlich erhebt auch jeder Kanton andere Gebühren.

Wenn auch diese Stufe absolviert ist – unterdessen können gut und gerne zwei Jahre vergangen sein –, liegt der Ball bei der Gemeinde. Eine Kommission kontrolliert jetzt, ob die jeweiligen Auflagen erfüllt sind. Vor allem aber prüft sie, ob der Aspirant integriert ist. Sprich: ob schon irgendwann einmal irgendjemand im Dorf irgendetwas Nachteiliges über ihn zu sagen gewusst hat. Daraufhin wird dann entschieden. Je nach Gemeinde liegt die Bearbeitungsgebühr für die letzte Stufe der Einbürgerung bei einigen hundert Franken. Seit 2006 sind diese Kosten nicht mehr vom Einkommen abhängig. Zuvor konnten sie sich auf mehrere zehntausend Franken belaufen. Aber noch immer ist die Gebühr auch auch bei einem negativen Bescheid zu entrichten.

Etwas simpler wird das Verfahren nur, wenn man für die »erleichterte Einbürgerung« in Frage kommt: Zum Beispiel für EU-Ausländer, die mit einem Schweizer oder einer Schweizerin verheiratet sind. Diese müssen, um Schweizer werden zu können, insgesamt nur fünf Jahre im Land gelebt haben und zum Zeitpunkt der Gesuchstellung mindestens ein Jahr in der Schweiz wohnen. Zudem muss seit mindestens drei Jahren eine »stabile eheliche Gemeinschaft« bestehen, was bedeutet, dass die Partner in derselben Wohnung leben. Oder beim überraschenden Besuch der Fremdenpolizei glaubhaft nachweisen können, warum nur ein Zahnbürstchen im Becher steht oder eine andere Person im Bett liegt. Damit sollen Scheinehen verhindert werden, mit denen zum Beispiel illegal arbeitende Prostituierte in die Schweiz geschleust werden. Die Einbürgerung via Ehe ist auch möglich, wenn der EU-Ausländer nicht in der Schweiz lebt. Dann müssen aber mindestens sechs Jahre stabiler ehelicher Gemeinschaft nachgewiesen werden – gemeinsame Urlaubsfotos können dabei ungemein helfen –, und der Anwärter muss unter Beweis stellen, dass er eng mit der Schweiz verbunden und zumindest sinngemäß in die schweizerischen Verhältnisse integriert ist. Grundkenntnisse eines örtlichen Dialekts und das Vorhandensein eines Landschaftskalenders in der Küche schaden dabei nichts. Eine Doppelbürgerschaft ist in der Schweiz übrigens grundsätzlich erlaubt. Allerdings nur dann, wenn der andere Staat sie ebenfalls akzeptiert.

All diese Widerstände, die die Eidgenossen den Fremden zumuten, haben einen Sinn. Denn obwohl so vieles ins Schwanken gekommen ist in der Schweiz, hält sich bei vielen Ausländern hartnäckig die Vorstellung, dass es ein Zuckerschlecken sei, wenn man im reichsten Land der westlichen Welt lebt. Was sie nicht wissen ist, dass alle Einwohner ununterbrochen dazu beitragen müssen, dass es so bleibt. Man macht es den Fremden nicht leicht, weil man es sich selbst nicht leicht macht. Das ist die wichtigste Lektion für alle, die ins Land kommen wollen. Und je früher sich einer daran gewöhnt, desto besser. Das finden die Schweizer. Die geborenen sowieso und die Eingebürgerten erst recht.

Nicht jeder kann ein Schweizer sein – Anpassung, Integration und Papiirlischwyzer

>»Der Beitrag von Menschen ohne Schweizer Pass am erwirtschafteten Bruttosozialprodukt ist überdurchschnittlich hoch. Ein Viertel des in der Schweiz erbrachten Arbeitsvolumens wird von ausländischen Erwerbstätigen geleistet.«
>
> *Marc Spescha, Jurist für Ausländerfragen*

Rassismus und Fremdenfeindlichkeit sind in der Schweiz an der Wahlurne verboten worden. Seit 1994 gilt das »Anti-Rassismus-Gesetz«. Jede diskriminierende Handlung oder Äußerung gegenüber einem Ausländer oder einem Angehörigen anderer Glaubensrichtung ist strafbar. Etwa jeder fünfte Einwohner der Schweiz hat keinen einheimischen Pass. Das sind fast doppelt so viele Ausländer wie in den anderen europäischen Staaten. Das ist die eine Seite. Sie hängt auch damit zusammen, dass in der Schweiz Ausländer sehr viel schwerer eingebürgert werden als in anderen Ländern. Die andere Seite ist: Als man am Anfang der 90er Jahre davon hörte, dass bei den Deutschen Ausländerheime angezündet werden, waren in der Schweiz schon mehrere Fremde auf offener Straße von Einheimischen totgeschlagen worden. Die erste Anti-Ausländerpartei, die es nach dem Zweiten Weltkrieg in Europa gab, agierte in der Schweiz – James Schwarzenbachs »Überfremdungsbewegung«. Auffallend viele Ausländer sprechen akzentfrei Schweizerdeutsch, zumindest größere Brocken. Wenn sie untereinander reden, fallen sie manchmal in einem einzigen Satz mehrmals von ihrer Sprache ins Schweizerdeutsch und wieder zurück. Mindestens diejenigen, die schon länger im Land leben. Die Hälfte der Ausländer in der Schweiz ist seit über zehn Jahren hier. Oder sie sind im Land geboren. In den Städten sah man eine Zeit lang Jugendliche mit T-Shirts, auf denen das Wort »Secondo« stand. Ein »Secondo« – »Zweiter« – ist in der Schweiz ein Angehöriger der zweiten Generation von Ausländern. Mittlerweile gibt es auch schon die dritte oder vierte Generation, aber es sind immer noch Secondos. Dann gibt es noch ein paar Edel-Ausländer, die sich nicht mit den üblichen bürokratischen Problemen herumschlagen müssen: Prominente und sehr Reiche.

Die größte Ausländergruppe in der Schweiz kommt seit vielen Jahrzehnten aus Italien. Aber die meisten Italiener sind so angepasst, dass niemand sie als fremd wahrnimmt. Fremd waren in den 90er Jahren vor allem Tamilen und Kurden und einige Afrikaner. Seit den Balkankriegen kommt der größte Teil der nicht deutschsprachigen Einwanderer aus dem ehemaligen Jugoslawien. Mit ihnen hat sich zwischen den Schweizern und den Ausländern vieles verändert. Die Kriminalstatistik des Bundesamtes für Polizei stellte fest, dass 2003 über 55 Prozent aller Straftaten im Land von Fremden begangen wurden. Vor allem Immigranten aus Ex-Jugoslawien erscheinen in den Statistiken als besonders auffällig. »In der Schweiz ist es einfacher, illegal zu Geld zu kommen als durch Arbeit«, zitiert im Sommer 2004 das Nachrichtenmagazin »Facts« einen Ukrainer.

Am 24. September 2006 sprachen sich fast 70 Prozent der Stimmbürger für ein verschärftes Ausländer- und Asylgesetz aus. Dieses schreibt fest, was seit Ende der 90er Jahre ohnehin praktiziert wird: Wer aus einem EU- oder Efta-Staat kommt, hat es verhältnismäßig leicht, in die Schweiz einzuwandern. Wer aus einem sogenannten »Drittstaat« kommt und nicht über akademische Grade, Weltläufigkeit und teure Kleidung verfügt, soll abgeschreckt werden. Ihm oder ihr hilft nur noch die Heirat mit Einheimischen oder ein Asylantrag. Wobei auch dessen Bedingungen verschärft wurden. An dieser Gesetzesänderung kann man erkennen, wie sich das Selbstverständnis der Schweizer Bevölkerung verändert hat. Lange dominierte eine humanistische Grundhaltung. Bis weit in die konservativen Kreise hinein herrschte die Vorstellung vor, dass man als reiche, sichere Nation eine gewisse moralische Verpflichtung hat, den Ärmeren eine Hand zu reichen. Diesen Großmut mag man sich jetzt nicht mehr leisten. Vielleicht, weil viele Einheimische instinktiv spüren, dass das großzügige System »Schweiz« nur für die Schweizer mit ihrem Hang zur Selbstregulierung reibungslos funktioniert. Und für Fremde, die sich genau wie die Einheimischen verhalten. Aber das werden immer weniger. Als erste Maßnahme werden die Regeln verschärft. Im November 2010 wurde mit der »Ausschaffungs-Initiative« der SVP das härteste Ausländergesetz Europas vom Stimmvolk angenommen. Wenn es in Kraft tritt, sollen straffällig gewordene Ausländer ohne Einzelfallprüfung ausgewiesen werden.

Bis zum Ende des 19. Jahrhunderts waren die Schweizer selbst noch die Auswanderer. Vor allem aus den Alpentälern und aus vielen Regionen des Mittellandes zogen die Menschen in die Nachbarländer oder sogar nach Übersee. Daheim wären sie verhungert. Als die Eidgenossen um 1880 anfingen, Tunnel durch Gotthard und Simplon zu graben, um ihr Eisenbahnnetz leistungsfähig zu machen, war das nicht mehr nötig: Es wurden sogar mehr Arbeitskräfte gebraucht, als es im Land gab. Darum fragte man die Italiener von jenseits der Alpen, damit sie beim Graben und Sprengen helfen. Die Italiener kamen gern, auch sie waren arm. Seither hat die Schweiz Gastarbeiter. Sie bewährten sich von Anfang an auch an anderen Arbeitsstellen, einige Regionen des Landes erlebten damals eine radikale Industrialisierung. Ob man die Fremden mochte, war nicht die Frage. Man brauchte sie halt. Viele blieben, gründeten Familien und nahmen sich jedes Jahr vor, nur noch bis zum nächsten Sommer zu bleiben. Unklarheiten darüber, ob jemand Ausländer oder Schweizer war, gab es auf beiden Seiten nicht: Schweizer ist, wer in der Schweiz geboren ist, als Kind, Enkel, Großenkel, Urgroßenkel von Schweizern. Alle anderen waren Ausländer. Diejenigen, die sich anpassen mussten. Schon in den 20er Jahren wurde in der Schweiz darüber abgestimmt, ob und wie ein Ausländer eventuell das schweizerische Bürgerrecht bekommen kann. Und darüber, wie man Fremde am besten ausweist.

In den Jahren vor und während des Zweiten Weltkriegs spielte die Nationalität eine besonders große Rolle. Unter anderem deshalb, weil auf einmal ausländische Juden und andere Fremde ins Land drängten. Nicht um zu arbeiten, sondern weil sie ihr Leben retten wollten. Das überforderte die Eidgenossen. Sie konnten sich nicht vorstellen, dass jemand ganz ohne Schuld in eine solche Situation geraten ist. Um die Einheimischen besser von den Fremden unterscheiden zu können, empfahl das eidgenössische Justiz- und Polizeidepartement den Kantonen in einem Rundschreiben vom 18. Mai 1940 dringend, für alle Schweizerbürger eine Identitätskarte mit Foto herauszugeben. Wer sich bis dahin im Inland ausweisen musste, tat das seit dem 19. Jahrhundert mit seinem Heimatschein. Der enthielt nur eine Personenbeschreibung. Ein großes Problem bei der Herausgabe der schweizerischen Identitätskarten war, dass natürlich auch »Fremde Fötzel«, was sich nicht übersetzen lässt, versuchten, in den Besitz einer solchen Karte zu kommen. Vor allem, wenn sie gut Schweizerdeutsch sprachen – zum Beispiel, weil sie seit mehreren Generationen als Gastarbeiter im Land waren –, konnte man sie einfach nicht von den richtigen Schweizern unterscheiden. Obwohl Ausländer verpflichtet waren, einen Ausländerausweis mit Foto auf sich zu tragen. Spätestens da wurde die Frage der schweizerischen Identität zu einer Sache des Misstrauens. Eine einheitliche Identitätskarte gab es aber erst in den 50er Jahren.

Als es mit der Schweizer Wirtschaft nach dem Krieg aufwärts ging, war die Schweiz erneut auf ausländische Arbeitskräfte angewiesen. In den 60er Jahren mussten sie in den Mittelmeerländern gezielt angeworben werden. Zwangsläufig gewöhnten sich die Schweizer an die dunkleren Gesichter und fremd klingenden Namen, mit denen sie an der Arbeitsstelle oder in der Nachbarschaft täglich zu tun hatten. Das hieß nicht, dass man die Ausländer mochte. Aber man fühlte sich von ihnen nicht übermäßig bedroht. Und die Fremden gaben sich Mühe. Auch wenn sie nicht alles verstanden.

Als ich 1977 in die Primarschule kam, gab es in unserer Klasse zwei Marias, zwei Giuseppes, eine Angela, eine Cinzia, eine Brunella, eine Elena und einen Giovanni. Die andere Hälfte hieß Sabine, Michelle, Martin und Stefan. Ich war vor allem auf die Marias und auf Angela neidisch, weil sie auf den Fingernägeln abgeblätterten, rosaroten Lack hatten und schon in der ersten Klasse richtige Ohrringe mit Löchern. Ich durfte Nagellack erst mit zwölf benutzen, und auch nur durchsichtigen. Im Sommer hatten die Italienerinnen auch viel tollere Schuhe, offen, zum Reinschlüpfen, mit richtigen Absätzen. Das sei nichts für Kinder, meinte meine Mutter, und auch meine Freundinnen mussten doofe Sandalen tragen. Von den Schweizer Mädchen war Michelle Baumann die erste, die sich Löcher in die Ohren machen lassen durfte. Aber richtige Ringe erlaubten ihr die Eltern auch nicht. Sie bekam dann winzige, goldene Pferdeohrstecker, das fanden die Italienerinnen komisch. Immer dienstags nach Unterrichtsschluss gingen sie noch ins Vereinshaus zur Italienischstunde. Dort hatten sie auch zusätzlichen Religionsunterricht. Nach den Herbstferien in der dritten Klasse kam Maria Garisi nicht mehr. Die Lehrerin sagte, sie sei mit ihren Eltern nach Italien zurückgekehrt. Ihre Freundin, die andere Maria, fragte mich in der Pause, ob ich jetzt ihre Freundin sein wolle. Mit einem kurzen Blick auf Sabine und Corinne lehnte ich ab.

Insgeheim machten die neuen Nachbarn einigen Einheimischen lange Zeit auch Freude: Die Schweizer mögen es, andere Leute zu erziehen. Sie gehören nicht zu denen, die in die Welt herausstreben, um anderen ihre Meinung aufzuzwingen. Aber wenn einer freiwillig kommt, wird ein kleiner Hinweis ja wohl erlaubt sein. Den neuen, südländischen Nachbarn konnte man gerade in punkto Effizienz, Pünktlichkeit und Sauberkeit so einiges beibringen. Und dabei gleich sehen, wie sehr sie bereit sind, sich anzupassen. Traditionell heißt die wichtigste Ausländerfrage in der Schweiz nämlich: Passt er sich an? Ob einer als Flüchtling, Gastarbeiter oder spezialisierte Arbeitskraft gekommen ist, spielt gar keine besondere Rolle. Es geht darum, ob jemand Schweizer oder Nicht-Schweizer ist. Die Schweizer passen sich sowieso an. Den Nicht-Schweizern muss man es beibringen.

Ein gern behandeltes Problem im Zusammenleben mit ausländischen Nachbarn – übrigens nicht nur mit Südländern – ist in der Schweiz bis heute der »Lärm«. Die Schweizer nervt es, wenn sich Leute über die einfachsten Themen in einem Ton unterhalten, als würden sie sich gleich an die Gurgel gehen. Auch lautstarke Streiterei mit Türenknallen und Geschirrzerbrechen ist ihnen zuwider. Und vielleicht sogar die intime Versöhnung hinterher. Wenn es so laut ist, dass man es durch die Wand hören kann, muss auf die Hausordnung hingewiesen werden. Es findet sich meist ein Nachbar, der diese Aufgabe übernimmt. Aus erzieherischen Gründen und auch aus Wut, weil man etwas, was man sich selbst versagt, natürlich auf keinen Fall beim andern dulden kann.

Die schweizerische Vorliebe, den Ausländern Sitten beizubringen, hat nicht zwingend etwas mit Fremdenfeindlichkeit zu tun. Das würden die meisten traditionellen Schweizer, die mit Ausländern zu tun haben, unterschreiben. Ausländerhass lodert meist bei denen am höchsten, die im Alltag keine Gelegenheit haben, echte Fremde zu sehen. Sie müssen sich auf die Angaben in den Medien oder den oberflächlichen Augenschein auf der Straße verlassen. Dort fallen eher die kriminellen Exemplare und diejenigen in schlechtsitzenden Trainingskleidern auf. Auch die konservativsten Eidgenossen bezweifeln meist nicht, dass es auch unter den Ausländern gute Leute gibt. Die Frage ist für sie nur, ob sie das gerade in der Schweiz unter Beweis stellen müssen. Man möchte gern selbst bestimmen, mit wem man etwas zu tun hat. Wenn die Kapazitäten da sind, gibt ein Eidgenosse einem Ausländer durchaus eine Chance. Und wenn sich einer anstrengt, über Jahre, vielleicht über Generationen, wenn er fleißig ist, immer grüßt, nie vergisst, sich zu bedanken, nicht mit Drogen handelt, vielleicht noch eine schmackhafte Landesküche beisteuern kann, erntet er für sein Bemühen unter Umständen Sympathien – vielleicht sogar heimliche Bewunderung. Dafür, dass er sich so gut angepasst hat, dass man fast nicht mehr merkt, woher er kommt.

Der Journalist Gerd Rückert aus Essen lebt seit über zehn Jahren in der Schweiz. Zusammen mit seiner Freundin Ines aus Biel zieht er nach Zürich in eine gutbürgerliche Gegend. Die Wohnung liegt im ersten Stock. Gerd und Ines mögen den Stil der 50er Jahre und haben einige Möbel aus dieser Zeit gesammelt. Eine typische Tüten-Ständerlampe mit roten Bastschirmchen stellen sie in die Nähe der Balkontür. Im ersten Monat klingelt abends ihr tamilischer Nachbar aus dem Erdgeschoss. Seit Wochen sehe er jetzt das rote Licht an ihrem Fenster. Er fürchte, dass das Haus in Verruf gerate, weil man von außen denken könne, hier biete eine Prostituierte ihre Dienste an. Er bittet nachdrücklich, die Lampe an einen anderen Ort zu stellen.

In den 1960er Jahren wurden die Ausländer erstmals wieder zu einem großen, politischen Problem in der Schweiz. Nicht nur bei den Konservativen. 1964 setzte der Bundesrat eine Kommission ein, die untersuchen sollte, welche Auswirkung die vielen Gastarbeiter auf die Schweizer Nation haben. In dieser Zeit entdeckten die Eidgenossen gerade, dass auch außerhalb der Landesgrenze Orte liegen, die nicht dreckig und unsicher sind. Dass man dorthin sogar in die Ferien gehen kann. Und immer mehr Schweizer hatten einen Fernseher. Mit ihm lernte man auch viel Neues kennen. Aber dann begegneten sie den Fremden auch auf ihrer Straße zu Hause; immer mehr Leute kamen, die anders aussahen und anders sprachen als sie selbst. In manchen Kantonen bald jeder vierte oder fünfte. Das ging den Schweizern alles zu schnell. Die Kommission des Bundesrats stellte fest, dass eine »ausgesprochene Überfremdungsgefahr« bestehe und dass die »fremden Einflüsse unsere nationale Eigenart und damit die wichtigste Grundlage unserer staatlichen Eigenständigkeit« in Gefahr bringe. Wegen ihrer Sprache taufte man die Italiener »Tschingge«. Das ist so wenig liebevoll wie »Schwoobe«.

Der Begriff »Überfremdung« war schon vor dem Ersten Weltkrieg aufgekommen. In den 30er Jahren hatten die »Fröntler«, die Schweizer Nazis der »Nationalen Front«, den Begriff gern benutzt. In den 60er Jahren wurde er legendär. Ein Volksbegehren ging als »Schwarzenbach-Initiative gegen Überfremdung« in die Geschichte ein. James Schwarzenbach, Sohn einer der reichsten Familien des Landes, war kurz zuvor für die »Nationale Aktion gegen Überfremdung« ins Parlament gewählt worden. Schwarzenbach, Verfasser eines erfolglosen Heimatromans und gescheiterter Zeitungsverleger, trat anders auf, als es sich die meisten Schweizer getraut hätten: Er war ein Demagoge und benutzte die Medien, um politische Ideen mit seiner Person zu verbinden. Ganz selbstverständlich sprach er »im Namen des Volkes«. Die Initiative, die seine Partei 1969 lancierte, sah vor, den Anteil der Ausländer in jedem Kanton auf zehn Prozent zu begrenzen, also zu halbieren. Der Schweizer Öffentlichkeit war diese Art des Politisierens nicht geheuer. Und man wusste, dass der wirtschaftliche Aufschwung ohne Gastarbeiter nicht zu machen war. Bundesrat, Gewerkschaften und Parteien bildeten eine praktisch geschlossene Front gegen Schwarzenbach. Doch mit 48 Prozent Ja-Stimmen wurde die Initiative vom Volk nur knapp verworfen. Die Stimmbeteiligung fiel mit 75 Prozent so hoch aus wie seit Jahrzehnten nicht mehr. Die Angst der Schweizer vor den Fremden war im Grunde nur ein Vorwand. Eigentlich hatten sie Angst vor »dem Fremden«. Vor einer Welt, die sich unaufhaltsam modernisierte und internationalisierte. In den folgenden Jahren sank der Ausländeranteil im Land spürbar. 1980 waren es nicht einmal mehr 15 Prozent. Jetzt fehlte es wieder an Arbeitskräften, und man musste von neuem anwerben, vor allem in Jugoslawien und Portugal.

Die Veränderungen in der Welt konnte man auch an den Grenzposten der Schweiz registrieren. Es kamen wieder Ausländer an, die nicht in erster Linie »schaffe« (arbeiten) wollten; sie fragten nach Asyl. Vor allem Flüchtlinge aus Osteuropa, es herrschte Kalter Krieg. Jetzt, in den 70er und 80er Jahren wollten sich die Schweizer Behörden nicht wieder nachsagen lassen, dass ihr Umgang mit Flüchtlingen an der Grenze unmenschlich sei. Immerhin war schon bekannt, dass in den 40er Jahren das »J« in den Pässen der jüdischen Flüchtlinge eine Idee der Schweizer gewesen war. In den 70ern erarbeitete man eine Asylpraxis, die in ganz Europa als vorbildlich angesehen wurde. Das erste schweizerische Asylgesetz, 1976 beschlossen und 1981 in Kraft gesetzt, kann man sogar liberal nennen, weil es über die Genfer Flüchtlingskonvention von 1951 hinausging: Nicht nur Menschen, die an »Leib, Leben und Freiheit« gefährdet sind, hatten Anrecht auf Asyl. Sondern auch solche, die in ihrer Heimat »psychischem Druck« ausgesetzt waren. Acht von zehn Asylbewerber wurden im ersten Jahr anerkannt. Aber den Behörden war dabei nicht wohl. Ein Jahr später waren es nur noch fünf von zehn. Mitte der 90er Jahre durften nicht einmal mehr zwei von zehn Asylbewerbern bleiben.

In den Boulevardzeitungen und an den Stammtischen heißen die Flüchtlinge seither »Asylanten«. Am Anfang wiesen die Linken in Leserbriefen noch darauf hin, dass das ein verächtlicher Ausdruck sei. Es handele sich um »Asylbewerber«. Heute ist auch oft von »Sans Papiers« die Rede – »Die ohne Papiere«. Die Zahl der Menschen, die ohne Pass und Visum einreisen wollen, hat sich in den letzten Jahren enorm erhöht. Manche hatten nie Papiere. Andere haben sie vernichtet, weil sie hoffen, dadurch besser behandelt zu werden. Denn seit 1990 wird in der Schweiz eine Regelung angewendet, die alle Länder der Welt in »sichere« und »unsichere« unterteilt. Wer aus einem Land kommt, das den Schweizer Flüchtlingsbehörden – und mittlerweile auch den Kollegen in anderen europäischen Ländern – als sicher gilt, hat kein Anrecht auf ein Asylverfahren und wird gleich zurückgeschickt. Seitdem die Schweiz im Sommer 2005 dem Abkommen von Schengen/Dublin beigetreten ist, gilt das Nein eines EU-Staates oder der Schweiz automatisch auch für alle anderen europäischen Länder des Abkommens mit. Mit dem verschärften Asylgesetz von 2007 werden Asylgesuche, die ohne gültige Papiere gestellt werden, nicht mehr behandelt.

Dass auch Menschen mit linker Überzeugung sagen, dass das Schweizer System mit einem Teil der Ausländer nicht mehr zurechtkommt, ist neu. Natürlich war es für viele auch schon vorher nicht in Ordnung, dass bei den Einwanderern und Flüchtlingen wahrscheinlich Leute darunter sein würden, die nicht vor dem

Das erste schweizerische Asylgesetz von 1981 war liberal und ging über die Genfer Flüchtlingskonvention von 1951 hinaus. Die Aushöhlung dieses Gesetzes in den 80er und 90er Jahren führte zu einer Protestbewegung, die eine der stärksten dieser Art in Europa war. Auf den Fotos: Gymnasiasten aus Luzern auf einer Demonstration gegen Ausländerfeindlichkeit Mitte der 90er Jahre.

Krieg flohen, sondern einfach nur hofften, in der Schweiz ein schöneres Leben zu führen. Aber man anerkannte, dass auch diejenigen es immerhin in Kauf nahmen, ihre Heimat und ihre Wurzeln hinter sich zu lassen. Und was die möglichen Drogenhändler betraf, einigte man sich auf die Haltung, dass man wegen der paar Betrüger nicht alle Flüchtlinge gleich schlecht behandeln darf. Es gab auch solche, die meinten, aufgrund der Schande, die sich die Eidgenossenschaft im Zweiten Weltkrieg mit den zurückgewiesenen Juden geleistet habe, sei es praktisch eine moralische Verpflichtung, jetzt alle Flüchtlinge aufzunehmen. In der zweiten Hälfte der 80er Jahre formierte sich im Land sehr deutlich ein Widerstand »gegen die Aushöhlung des Asylrechts«. Er gehörte damals zu den stärksten Bewegungen dieser Art in Europa. Viele Schweizer nahmen einen Asylbewerber bei sich zu Hause auf, um ihre Position deutlich zu machen.

Basel ist traditionell eine Hochburg der Arbeiterbewegung. Wie in vielen Schweizer Städten findet am 1. Mai eine große Kundgebung mit anschließendem Straßenfest statt. Karin Brugger nahm Anfang der 90er Jahre häufig daran Teil, weil sie sich bei einer Arbeitslosenorganisation engagierte, die jeweils einen Kuchenstand hatte. Schon während der Kundgebung auf dem zentralen Platz fielen ihr immer die vielen Kurden auf. Sie trugen traditionelle Trachten, und ein Teil von ihnen spielte mit Flöten und Trommeln ihre Volksmusik. Einige Kurdengruppen tanzten dazu, während ihre Kinder, kaum konnten sie laufen, durch die Menge wuselten, um Flugblätter zu verteilen. Karin hatte den Eindruck, dass die Kurden viel besser organisiert sind als die Schweizer. Es war meistens schon schwierig, in ihrer Gruppe Leute zu mobilisieren, die bereit waren, am Kuchenstand mitzumachen. Von den Schweizer Teilnehmern kamen viele einfach auf dem Sonntagsspaziergang schnell bei der Kundgebung vorbei oder tranken nachher ein Glas Wein auf dem Straßenfest. Die Kurden dagegen nutzten den Tag, um ihre politischen Parolen vorzutragen. Während des Umzugs skandierten sie »Es le-be P-K-K, es le-be P-K-K« und dominierten damit manchmal fast den Zug. Sie hatten auch viel mehr und auffälligere Transparente als zum Beispiel die Schweizer Gewerkschaften. Karin hätte natürlich nicht einmal im Traum jemandem gesagt, dass sie sich am 1. Mai manchmal ein wenig fremd vorkam. Es war auch nur ein diffuses Gefühl, das nicht zu ihrer politischen Überzeugung passte. Aber sie hatte den Eindruck, dass es auch ihren Mitstreitern hinter dem Kuchenstand so ging. Trotzdem: Wenn sie irgendwo hörte, dass jemand sich gegen die Kurden kritisch äußerte, sagte sie mit Nachdruck, dass es für die ewig verfolgte ethnische Minderheit in der Türkei wichtig sei, hier ein Forum zu haben.

Die Struktur der Fremden im Land hat sich in drei Jahrzehnten extrem geändert. Immer weniger von ihnen sind untertänig und dankbar. Und es kommen immer mehr Deutsche. 2004 waren es 12 000. 2008 kamen 30 000. Zuerst drängten vor allem Ostdeutsche in die Baubranche. Sie galten als gut ausgebildet, motiviert und zufrieden mit dem kleinsten Schweizer Lohn. In der »Zeit« war schon von den neuen »Türken der Schweiz« die Rede. Insgesamt leben heute ungefähr 250 000 Deutsche in der Schweiz. Die bilateralen Verträge mit der EU machen es ihnen leicht. Seit dem 1. Juni 2007 sind die Kontingente für Aufenthaltsbewilligungen abgeschafft, und jeder EU-Bürger, der danach fragt, bekommt eine Bewilligung. Nach einer ersten Welle von mäßig ausgebildeten Arbeitssuchenden kommen aus der EU fast nur noch hoch qualifizierte Arbeitskräfte, die auch tatsächlich gebraucht werden. Seitdem die Personenfreizügigkeit auch auf die neuen EU-Staaten in Osteuropa ausgeweitet wurde, machen die Schweizer noch eine überraschende Erfahrung: Viele der ehrgeizigen jungen Leute aus Osteuropa haben überhaupt kein Interesse, in die Schweiz zu kommen. Sie zieht es nach Großbritannien. Dort ist einfach mehr los.

Die Stimmung in der Bevölkerung richtet sich heute, befeuert von der rassistischen Propaganda der SVP, wieder stärker gegen fremde Gesichter und Töne im Straßenbild. Im Herbst 2009 beschloss das Stimmvolk mit großer Mehrheit, dass in der Schweiz keine Minarette mehr gebaut werden dürfen. Diejenigen, die dafür gestimmt hatten, waren erleichtert über dieses klare Signal. Die anderen begannen am Tag nach der Abstimmung, beschämte Mails an ihre Bekannten und Geschäftspartner im Ausland zu schicken und sich von diesem Votum zu distanzieren.

Viele Schweizer fühlen sich nicht nur wegen der Veränderungen in der globalisierten Welt verunsichert, sondern auch vor ihren eigenen Reaktionen darauf. Auch, weil es auf einmal nicht mehr so verpönt ist wie früher, wenn man in der Öffentlichkeit etwas gegen Ausländer sagt. Man muss nur aufpassen, gegen wen man schimpft. Wer gegen »Jugos« wettert, qualifiziert sich noch immer eher für den Stammtisch. Aber gegen die »Schwoobe« darf man heute auch als linker, urbaner Trendsetter ein bisschen Stimmung machen. Denen tut es ja nicht weh. Denken die linken, urbanen Trendsetter, die eigentlich überhaupt nichts gegen Ausländer haben.

Häuser, Straßen, Stadtteile verändern sich, wenn die Mehrzahl der Bewohner aus anderen Kulturkreisen kommt und andere Wertvorstellungen hat als die Alteingesessenen. Es sind vor allem noch die jüngeren, städtischeren Schweizer, die sich vom multikulturellen Ambiente in ihren Straßen, auch von dessen Nachteilen, nicht stören lassen. Sie nutzen die Freiheiten, die ihnen die entschweizerten Stadtviertel bieten; für ein paar Jahre. Wenn sie Kinder bekommen, ziehen sie in eine ruhigere Gegend.

Als Daniel Gerber in Bern studierte, wohnte er in einem Studentenheim. Auf seiner Etage waren auch einige afrikanische Kommilitonen untergebracht, die mit Stipendien aus einem Hilfsprogramm hier eine akademische Ausbildung absolvierten. Obwohl diese vier jungen Männer sehr nett waren, graute es Daniel und seinen Schweizer Kollegen immer davor, wenn sie – was regelmäßig vorkam – von den dunkelhäutigen Männern zu einem Festessen in der Etagenküche eingeladen wurden. Sie wussten dann immer schon, was auf sie zukam: Die Afrikaner legten vorher ihr Geld zusammen und kauften mehrere ganze Fische. Dann stellten sie die elektrischen Kochplatten auf volle Kraft, bis das Eisen glühte, und legten die Tiere, so wie sie waren, darauf, um sie zu garen. Mit dem Ergebnis waren sie mal mehr, mal weniger zufrieden, je nachdem, wie ihnen das Würzen gelang. Eine andere Zubereitungsart wollten sie nicht probieren, obwohl Daniel und seine Kollegen mehrmals dezent versuchten, sie von den Vorteilen einer Bratpfanne zu überzeugen. Nachdem die Hausverwaltung die Afrikaner einmal verwarnt hatte, machten sich die jungen Männer immerhin nach jedem »Festessen« daran, die verklebten Platten wieder blitzblank zu putzen. Aber nachher stank trotzdem die ganze Etage mehrere Tage nach verbranntem Fisch. Die Essen selbst, das will Daniel nicht vorenthalten, waren immer sehr lustig. Unter anderem deshalb, weil alle so taten, als ob ihnen der Fisch wunderbar schmeckte, obwohl sie sich gegenseitig durchschauten. Daniels Haltung zu den Ausländern ist diffus: Er kann seine Schwierigkeiten mit der großen Masse von ihnen nicht leugnen. Aber er weiß auch, dass es unter ihnen coole Typen gibt. Dazu muss man sie nur näher kennen lernen.

Im persönlichen Umgang mit den Ausländern hat sich für die Schweizer nicht viel verändert in den letzten Jahren. Mehr als die Frage, ob einer Flüchtling, Gastarbeiter oder Spezialist ist, zählt noch immer, ob er den Lebensauffassungen der Gastgeber entspricht: Ist er »gschaffig« (fleißig) oder lebensfroh, bescheiden, untertänig, locker, urtümlich, sexy? Die Geschmäcker sind inzwischen differenzierter und damit auch die Anforderungen an die Fremden. Geblieben ist die Erwartung der Schweizer, dass, wer von außen kommt, sich anpasst. Und Anpassung bedeutet nicht Integration. Bei der Integration geht es darum, eine Ebenbürtigkeit herzustellen. Die halten die Eidgenossen zwar untereinander hoch, ein dringendes Interesse an der Integration von Ausländern aber besteht in großen Teilen der Schweizer Bevölkerung nicht. Beim Anpassen bleibt klar, wer das Sagen hat. Die Schweiz ist in Europa das Land mit der niedrigsten Einbürgerungsrate. Nicht einmal vier von 100 Ausländern bekommen irgendwann den roten Pass, häufig sind das Secondos. Die anderen verlieren als »Papiirlischwyzer« (Schweizer auf dem Papier) unter Umständen sogar Sympathien, die sie sich als bescheidene Fremde erarbeitet haben. Zuletzt hat das Stimmvolk eine erleichterte Einbürgerung für die zweite und eine automatische Schweizer Staatsbürgerschaft für die dritte Generation im September 2004 abgelehnt.

Unglücklicherweise wächst die Schweizer Wohnbevölkerung seit der zweiten Hälfte des 20. Jahrhunderts aber nur noch durch die Einwanderer und ihre Nachkommen. Schon heute ist jeder Dritte Einwohner Einwanderer oder Secondo. In den letzten zehn Jahren kam fast die Hälfte der gesamten Einwanderung in die Schweiz durch den Nachzug von ausländischen Familienangehörigen zustande. Ohne die überdurchschnittliche Geburtenrate unter den Ausländern wäre die Bevölkerung bereits seit 1993 geschrumpft. Das Rentensystem, insbesondere die AHV, würde ohne ausländische Arbeitskräfte nicht funktionieren: Rund 25 Prozent der Beiträge zahlen die Fremden ein, nur 13 Prozent nehmen sie in Anspruch.

Und dann gibt es noch die Edel-Ausländer. Von den 300 reichsten Personen und Familien der Schweiz sind fast die Hälfte Zugezogene. Jeder Fünfte davon aus Deutschland. Edel-Ausländer bringen der Schweiz nicht nur Steuern. Sie tun auch einiges für das Image. So bünzlig kann es ja nicht sein, wenn sogar internationale Stars wie Schumi, Tina Turner, die Opernsängerin Cecilia Bartoli oder die Schriftstellerin Sibylle Berg ihren Wohnsitz hierher verlegt haben.

Es trifft nicht den Kern der Sache, wenn man sagt, die Schweizer haben ein Problem mit den Ausländern. Es ist einfach so, dass ihrer Meinung nach sowohl sie selbst als auch die Ausländer mehr davon haben, wenn nicht allzu viele im Land sind. Vor allem nicht solche, die nicht eingeladen wurden. Natürlich hat man Verständnis dafür, dass manch einer lieber in der Schweiz lebt als woanders. Aber das geht nun einmal nicht. Denn das, was sie ist, ist die Schweiz immer noch durch die Schweizer. Und das kann halt einfach nicht jeder sein. Oder?

Die Schweiz für Fortgeschrittene – Letzte Dinge und die rätselhaften Rituale der Sehnsucht

>»Studer zog den Mantel mit Befriedigung an:
>so konnte er einmal vor seinem Tode die Uniform
>tragen, von der er so oft geträumt hatte in Bern,
>an den Tagen, da ihm alles verleidet gewesen war ...«
>*Friedrich Glauser, »Die Fieberkurve«*

Die meisten Schweizer haben Sehnsucht nach einem anderen Ort. Nach einem Ort, der ursprünglich und intakt ist. Nach einem Ort, wo man nicht ständig jemandem ausweichen muss. Und wo einem kein Berg die Sicht verstellt. Also nach einem Ort, der gleichzeitig eine bessere Schweiz und überhaupt keine Schweiz ist. Möglicherweise hatten schon die alten Eidgenossen diese Sehnsucht. Als Söldner sind sie im Mittelalter oft in die Fremde gegangen. Viele Schweizer denken ständig daran, wie es sein würde, einmal richtig auszubrechen aus dem Gefängnis von Regeln und Ordnung, als das sie das Land und das Leben darin manchmal empfinden. Den meisten reicht die Vorstellung. Für die anderen gibt es auch ein paar reale Möglichkeiten. Man kann weit weg in die Ferien reisen, zum Beispiel ans Meer. Man kann Töff-Fahren, Indianer werden, die Alp machen, Auswandern, Drogen nehmen. Selbstmord begehen.

Töff-Fahren ist sehr beliebt in der Schweiz. Es gibt überall Töff-Clubs, deren Mitglieder sich regelmäßig zum »Höck« (Zusammensitzen) und zu Ausfahrten treffen. Ein »Töff« ist ein Motorrad. Mit ihm kann man am Wochenende über die Alpenpässe »blochen« (brettern), in den Wirtschaften auf den Passhöhen trifft man andere Töff-Fahrer, oft ist der ganze Parkplatz voller schwerer Maschinen. Auf dem Töff kann man die Freiheit gut spüren. Die allerwenigsten Töff-Fans in der Schweiz sind Rocker. Es sind ganz normale, arbeitende Menschen. Aber eben, im Gegensatz zu so vielen anderen, keine Bünzli. Die Schweizer halten einander fast ausnahmslos für Bünzli. Die Töff-Fahrer machen am Wochenende hunderte von Kilometern, und wenn sie auf der Straße einen anderen Töff-Fahrer sehen, grüßen sie ihn im Vorbeidonnern lässig mit einem Finger.

Seit 1993 wird in der Schweiz jedes Jahr der »Love Ride« veranstaltet, das größte Benefiz-Töff-Festival Europas – eine Art Love Parade für Töff-Fahrer. Das eingenommene Geld spenden die Veranstalter für muskelkranke Menschen. In der Schweiz gibt es auch sehr viele Freizeitindianer. Am Wochenende ziehen sie ihre Stammeskleidung an, selbstgemacht oder von einer USA-Reise mitgebracht, setzen den Federschmuck auf den Kopf und schlafen in Tipis im Garten oder auf dem Zeltplatz. Häufig verbünden sie sich mit den Freizeitindianern aus Deutschland. Vor allem in der Region Freiburg im Breisgau, nahe an der Schweizer Grenze, ballen sich Indianer- und Trappervereine, mit denen die Schweizer freundschaftliche Beziehungen pflegen. Auch bei den Indianern muss man nicht brav und angepasst sein. Dort zählen andere Dinge: ob einer sein Wort hält, ob einer mit zwei Steinen ein Feuer machen kann, ob man Respekt vor ihm haben kann. Meistens sind es die Leute aus den einfacheren Schichten, die sich trauen, den Druck des Alltags so offensichtlich abzulegen. Die intellektuelleren spötteln gern darüber. Es sei eine »räumliche Flucht aus der inneren Enge« schrieb ein Journalist über die Schweizer Western-Fans. Die Angehörigen der gebildeteren Schichten – oft auch die Städter – glauben meist, sie hätten solche Fluchten nicht nötig. Weil sie ja keine Bünzli sind. Oft spotten auch diejenigen am meisten, die alle drei Monate ihr Wohnzimmer nach den neuesten Regeln der Hippness einrichten und ängstlich beobachten, ob die Kollegen ein cooleres Handy haben als sie.

Auch die Sitte der Schweizer, einander auf der Straße aggressiv anzurempeln (siehe Kapitel »Vom Nutzen der maßvollen Selbstverleugnung ...«) hängt mit der Sehnsucht nach einem anderen Ort und einem anderen Leben zusammen. Man rempelt den anderen, weil er einen stört. Und er stört einen, weil er einen daran erinnert, dass man genauso ist wie er, wie all die anderen Leute auf der Straße, die stumpf vor sich hinlaufen und einem den Platz wegnehmen. Das passiert natürlich unbewusst, wie meist auch das Ausmaß der Sehnsucht unbewusst ist. Die Intensität der Sehnsucht kann konkret mit der Landschaft, mit den Bergen, mit der Wucht und Schönheit der Natur zusammenhängen, die in der Schweiz immer relativ nah und von fast überallher am Horizont sichtbar ist. Ihre Größe suggeriert die Vorstellung, dort auf dem Berg würde einem nicht ständig jemand im Weg stehen. Anders als für die Deutschen ist für die Schweizer das Sehnen nach Heimat und Ursprünglichkeit – ganz gleich ob als Idee, als Nation oder als Landschaft – nicht vollständig ideologisch vergiftet.

Fast jedes Wochenende und in fast allen Ferien sind wir nach Interlaken gefahren. Interlaken war zum Erbrechen. Ich wollte mit meinen Freunden in der Stadt bleiben und in die Disco. Unsere Ferienwohnung lag in einem Ortsteil mit lauter kleinen Häusern aus wettergegerbtem Holz. Nach dem Abendessen, wenn es noch lange hell war, fragte ich, ob ich noch ein bisschen rausgehen könne. Ich ging nie ins Städtchen, die Läden hatten sowieso längst zu, sondern immer in die andere Richtung, zum Schulhaus, das am Ende des Ortes lag. Auf dem Trottoir begegnete ich fast nie jemandem, alle zehn Minuten fuhr vielleicht mal ein Auto vorbei. Wenn ich stehen blieb, war es vollkommen ruhig, ich hörte nur die Insekten und das entfernte Bimmeln von ein paar Kuhglocken. Die Vorgärten quollen über vor Blumen und bunten Sträuchern und rochen stark. Im Schulhof waren die senkrechte Felswand des Harder und die anderen Berge ganz nah. Ich blieb meistens, bis es dämmerte, ein oder zwei Stunden. Bald dachte ich an gar nichts mehr, turnte selbstvergessen am Reck herum oder saß auf der Schaukel, die ich nur ganz leicht bewegte. Manchmal atmete ich tief ein, bis mir schwindlig wurde. Wenn ich die Luft wieder herausgelassen hatte, versuchte ich mich an ihren Geruch zu erinnern. Das ging nie, und ich versuchte es nochmal und nochmal. Irgendwann musste ich nicht mehr mit nach Interlaken. Bis dahin war ich im Sommer fast jeden Abend zum Schulhaus gegangen. Wenn ich dort so saß und mir schwindlig war, hatte ich oft ein Gefühl, dass ich sonst nie hatte. Ich freute mich auf mein Leben, das bald richtig anfangen würde.

Am Fuß der Berge ist man von deren Nähe bald überwältigt. Unter freiem Himmel haben Hänge und Felswände eine ungeheure Ausstrahlung. Es ist die Gegenwart von etwas, das so riesig und so unbeweglich ist, dass man gar nicht versuchen muss, mit ihm Kontakt aufzunehmen; die Berge schauen einen nicht an. Man kann sich völlig verloren und gleichzeitig völlig frei fühlen. Beeindruckt von etwas Erhabenem. Manchmal kommt dabei die Sehnsucht nach etwas Unaussprechlichem auf. Für die Städter, vor allem für die intellektuellen unter ihnen, waren die Alpen schon immer ein Mythos. Die Menschen, die täglich mit ihnen lebten, hatten keinen Anlass, die schroffen Felsen zu glorifizieren oder in ihnen etwas anderes als Landschaft zu sehen. Auch auf die Idee, weiter als unbedingt nötig hinaufzuklettern, sind die Bergler erst im 19. Jahrhundert gekommen. Darauf gebracht haben sie die reichen Engländer, die im Sommer kamen und wünschten, dass kundige Einheimische sie beim Herumstreifen im Gebirge begleiteten. Die Schweizer bemerkten, dass man mit Tourismus Geld verdienen kann. Wer konnte, wurde Bergführer oder Hotelier oder verkaufte als Bauer den teuren Herbergen seine Ware. Eine weitere Durchmischung zwischen Fremden und Einheimischen fand nicht statt. Die Bergler hegten gegenüber den Touristen ein gewisses Misstrauen. Nicht zuletzt deshalb, weil diese in ihren Hotels einen eleganten Lebensstil pflegten, während die Bauern immer noch karg und bescheiden lebten wie ihre Vorfahren. Bald kamen die Touristen nicht mehr nur aus dem Ausland in die Schweizer Alpen. Wenn man im 20. Jahrhundert als Schweizer nicht ohnehin am Fuß eines Berges aufwuchs, lernte man die Alpen auf Schulfahrten kennen. Und je nachdem, welcher Generation man angehörte, wurden sie zum mehr oder weniger zentralen Bestandteil der eigenen Identität erklärt.

Die Sehnsucht nach Identität ist eng mit dem Heimweh verwandt, und Heimweh wiederum speist sich auch aus der Verbundenheit mit einer Landschaft. Aber Heimweh ist ein altmodisches Gefühl, das nicht in ein modernes Leben passt. Schweizer können die Landschaft – und das Heimweh – oft viel besser ertragen, wenn sie ans Meer fahren. Schweizer lieben das Meer. Viele können Sporttauchen oder Segeln, in der Schweiz wurde der Tauchcomputer erfunden, und 2003 hat das Schweizer Segelteam »Alinghi« den America's Cup gewonnen. Das Land hat seit den 40er Jahren eine Hochseeflotte. Die Zeitschrift »mare«, die sich dem Meer widmet, wird in Hamburg von Schweizern gemacht. Auch das Heimweh ist eine Schweizer Erfindung. 1678 verfasste der Gelehrte Johannes Hofer in Basel darüber eine medizinische Dissertation. Das Thema war neu, aber nicht unbekannt. Hofer gab an, der Ausdruck »Heimweh« sei im Schweizer Dialekt entstanden. Er bezeichnete es mit dem lateinischen Namen »Nostalgia«. Hofer untersuchte unter anderem den Fall eines Studenten aus Bern, der in Basel an Heimweh erkrankte, sich von allem zurückzog und dahinsiechte. Kein Mittel half ihm mehr, und man rechnete mit seinem Tod, als ein Apotheker erkannte, dass man den jungen Mann in seine Heimat schicken müsse, um ihn zu heilen. Kaum war er in Bern, so heißt es, lebte er wieder auf.

Im 17. und 18. Jahrhundert wurden weitere wissenschaftliche Arbeiten zur Nostalgia verfasst. An Heimweh erkrankten auch eidgenössische Söldner, die im Ausland Dienst taten. Manchmal führte Heimweh zu Selbstmord oder zu Gewalttaten. 1909 legte der Philosoph Karl Jaspers eine Schrift mit dem Titel »Heimweh und Verbrechen« vor. Darin untersuchte er zahlreiche Fälle, in denen junge Schweizerinnen, die als Dienstmädchen ihren Heimatort verlassen mussten, die ihnen anvertrauten Kinder töteten oder Häuser anzündeten, um wieder nach Hause zu dürfen. Wenn bei ihnen Heimweh diagnostiziert wurde, bekamen sie vor dem Richter mildernde Umstände. Jaspers rekapitulierte auch den bisherigen Stand der Heimwehforschung: »Daher liegt die Ursache der Nostalgie in borniertem Ortsverhältnissen und Beschäftigungen. Es handelt sich meist um eine stabile, sich im Kreise derselben Beschäftigung drehende Bevölkerung, in welcher die Disposition zum Heimweh am reichlichsten entsteht. Das isolierte Leben, der Stumpfsinn prädisponiert. Dem entsprechen Beobachtungen beim Militär. Im Garderegiment zeichnen sich die westfälischen Kompagnien intensiv und extensiv durch ihre Nostalgie aus. In Westfalen leben die Leute auch in isolierten Bauernhäusern hinter Bäumen und Hecken in sehr beschränktem Horizont. Solche unter dem Einflusse derselben eintönigen Formen beschränkt gewordene Individuen verfallen in eine Art Betäubung, wenn man sie plötzlich in eine ganz neue Welt bringt.« Erst im frühen 19. Jahrhundert, dem Zeitalter der Romantik, wurde der Begriff »Heimweh« in die hochdeutsche Sprache aufgenommen. »Zu einer Zeit also, als die deutsche Literatur von einem nostalgischen Gestus geprägt wurde und Vorstellungen von Einheit, Integrität und vor allem von einer Geborgenheit auf Grund einer regionalen Zugehörigkeit zu entwerfen suchte«, wie die Literaturwissenschaftlerin Elisabeth Bronfen 1996 in einem Aufsatz schrieb. So gesehen ist auch die Schweizer Mentalität zutiefst romantisch.

In den 60er Jahren baute Peter Hasler mit seiner jungen Frau Géraldine ein Haus in einer kleinen Gemeinde im Kanton Baselland. Die Haslers sind reformiert, aber das spielt für sie keine allzu große Rolle, sie gehen nur selten in die Kirche. In den ersten Jahren klopfte die Nachbarin am Karfreitag – dem höchsten Feiertag der Reformierten – im Garten laut und demonstrativ die Teppiche. Und zwar immer dann, wenn die Haslers auch draußen saßen. Die Nachbarin war, wie damals fast alle im Dorf, katholisch. Und sie legte Wert darauf, dass die Reformierten in ihrer Nachbarschaft wissen, was sie persönlich von ihnen hält.

Ursprünglich war die ganze Schweiz katholisch. Aber im 16. Jahrhundert kam die Reformationsbewegung ins Land. In Zürich wirkte der Reformator Huldrich Zwingli, in Genf Johann Calvin. Die Eidgenossen spalteten sich in Katholiken und Reformierte und fingen an, einander die Köpfe einzuschlagen. 1531 blieben die katholischen Ortschaften siegreich und konnten ihre politische Vorherrschaft 200 Jahre lang verteidigen. Als es im 18. Jahrhundert zu neuen Kämpfen kam, gewannen die Reformierten. Dort, wo sie in der Überzahl waren, unterstützte sie die Industrialisierung, die Nord- und Westschweiz und das Mittelland entwickelten sich dadurch schnell. Die katholischen Regionen in der Innerschweiz blieben bäuerisch geprägt. Bis ungefähr in die 70er Jahre des 20. Jahrhunderts war die Schweiz zu rund 60 Prozent protestantisch. Dann traten die Protestanten immer häufiger aus der Kirche aus. Heute leben in der Schweiz 40 Prozent Reformierte und 41 Prozent Katholiken. Etwa 20 000 Schweizer sind Juden. Etwas mehr als zehn Prozent aller Bewohner bezeichnen sich als konfessionslos, und es leben 320 000 Moslems im Land.

In der Schweiz gibt es überdurchschnittlich viele obskure Freikirchen, Sekten und esoterische Splittergruppen. Appenzell Ausserrhoden erlaubt als einziger Kanton jedem Bewohner, sich als Mediziner niederzulassen. Darum praktizieren dort extrem viele esoterische Heiler, Pendler und Handaufleger. Das Emmental im Kanton Bern wiederum gilt als Heimat der »Stündeler«. Das sind freikirchliche Evangelisationsgemeinschaften, die sich in abgelegenen Höfen zu Bibelstunden versammeln. Sie halten an ihren strengen Bibelauslegungen fest und sind im 18. Jahrhundert aufgekommen. Damals waren die Wege von den Emmentaler Bauernhöfen oft zu weit, um regelmäßig in die Kirche zu gehen. Die religiösen Bedürfnisse der Bauern wurden von den wandernden Evangelisten der Freikirchen befriedigt. Sie gingen von Hof zu Hof und hielten in den Stuben Bibelstunden ab, zu denen auch die Nachbarn kommen konnten. Hier fanden die Bauern das, was ihrem knorrigen Wesen entsprach: keine ausufernden Interpretationen der Bibel und neumodische Ansichten, sondern eine klare Auslegung des Wortes und einfache Regeln. Alles was hell und freudvoll ist, kommt vom Teufel und muss gemieden werden. Frauen sollen keine Hosen tragen und sich die Haare nicht kurz schneiden. Letzteres konnte zwar auch im abgelegenen Emmental nicht aufrechterhalten werden, aber die fundamentalistischen Splittergruppen kommen im Kanton Bern noch immer zu ihren »Stündchen« zusammen. Streng beobachtet von den eidgenössischen Sektenbeauftragten.

Die letzten vier Sommer waren gut für Gianna Manser aus Luzern. Jeweils gegen Ende Mai hat sie zusammen mit zwei Freunden ihre Sachen gepackt und ist auf die Alp gegangen. Als Hirtin. Darauf gebracht hat sie ein Kollege aus Basel, der schon seit vielen Jahren immer im Sommer »die Alp macht«. Gianna geht immer auf eine Alp im Graubünden. Der Bauer, dem sie gehört, überlässt ihr und den beiden Freunden seine Ziegenherde, insgesamt 200 Tiere. Dafür zahlt sie ein paar hundert Franken, sowie eine kleine Pacht für die Alphütte. Es gibt dort kein warmes Wasser, keinen Strom und nur ein Plumpsklo. Aber für Gianna ist es einer der schönsten Orte der Welt. Bis zum Herbst leben Gianna und die beiden Freunde dort ganz ursprünglich: Sie stehen auf, wenn die Sonne aufgeht, sie lassen die Tiere weiden, melken sie und vor allem machen sie Käse aus der Milch. Den dürfen sie auf eigene Rechnung verkaufen. Manchmal kommen Wanderer vorbei, die für ein paar Franken einkehren. Aber meistens ist man dort oben ganz allein. Die Tiere fordern viel Konzentration, man muss immer aufpassen, dass sie beieinander bleiben und nicht irgendwo herunterstürzen. Nach einigen Tagen reden Gianna und die Freunde nur noch das Nötigste miteinander. Nicht, weil sie sich nicht mehr mögen. Es braucht einfach keine Worte mehr. In den Monaten auf der Alp schöpft Gianna Kraft, die ihr durch den Winter in Luzern hilft. Sie kennt viele, die im Sommer eine Alp machen. Es sind Leute wie sie, die auch im normalen Leben versuchen, nicht angepasst zu sein wie die

Spießer. Einer der beiden Freunde war früher bei den Autonomen und hat in einem besetzten Haus gelebt. Eine Alp zu machen ist eine Herausforderung. Das schafft man nicht als »abgelöschter« Bünzli.

Die Alpen sind nicht mehr das, was sie jahrmillionenlang waren. Bereits Mitte des 19. Jahrhunderts wurden Gebirgswälder abgeholzt, um Baumaterial zu gewinnen. Wenn es danach stark regnete, stürzten die unbefestigten Hänge ins Tal. Heute sind überall Befestigungen und Lawinenbremsen aufgestellt. Sie sehen aus wie Panzersperren, und man erkennt sie von weitem, wenn man in den Bergen wandert. Die Bergkantone sind vom Tourismus abhängig. Im Wettlauf um die Feriengäste baute man im 20. Jahrhundert immer noch ein Hotel und noch eine Überbauung, bis den Einheimischen alles über den Kopf wuchs. Das hat nicht in erster Linie mit dem Widerspruch zwischen Urtümlichkeit und Zivilisation zu tun. »Die alpine Landschaft ist – abgesehen vom Hochgebirge – keine Naturlandschaft, sondern eine Kulturlandschaft«, schrieb die Journalistin Bettina Mutter 1992. Es ist eine Frage der Macht. Wer bestimmt, wie die alpine Landschaft aussieht, und für wen ist sie eigentlich da? In den 90er Jahren schlossen sich verschiedene Bürgerinitiativen zur »Alpen-Initiative« zusammen. 1980 war der Autotunnel durch den Gotthard eröffnet worden. Jeden Tag donnert seither der Verkehr durchs Tal, vor allem der Schwerverkehr. Manchmal stehen die internationalen Lastwagen stunden- oder sogar tagelang im Stau, und zwischen den engen Felswänden hängt dicker Abgasdunst. Die Lastwagen bringen Güter von einem EU-Land ins andere, und dazwischen liegt die Schweiz. Überall in den Bergen haben Betonbrücken und Straßen die Landschaft verändert. Die Bergler haben den Eindruck, die Verkehrsexperten und Touristiker würden ihren Lebensraum nur noch als Durchgangsgebiet für den Güterverkehr oder als Erlebnispark für Touristen betrachten. Seit die Landwirtschaft nicht mehr wie früher subventioniert wird, würden die Bauern, auch in den Bergen, immer mehr in die Rolle der »Landschaftsgärtner für den Tourismus« gedrängt, wie ein Journalist in der Wochenzeitung »WoZ« geschrieben hat. 1994 stimmten die Schweizer Stimmbürger der »Alpeninitiative« zu. Bis zum Jahr 2004 sollte der gesamte Güterverkehr von der Straße auf die Schiene verlegt sein. Das lässt sich in Europa nicht umsetzen. Seit einigen Jahren investiert man in den Bergregionen jetzt mehr in naturnahen Tourismus. Aber das Gefühl der Bedrohung in den hochgelegenen Dörfern geht nicht mehr weg. Jahrtausendelang bestanden mindestens fünf Prozent des Bodens in der Schweiz aus Permafrost: Das Erdreich war tiefgefroren. Diese Schicht taut jetzt langsam auf. Der Boden verliert den Halt und rutscht mitsamt den Häusern ins Tal.

Je mehr die modernen Schweizer ihre Entwurzelung spüren, desto empfänglicher sind sie für das Pathetische geworden. In den 90er Jahren erschütterte ein Phänomen mit dem Namen »European Kings Club« das Land. 1991 hatte eine deutsche Hotelfachangestellte in Frankfurt a. M. den »German Kings Club« gegründet. Ziel war es, jedem, der mitmacht, ein »menschenwürdiges Dasein« in finanzieller Freiheit zu ermöglichen: durch »Umverteilung« des Reichtums. Im Schneeballsystem wurden Anteilscheine, so genannte Letters verkauft. Je mehr Letters ein Unterzeichner seinerseits verkaufte, desto mehr Provision strich er ein. Bereits ein Jahr nach der Gründung wurden die deutschen Behörden misstrauisch. Der Club zog nach Basel, taufte sich um in »European Kings Club« und fand in den Schweizern leidenschaftliche Anhänger. Denn die Ideen des »EKC« zielten präzise auf den eidgenössischen Mythos: Freiheit, Selbstständigkeit, Unabhängigkeit. Vor allem kleinere Leute kauften Letters; Schweizer, die sich den unsichtbaren Mächten, die ihr Land regieren, besonders ausgeliefert fühlen. Sie verdrängten sogar, dass der »EKC« aus Deutschland kam. Als auch die Basler Behörden aufmerksam wurden, zog sich der European Kings Club in die tiefste Innerschweiz zurück, nach Stanstaad in Nidwalden. Dort wo man kurz zuvor den Beitritt zum Europäischen Wirtschaftsraum am entschiedensten abgeschmettert hatte, fand der EKC jetzt die meisten Anhänger. Zum Schluss hatten etwa 20 000 Eidgenossen ihr Erspartes in Letters angelegt, insgesamt 200 bis 300 Millionen Franken. Im Herbst 1994 brach der Betrug zusammen, und die Anführer wurden verhaftet. Das Geld der Kleinanleger war weg. Aber für viele von ihnen waren nicht die Betrüger schuld. Sondern die »Mächtigen«, die den kleinen Leuten diese Chance genommen haben, einmal an den Geschäften der Großen teilzuhaben. Es gibt viele Schweizer, die für Verschwörungstheorien empfänglich sind. In einem der reichsten Länder der Welt mit seiner direkten und gut funktionierenden Demokratie fühlen sich viele machtlos. Es scheint, als könnten sie es nicht fassen, dass ein modernes, bequemes Leben, wie es auch die eingeschworensten Innerschweizer längst führen, nicht allein von Fleiß, Bescheidenheit und Gottesfurcht geprägt sein kann. Sondern von wirtschaftlichen Interessen, politischen Kalkülen – vom Kapitalismus eben. Auch wenn die Berge dastehen wie vor tausenden von Jahren und die Zentralen der Banken weit weg im Unterland sind. So fühlen sie sich bedroht von unsichtbaren Mächten, die es böse meinen: der Bankenmafia, der Justizmafia, der Wirtschaftsmafia. Dem Politikerfilz, dem »Willkürsystem«. Es gibt Menschen im Land, die trauen überhaupt nur noch den Tieren und den Außerirdischen. Den Außerirdischen wahrscheinlich vor allem deshalb, weil sie im Schweizer Ufo-Forscher Erich von Däniken einen guten Fürsprecher haben. Von Däniken sagt, dass die Außerirdischen mit ihren Ufos früher einmal die Erde besucht haben, um uns an ihrem Wissen teilhaben zu lassen. Es ist schwer, wenn man eine derartige Sehnsucht hat, aber der Ort, nach dem man sich sehnt, in einer anderen Zeit liegt. Falls er überhaupt existiert hat. Wohin soll man als Schweizer flüchten, wenn man schon in der besten aller Welten lebt und trotzdem nicht glücklich ist?

Mitten in Zürich gab es zu Beginn der 90er Jahre einen grauenhaften Ort, über den auch diejenigen sprachen, die nie dort gewesen waren. In einer Parkanlage namens »Platzspitz« hatte sich in wenigen Jahren ein offener Treffpunkt der Drogenszene gebildet, die Junkies kamen aus der ganzen Schweiz und aus dem Ausland. Am Platzspitz herrschte ein apokalyptisches Gewimmel aus Menschen, Armen, Nadeln, umgekippten Körpern und dem, was sie ausschieden. In der Mittagspause kamen gut angezogene Geschäftsleute um sich Koks, Haschisch und Heroin zu besorgen. Oder um es zu verkaufen. Das Drogenproblem war der Schweiz über den Kopf gewachsen. Zürich, das sich schon immer gern als heimliche Hauptstadt der Schweiz sah, war kurzfristig zur Drogenhauptstadt Europas geworden. Der Platzspitz wurde auch »Needle Park« genannt – Nadelpark. 1992 räumte ihn die Zürcher Polizei in einer groß angelegten Aktion. Allerdings hatte die Stadtregierung nicht überlegt, wohin die Junkies stattdessen gehen sollten. Die Abhängigen irrten nach der Räumung durch die Straßen, verbreiteten Ekel und Angst, und sobald sie sich irgendwo niederließen, wurden sie von der Polizei gejagt. Nach kurzer Zeit bildete sich eine neue Szene auf dem stillgelegten städtischen »Bahnhof Letten«. Dort sah es nach kurzer Zeit aus wie auf dem Platzspitz, nur schlimmer. Als 1995 auch der Letten geräumt wurde, hatte man die Überlegungen zur Drogenpolitik nachgeholt. Vor allem hatte man eingesehen, dass es nicht reicht, nur denjenigen Hilfe anzubieten, die bereit waren auszusteigen.

Drogenpolitik ist in der Schweiz in erster Linie Aufgabe der Kantone. Basel-Stadt hatte schon Mitte der 80er Jahre gemerkt, dass man mit der bisherigen, rein repressiven Drogenpolitik nicht weiterkam. In Basel versammelte sich die offene Szene am Rheinufer, die Junkies saßen auf den Betonstufen vor den Straßencafés, dealten, und wenn sie sich einen Schuss setzen wollten, zogen sie sich bestenfalls in den Schatten einer Einfahrt zurück. Kein schöner Anblick. Die Parteien einigten sich auf eine pragmatische Mischung aus Unterdrückung, Prävention und Therapie. Seit 1991 gibt es in Basel Fixerstuben, die vom Kanton betrieben oder unterstützt werden. Dort können Junkies Drogen konsumieren, es gibt saubere Spritzen, und vor Ort sind Sozialarbeiter, die aufpassen, dass in und vor den Räumen nicht gedealt wird. Gleichzeitig hat die Polizei die Junkies nachdrücklich von ihren bisherigen Treffpunkten vertrieben. Man investierte in Therapieplätze und Straßenarbeit. 1994 wurde dem Stimmvolk des Kantons ein zeitlich begrenzter wissenschaftlicher Versuch vorgeschlagen: Die Abgabe von Heroin, Methadon und anderen Morphinen auf Rezept an ausgewählte »Schwerstabhängige«. Damit sollte die Verbreitung – und die Qualität – des Stoffes kontrolliert und den Dealern das Wasser abgegraben werden. Auch die Beschaffungskriminalität wollte man so zurückdrängen. Fast drei Viertel der Basler, die abstimmten, waren dafür. Heute gibt es in Basel keine offene Drogenszene mehr. In den ersten Jahren wurden in vielen öffentlichen WCs und Toiletten in Cafés die Glühbirnen gegen Blaulicht ausgetauscht, um zu verhindern, dass die Junkies sich dort einen Schuss setzen. In dem blauen Licht konnten sie ihre Venen nicht sehen. Ein Bestandteil der schweizerischen Drogenpolitik ist es heute, dass Süchtige, die sich außerhalb ihres Wohnkantons zudröhnen, schleunigst dorthin zurückgeschickt werden. Dann müssen sich die dortigen Behörden um einen Therapieplatz kümmern. 2009 stimmten die Schweizer mit fast 70 Prozent einer gesetzlichen Regelung zu, nach der Suchtkranke unter strengen Bedingungen und im Rahmen einer Therapie Heroin auf Rezept bekommen können. Die kontrollierte Abgabe von Rauschgift ist nicht ideal, das wissen die Schweizer. Aber es ist die pragmatischste Lösung. Auch wenn sie nur einen Teil der Drogenabhängigen betrifft. Vielen Junkies ist es zu brav, das Heroin beim Arzt abzuholen. Manche wollen »uff dr Gass« leben –, auf der Gasse sind sie nicht den Regeln der Bünzli unterworfen. Ungefähr 0,5 Prozent der Schweizer Bevölkerung konsumiert regelmäßig harte Drogen. Die Zahl liegt leicht über dem Durchschnitt des benachbarten Auslands. Ungefähr zwei Prozent aller Schweizer sind alkoholabhängig, es gibt Studien, die besagen, dass je nach Region jeder zehnte bis zwanzigste Schweizer regelmäßig Beruhigungstabletten nimmt. In der »Schweizerischen Gesundheitsbefragung« gab 1997 ein Viertel der Bewohner an, in »schlechter psychischer Verfassung« zu sein. Im Abschlussbericht der Befragung heißt es: »Schließlich fällt auf, dass der Konsum von Medikamenten bei psychischen Störungen viel höher ist, als für die Behandlung nötig wäre.«

Überdurchschnittlich viele Menschen in der Schweiz setzen ihrem Leben auch selbst ein Ende. Seit 1876 wird eine Todesursachenstatistik geführt, und man weiß, dass die Schweiz eine der höchsten Selbstmordraten Europas hat. Von 100 000 Einwohnern töten sich pro Jahr etwa 20 selbst. »10 Prozent der Schweizer Bevölkerung begehen im Laufe des Lebens einen oder mehrere Suizidversuche«, schrieb das Bundesamt für Gesundheit 2005. Fast jeder Schweizer wird im Laufe seines Lebens mit einem oder mehreren Suiziden oder Suizidversuchen konfrontiert. Seit 1982 gibt es in der Schweiz die »Vereinigung für Humanes Sterben« EXIT. Aktive Sterbehilfe ist verboten. Aber EXIT arbeitet mit Ärzten zusammen, die bereit sind, schwerkranken Mitgliedern tödliche Dosen von Medikamenten zu verschreiben, wenn diese ihr Leben beenden wollen. Der Verein hat in der Schweiz auch die Patientenverfügung eingeführt und kümmert sich darum, dass sie von den Ärzten eingehalten wird. EXIT leistet seinen Mitgliedern auf Wunsch auch Suizidbegleitung. In den meisten Fällen machen Menschen mit schweren körperlichen Krankheiten davon Gebrauch, seltener solche, die seelisch krank sind. Zwischen 1990 und 2000 haben knapp 750 Menschen diese Möglichkeit eines selbstbestimmten Todes in Anspruch genommen. EXIT hat in der Deutschschweiz heute etwa 50 000 Mitglieder. Selbstmord passt zu den Schweizern. Er hat etwas mit dem Wunsch nach Freiheit und mit Eigenverantwortung zu tun. Auch mit der Schande, die es

»Wenn der Alpenfirn sich rötet, / betet, freie Schweizer, betet!« – aus einem Lied von Leonhard Widmer, entstanden 1841 und seit 1961 Schweizer Landeshymne. Die Identität der Schweizer speist sich auch aus ihrer Verbundenheit mit der Landschaft. Je mehr die modernen Schweizer ihre Entwurzelung spüren, desto empfänglicher werden sie fürs Pathetische. Das Foto zeigt das Alpkreuz von Engelberg.

bedeutet, nicht zu funktionieren und jemandem zur Last zu fallen. Vielleicht auch mit der Sehnsucht nach etwas Großem, von dem man das Gefühl hat, dass es einem für immer entglitten ist.

Trittst im Morgenrot daher
seh' ich dich im Strahlenmeer
Dich, du Hocherhabener, Herrlicher!
Wenn der Alpenfirn sich rötet,
betet, freie Schweizer, betet!
Eure fromme Seele ahnt
Gott im hehren Vaterland,
Gott, den Herrn, im hehren Vaterland.

Kommst im Alpenglühn daher,
find' ich dich im Sternenheer,
Dich, du Menschenfreundlicher, Liebender!
In des Himmels lichten Räumen
kann ich froh und selig träumen!
Denn die fromme Seele ahnt
Gott im hehren Vaterland,
Gott, den Herrn, im hehren Vaterland.

Ziehst im Nebelflor daher,
such' ich dich im Wolkenmeer,
Dich, du Unergründlicher, Ewiger!
Aus dem grauen Luftgebilde
tritt die Sonne klar und milde,
und die fromme Seele ahnt
Gott im hehren Vaterland,
Gott, den Herrn, im hehren Vaterland.

Fährst im wilden Sturm daher,
bist du selbst uns Hort und Wehr,
Du, allmächtig Waltender, Rettender!
In Gewitternacht und Grauen
lasst uns kindlich ihm vertrauen!
Ja, die fromme Seele ahnt
Gott im hehren Vaterland,
Gott, den Herrn, im hehren Vaterland.

Schweizer Landeshymne (Schweizerpsalm)

Bergler sind die Schweizer schon lange nicht mehr, viele sind es auch nie gewesen. Aber das Versprechen einer gewaltigen, schweigenden Natur ist immer noch an die Heimat gebunden, genauso wie die Vorstellung der Freiheit und Unabhängigkeit: Es ist die Idee von etwas »Richtigem«, Unverfälschtem, das es einmal gegeben hat und für das man eigentlich bestimmt ist. Der Ort, an dem man ohne innere und äußere Spannung leben könnte. Dieser Heimatmythos hat überlebt, weil die Schweizer über Generationen immer wieder daran erinnert worden sind. Als die Schweiz 1848 zu einem modernen Bundesstaat wurde, beschworen die Politiker die Kraft der alten Eidgenossenschaft. Im Zweiten Weltkrieg bediente man sich einer idealisierten Vergangenheit und rief die Schweizer auf, sich auf ihre wehrhaften, bäuerlichen Wurzeln zu besinnen. Sogar heute lässt sich noch im entwurzeltsten Schweizer Agglo-Bewohner etwas irgendwie »Eidgenössisches« wecken. Das funktioniert, weil der Schweizer Heimatmythos vor allem die Angst vor Verlust beinhaltet. Er wird umso bedrohlicher, je undeutlicher die Idee von dem ist, was man angeblich einmal besessen hat. Deshalb ist es 2003 zu dem politischen Rechtsruck gekommen. Auch Christoph Blocher beschwor das Schweizer Volk, sich auf die Unabhängigkeit zu besinnen.

Seitdem das verinnerlichte, abstrakte Wort der Freiheit neue, konkrete Inhalte bekommt – zum Beispiel die Freiheit jedes Europäers, ohne Not in einem anderen Land zu leben und zu arbeiten –, hat man einen Teil der Schweizer noch einmal zum Widerstand formieren können. Gegen die Einflussnahme der Europäischen Union auf die Schweiz. Sogar die Notrufnummer der Polizei, die 117, wurde jetzt unterlaufen. Man kann seit ein paar Jahren in der Schweiz auch die internationale Nummer 112 wählen. Aber die Freiheit der EU ist nicht die Freiheit der Eidgenossen, und die Regeln der EU sind auch nicht ihre Regeln. Ein Schweizer sieht einfach nicht ein, warum er sich die Normbiegung einer Gurke vorschreiben lassen soll. Gegen sinnvolle Regeln hat man noch nie etwas gehabt. Seit das Land besteht und zu blühen begonnen hat, sind es die strengen gesellschaftlichen Regeln gewesen, an denen sich die Schweizer orientiert haben. Gerade weil sie immer gefühlt haben, dass sie tief im Innern wilde Eigenbrötler sind, die einander nicht über den Weg trauen, waren sie immer bereit, die Regeln zu akzeptieren. Die Regeln waren das Gitter, mit dem sie sich voreinander in Sicherheit gebracht haben. Es musste eng sein, weil die Wesen im Innern wild sind. Seit die Regeln jetzt plötzlich lockerer werden haben viele Schweizer Angst bekommen. Vielleicht auch Angst vor sich selbst.

Vor ein paar Jahren wurde es bei den Jüngeren Mode, rote T-Shirts mit einem provokant großen Schweizerkreuz auf der Brust zu tragen. Falls einen am Anfang jemand ausgelacht hätte, weil Patriotismus total uncool ist, hätte man sagen können, das sei doch nur ironisch. Einige trugen das T-Shirt probehalber aus Überzeugung. Sie wollten einmal Nationalstolz ausprobieren. Aber die Schweizer eignen sich nicht für den Nationalismus, dazu sind sie viel zu individualistisch. Als Christoph Blochers SVP 2003 zur Eröffnung der ersten Bundeshaus-Session nach dem Wahlsieg das Parlament aufforderte, gemeinsam die Landeshymne zu singen, wurde das allgemein stark kritisiert. Eine viel zu primitive Symbolik. Die Sehnsucht der Schweizer nach Heimat lässt sich nicht durch Symbole befriedigen. Überdurchschnittlich viele Einwohner kommen beim Schweizerpsalm nicht einmal über die ersten Zeilen hinaus, vielen fällt als erstes die Veralberung »Trittst im Morgenrock daher ...« ein. Die Nationalhymne wird höchstens am 1. August, dem Nationalfeiertag, gesungen, nachdem vorher Textblätter verteilt worden sind. Heimat fühlt man als Schweizer, wenn überhaupt, tief im Innern und für sich allein. Als Gefühl für etwas Bedrohtes oder als Heimweh nach etwas Verlorenem. Dem Heimweh ist es egal, dass es das Ziel der Sehnsucht, diese mythische, »richtige«, freie Schweiz, vermutlich nie gegeben hat. Jedenfalls kann sich schon sehr lange niemand mehr daran erinnern. Das Heimweh selbst ist zur Heimat geworden, vielleicht war es das auch schon immer. Die Eidgenossen haben sich in den Jahrhunderten daran gewöhnt. Zusammen mit dem Triebverzicht hat das immer funktioniert. Portemonaies und Handtaschen mit dem Schweizer Kreuz darauf sind in der Schweiz heute modischer Mainstream, und man kann sie überall kaufen.

Den lautstarken Widerstand gegen die politischen Einflüsse von außen wird es nur noch geben, solange die Wucht des Heimatmythos in einem Teil der Bevölkerung nachwirkt; neben diesem Mythos muss ein künstliches, vergeistigtes Konstrukt wie die EU blass und kränklich aussehen. Auch die Eidgenossenschaft war einmal ein künstliches Konstrukt. Aber sie war wenigstens klein und überschaubar und hatte mit den Bergen das optimale

Markenzeichen. In Zukunft werden immer weniger Schweizer den alten Heimatmythos mit sich herumtragen. Denn die Schweizer, die Linken und auch manche der Rechten, sind gerade dabei, diesen zu modernisieren und ihn in die globalisierte Welt zu übertragen. Auch darum interessiert sie die glücklose EU im Moment nur wenig. Gegenwärtig würden sich je nach Umfrage bis zu 70 Prozent gegen einen Beitritt aussprechen. Ohnehin hat die EU mit der Schuldenkrise und vielen bürokratischen und politischen Schlappen schlecht für sich geworben.

Es ist eine Tatsache, dass die Schweiz sehr viel von dem, was ihr bisher heilig war, verlieren wird, wenn sie sich zu Europa bekennt und der EU beitritt. Aber es ist auch eine Tatsache, dass sie sehr viel davon schon lange vorher verloren hat. Weil die Welt sich weitergedreht hat und auch Mythen eine Halbwertszeit haben. Weil die Nachbarländer nun einmal beschlossen haben, sich zusammenzuschließen, und man von ihnen schon lange abhängig ist. Auf Dauer wird es mit der Abschottung auch deshalb nichts werden, weil es rundherum viel zu interessant ist, als dass die Schweizer noch lange hinter ihrem Gitter werden ausharren wollen. Aber sie wären nicht über all die Jahrhunderte freie, unabhängige Eidgenossen geblieben, wenn sie sich jetzt vorschreiben ließen, wann für sie der richtige Moment gekommen ist.

Sie sehen gleich aus, aber sie verhalten sich anders. Das ist in etwa der Grundkonflikt des Alltags zwischen Schweizern und Deutschen. Es hilft, wenn Deutsche sich ein bisschen darauf einstellen. Etwas maßvolle Selbstverleugnung üben, wenn sie es mit Schweizern zu tun haben. Ewig wird das nicht mehr nötig sein. Aber im Moment ist es noch der beste Weg, die wahre Freundschaft der Schweizer zu gewinnen. Inklusive der schönen Landschaft, der hohen Löhne, des guten Essens. Wenn ein Deutscher dann ein Freund geworden ist und doch mal einen Fehler macht, nimmt man es ihm als Schweizer überhaupt nicht mehr übel. Man hebt nur mild die Achseln und denkt: »Er kann halt nicht anders, er ist eben ein Sauschwoob ...«

Anhang

Quellenangaben

Vorwort (S. 10–12)
Bovenschen, Silvia: Der Schweizer als Verbrecher, in: Weltwoche Nr. 53 vom 31. Dezember 1998 (Das Grundgute).

Grüezi und Willkommen ... (S. 14–23)
Zitiert nach: Binder, Christiane; Widmer, Thomas: Danke, Deutschland!, in: Facts Nr. 38/2003, S. 104 (Umfrage Sympathie).

Vom Nutzen der maßvollen Selbstverleugnung ... (S. 24–33)
CD-Booklet: Pigor singt. Benedikt Eichhorn muss begleiten, Roof Music 1999 (Motto).

Jeder für sich ... (S. 36–53)
Zitiert nach: www.tellmuseum.ch (Tell-Sage).
Zitiert nach: Peter, Maja: Die Unzufriedenen von Zurich, in: Weltwoche Nr. 27 vom 6. Juli 2000, S. 63 (Zürich-Umfrage).
Zitiert nach: Arter, Matthyas: Tücken des Stockwerkeigentums, in: NZZ am Sonntag vom 30. November 2003, S. 63 (Stockwerkeigentum).
Mingels, Guido: Geheime Ferienhäuser zu verkaufen. Günstig, in: Das Magazin Nr. 1/2003, S. 11f. (getarnte Bunker).

Warum sind die eigentlich so reich ... (S. 54–70)
Zitiert nach: Wolf-Doettinchem, Lorenz: Auf drei festen Säulen, in: Stern, 39/2003, S. 79 (Motto).
Zitiert aus: Schweizer Revue, März 2011/Nr. 2, S. 31 (Umfrage Glücksempfinden)
Zitiert nach: http://emagazine.credit-suisse.com (Sorgenbarometer).
Zitiert nach: Barandun, Angela: Das gab's noch nie: Junge Schweizer Firmen sind Spitze in Europa, in: www.tagesanzeiger.ch vom 20. April 2009 (Neugründungen).
Zitiert nach: vil: Sozialhilfe immer wichtiger, in: Basler Zeitung Nr. 280 vom 1. Dezember 2003, S. 28 (Anspruchshaltung).
Zitiert nach: lat: Am seidenen Faden, in: Tagesspiegel vom 28. März 2004 (Zahngesundheit Schulkinder).
Zitiert nach: Niederberger, Daniela: Ewiges Leben und Glückseligkeit, in: Weltwoche Nr. 24/2003, S. 34f. (Fitness und Sport).

Hoi Stöff ... (S. 71–81)
Zitiert nach: Prins, Rienk: Invalidität als Folge psychischer Beeinträchtigung: Ein internationaler Vergleich, in: Die Volkswirtschaft Nr. 10/2005 (Psychische Invalidität).

E Stange Panache ...   (S. 82–100)

Schneider, Hansjörg: Silberkiesel, Lizenzausgabe, Bergisch Gladbach 2001, S. 49 (Motto).

Linthout, Dik: Frau Antje und Herr Mustermann. Niederlande für Deutsche. Berlin 2002, S. 140 (Fluchen).

Zitiert nach: Engeler, Urs Paul: Der Sturm ums Gewehr, in: Weltwoche 13/07 (Schusswaffen in Schweizer Haushalten).

Kleiner Exkurs ...   (S. 101–120)

Zitert nach: Honegger; Rychner: Gemütlichkeit, S. 10 (Motto).

Zitiert nach: Das Réduit national – ein Mythos, in: Die Schweiz im Zweiten Weltkrieg, S. 9.

Zitiert nach: Bamert, Franz: Zurück zu den touristischen Wurzeln, in: Schweizer Revue Nr. 4/August 2002, S. 6 (Zahlen Tourismus).

Zitiert nach: Wartenweiler, Johannes: Pralle Euter machen Ärger, in: WoZ Nr. 40 vom 3. Oktober 2002, S. 5 (Zahlen Landwirtschaft).

Zitiert nach: Hersche, Otmar: Der Widerstand der Stillen im Land, in: Woz Nr. 49/5 von Dezember 2002 (Rede Bundespräsident).

Zitiert nach mbm: Mit Fluglärm arrangiert, in: NZZ online vom 19. August 2005, Dossier »Der Streit um den Fluglärm« (Untersuchung Anwohner).

Zitiert nach: Tagesspiegel vom 19. September 2005 (päpstliche Schweizergarde).

Mani, Büne und das Theater ...   (S. 121–137)

Baur, Eva Gesine; Wüthrich, Beat: Rezepte aus der Schweiz, Bern und Stuttgart 1999, Lizenzausgabe, S. 23 (Motto).

Zitiert nach: Zweifel, Philippe: Was mögen Sie im Kino – Synchronfassung oder Original?, in: www.tagesanzeiger.ch vom 15. April 2009 (Kinoeintritte Synchronfassung).

Zitiert nach: Glauser, Martin: Der Angriff der Windmühlen, in: www.cineman.ch (Filmkritik Beresina).

Zitiert aus: Radio Magazin (Zürich) Nr. 10/2002, S. 4 (Leserbrief).

Vom richtigen Dessert ...   (S. 138–153)

Speiser, Marcel: Geld sparen wird auch in der Schweiz cool. Interview mit David Bosshart, in: Tages-Anzeiger vom 27. Oktober 2003 (Wirtschaftsfachmann).

Zitiert nach: Eichenberger, Isabelle: Schweizer sagen es mit Blumen, in: Schweizer Revue Nr. 1/März 2004, S. 8 f. (Zahlen, Pflanzen u. Handwerk).

I ha di gärn ...   (S. 154–167)

Zitiert nach: Bortolani, Martina: Aussen adrett, innen Domina, in: Sonntagszeitung.ch vom 18. Oktober 2005 (Dominetten).

Zitiert nach: Müller, Franziska K.: Generation Minigolf, in: Weltwoche Nr. 32/2003, S. 28 (Bevölkerungsstruktur 35-Jährige).

Zitiert nach: Lukesch, Barbara: Ein Don Juan als Bundesrat?, in: NZZ am Sonntag vom 30. November 2003, S. 89 f. (Bundesrats-Ehen).

Nicht jeder kann ein Schweizer sein ... (S. 170–186)
Ribi, Rolf: Stirbt die Schweiz aus?, in: Schweizer Revue, Die Zeitschrift für Auslandschweizer, Nr. 6/Dezember 2002, S. 7 (Motto).
Binder, Christiane: Die Angstmacher, in: Facts 24/2004 vom 9. Juni 2004 (Kriminalstatistik)
Zitiert nach: Leuthold, Ruedi: Die Türken der Schweiz, in: Die Zeit Nr. 39 vom 22. September 2005.
piw: Die Reichsten werden wieder reicher, in: Basler Zeitung vom 26. November 2003, S. 15 (Edel-Ausländer).

Die Schweiz für Fortgeschrittene ... (S. 187–200)
Glauser, Friedrich: Die Wachtmeister Studer-Romane, Zürich 1989, S. 392 (Motto).
Stadtzeitung Basel vom 6. Oktober 1993, S. 21 (Western-Fans).
Vgl. Jaspers: Heimweh, S. 54 (Heimweh).
Zitiert nach: Jaspers: Heimweh, S. 11 (Bronfen).
Zitiert nach: Alpen-Initiative: Es kocht in den Alpen, S. 32 (Naturlandschaft).
Zitiert nach: Wartenweiler: Pralle Euter (Landschaftsgärtner).
Zitiert nach: Theiss, Udo: Sucht auf Rezept, in: Stadtzeitung Basel Nr. 2 vom 3. Februar 1993 (Studie Beruhigungsmittelkonsum).
Zitiert nach: Honegger; Rychner: Gemütlichkeit (EKC, Selbstmord).
Bundesamt für Gesundheit: Suizid und Suizidprävention – Bericht in Erfüllung des Postulats Widmer, April 2005 (Suizidhäufigkeit).

Verwendete Literatur und Quellen (Auswahl)

Baumann-von Arx, Gabriella und Frank: Bei Baumanns. Aus dem Epizentrum einer ganz normalen Schweizer Familie, Bern 2000.
Basler Stadtbuch 1994. Hrsg. von der Christoph Merian Stiftung, Basel 1995.
Bilton, Paul: Die Schweizer pauschal, Frankfurt a. M. 1997.
Büchel, Patricia (Hrsg.): »Ungerechtigkeit hab' ich nie ertragen.« Rückblicke engagierter Frauen, Zürich-Dortmund 1994.
Bundi, Hanspeter: »Ich bin halt extrem gern ein bisschen frei.« Reportagen vom Leben in der Schweiz, Zürich 1993.
Es kocht in den Alpen. Was Transitverkehr und KöchInnen in den Alpen anrichten. Hrsg. von der Alpen-Initiative, Zürich 1992.
Haas, Esther; Heim, Dore; Mutter, Christa: Der Brunner-Effekt, Zürich 1993.
Honegger, Claudia; Rychner, Marianne (Hrsg.): Das Ende der Gemütlichkeit. Strukturelles Unglück und mentales Leid in der Schweiz, Zürich 1998.
Hugentobler, Margrit; Gysi, Susanne: Sonnenhalb Schattenhalb. Wohngeschichten und Wohnsituationen von Frauen in der Schweiz, Zürich 1996.
Imhof, Eduard: Schweizer Mittelschulatlas, Zürich 1976.
Jaspers, Karl: Heimweh und Verbrechen, München 1996.
Kutter, Markus: Die Schweizer und die Deutschen, Zürich 1995.
Lerch, Fredi; Simmen, Andreas (Hrsg.): Der leergeglaubte Staat. Dokumentation einer Debatte, Zürich 1991.
Leuthardt, Beat: Festung Europa. Asyl, Drogen, »Organisierte Krimina-

lität«. Die »Innere Sicherheit« der 80er und 90er Jahre und ihre Feindbilder, Zürich 1994.
Der Rabe. Magazin für jede Art von Literatur, Nr. 32. Hrsg. vom Haffmans Verlag, Zürich 1992.
Saner, Hans: Dramaturgien der Angst, Basel 1991.
Die Schweiz im Zweiten Weltkrieg. Hrsg. vom Schweizerischen Beobachter, Sonderdruck, Glattbrugg 1989.
Vogt, Albert; Gasser, Martin (Hrsg.): Sommer 1940. Leute im Thal, Zürich 2000.

Basler Zeitung
Blick
Facts
Neue Zürcher Zeitung (NZZ)
NZZ am Sonntag
Schweizer Revue. Zeitschrift für Auslandschweizer
Tages-Anzeiger, Zürich
Tagesspiegel, Berlin
Weltwoche
WochenZeitung, Zürich (WoZ)

Abbildungsnachweis

Trotz intensiver Recherche ist es uns in einigen Fällen nicht gelungen, die Rechteinhaber der Fotos ausfindig zu machen. Sollten Rechtsansprüche bestehen, bitten wir um Rücksprache mit dem Verlag.

Archiv der Autorin S. 103 o., 143 u.
AURA, Luzern S. 118, 175 u., 195
dpa S. 130 u.
Eralfoto S. 40 o.
Urs Hirsinger: S. 45 u., S. 47 u., S. 143 o.
Keystone: S. 175 o.
Rolf Haid, dpa Vordere Umschlagklappe
Photo & Verlag Walt. Kruster, Engelberg S. 213
ROWESA, Zürich S. 47 o.
H. Steinhauer, Interlaken S. 40 u.
Antje Taffelt S. 130 o.
Verlag Engelberger, Stansstad S. 96 u.
Verlag Globetrotter, Luzern S. 103 u.
Verlag Photoglob AG, Zürich S. 44 o.
E. Wodicka, Bilderbox S. 68
Rob Zbinden S. 159
Zentralschweiz-Tourismus, Luzern S. 19, 41, 45 o., 90, 96 o., 97, 119
Zürch Tourismus/Martin Rütschi Umschlagrückseite

Kontaktadressen in der Schweiz

Politik
www.admin.ch
www.parlament.ch
www.ch.ch
www.euresinfo.ch *(Informationsportal für Arbeitskräfte in der EU)*
www.swissworld.org
www.pro-helvetia.ch *(Staatliche Schweizer Kulturstiftung)*

Medien
www.blick.ch
www.nzz.ch
www.tagesanzeiger.ch
www.woz.ch

Freizeit
www.hallo-schweiz.de *(Portal für Wahlschweizer)*
www.migros.ch
www.sbb.ch *(Schweizerische Bundesbahnen)*
www.tourismus-schweiz.ch

Die »größte deutsche Stadt« der Schweiz

Susann Sitzler
Überleben in Zürich
365 Dinge, die man
über diese Stadt wissen sollte

3. Auflage, 208 Seiten
Klappenbroschur
ISBN 978-3-86153-587-4
16,90 € (D); 17,40 € (A)

In keine Stadt der Schweiz ziehen so viele Deutsche wie nach Zürich. Doch sie stellen fest, dass die Stadt – und die Zürcher – anders sind als erwartet. Ihnen bietet Susann Sitzler viele Tipps und praktische Hintergrundinformationen zum Eingewöhnen. Man erfährt nicht nur, was es mit den »Züri-Seck« auf sich hat, sondern liest auch, wo man die Einheimischen kennenlernt und wie man die Stadt genießt, wenn man noch keinen Freundeskreis aufgebaut hat. Von Ankommen und Anwärmen über Ausgehen und Ausruhen bis zum Angeben mit dem neu gewonnenen Wissen bietet das Buch unverzichtbare Insiderinformationen und pointierte Unterhaltung für Neu-Zürcher und solche, die es werden wollen.

www.christoph-links-verlag.de

Ein Land jenseits von Dolce Vita und Mafia

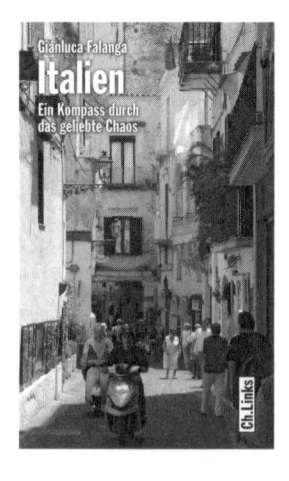

Gianluca Falanga
Italien
Ein Kompass
durch das geliebte Chaos

208 Seiten, Klappenbroschur
ISBN 978-3-86153-574-4
16,90 € (D); 17,40 € (A)

Spätestens seit Goethes Italien-Reise blicken die Deutschen sehnsüchtig nach Süden, auf das »Land, in dem die Zitronen blühen«. Inzwischen haben sich Millionen Deutsche ihren Traum erfüllt, ob als Pauschaltourist am Strand von Rimini oder als Wein- und Kunstfreund in der Toskana. Die Klischees vom Dolce Vita sind so zahlreich wie die von den Schattenseiten Italiens, von allgegenwärtiger Korruption, innerstädtischen Müllbergen und ehrenwerten Mafiosi.
Für Gianluca Falanga dagegen ist die italienische Gesellschaft eine lebendige Vielfalt unterschiedlichster Kulturen und Lebensstile, in der Avantgarde und Rückständigkeit, Leidenschaft und Apathie, Anmut und Brutalität nebeneinander bestehen.
Falanga führt durch die chaotischen Zustände seines Heimatlandes, erzählt von der Geschichte und politischen Kultur Italiens, vom Alltag und dem Zusammenleben seiner Landsleute. Ein Kompass für alle Italien-Liebhaber.

www.laenderportraet.de
www.christoph-links-verlag.de